Kohlhammer
Urban
-Taschenbücher

Band 372

Hans K. Schulze

Grundstrukturen der Verfassung im Mittelalter

Band II:
Familie, Sippe und Geschlecht,
Haus und Hof, Dorf und Mark,
Burg, Pfalz und Königshof, Stadt

3., verbesserte Auflage

Verlag W. Kohlhammer

CIP-Titelaufnahme der Deutschen Bibliothek

Schulze, Hans K.:
Grundstrukturen der Verfassung im Mittelalter / Hans K. Schulze. –
Stuttgart ; Berlin ; Köln : Kohlhammer

Bd. 2. Familie, Sippe und Geschlecht, Haus und Hof, Dorf und Mark,
Burg, Pfalz und Königshof, Stadt. –
3., verb. Aufl. – 2000
(Urban-Taschenbücher ; Bd. 372)
    ISBN 3-17-016393-0

Dritte, verbesserte Auflage 2000

Inhalt

I. Familie, Sippe und Geschlecht

1. Begriffsbestimmungen

a) Familie

Das moderne Wort Familie wird in einem engeren und einem weiteren Sinne gebraucht. Unter Familie im engeren Sinne versteht man die aus einem Elternpaar und seinen Kindern bestehende Lebens- und Wirtschaftsgemeinschaft, unter Familie im weiteren Sinne den durch Blutsverwandtschaft und Verschwägerung gebildeten Personenkreis. In der wissenschaftlichen Terminologie wird die Familie als Gemeinschaft von Eltern und Kindern auch als »Kleinfamilie«, »Kernfamilie«, »Stammfamilie« oder »Sonderfamilie« bezeichnet, um sie von anderen Familienformen zu unterscheiden. Unter einer »Großfamilie« versteht man eine mehrere Generationen umfassende feste Lebens- und Wirtschaftsgemeinschaft unter einem patriarchalischen Familienoberhaupt. Die erwachsenen Söhne blieben auch nach ihrer Verheiratung im Hause der Eltern. Der Vater übte eine patriarchalische Gewalt über alle Familienangehörigen aus. Nach seinem Tode wurde der älteste Sohn zum Oberhaupt der Großfamilie, die daher eine überindividuelle Gemeinschaft war, während eine Kleinfamilie nur eine begrenzte Lebensdauer haben konnte. Das unterscheidet die Großfamilie auch von der »Mehrgenerationenfamilie«, die nur eine durch besondere Umstände bewirkte erweiterte Kleinfamilie ist. In der Familiensoziologie wird auch der Begriff »Haushaltsfamilie« verwendet. Sie umfaßte nicht nur die in einem Hause zusammenlebenden Familienangehörigen, sondern auch andere Personen wie Knechte und Mägde, Gesellen, Lehrjungen und Dienstboten, die der Gewalt des Familienoberhauptes unterstanden.

Dieter Schwab, Artikel »Familie«. In: HwbDt. RG I, Sp. 1067–1071; ders., Artikel »Familie«. In: Geschichtliche Grundbegriffe. Historisches Lexikon zur politisch-sozialen Sprache in Deutschland, Bd. II, Stuttgart 1975, S. 253–301; Artikel »Familie«. In: Lexikon des Mittelalters, Bd. IV, München/Zürich 1987, Sp. 256–282.

b) Sippe

Unter Sippe wird in der wissenschaftlichen Terminologie ein Verwandtenkreis verstanden, der über die Familie im engeren Sinne hinausreicht. Man unterscheidet »feste oder agnatische Sippe« und »offene oder wechselnde Sippe«. Die agnatische Sippe umfaßte diejenigen Personen, die in männlicher Linie miteinander verwandt waren (»Schwert- oder Germagen«, Agnaten), in die offene oder wechselnde Sippe waren auch die Verwandten der weiblichen Linien eingeschlossen (»Spindel- oder Kunkelmagen«, Kognaten).

Der wissenschaftliche Ordnungsbegriff Sippe wird von einem in vielen germanischen Sprachen belegten Wort abgeleitet (got. *sibja*, ags. *sib,* ahd. *sippa*), dessen etymologische Grundbedeutungen sowohl Verwandtschaft als auch Friede und Freundschaft sind. Falls diese Ableitungen zutreffen, ergibt sich ein enger Zusammenhang zwischen Verwandtschafts- und Friedensverband. In den lateinischen Quellen treten Bezeichnungen wie *genealogia, gens, prosapia, stirps, propinquitas* entgegen, die aber nur nach genauer Prüfung des Textzusammenhanges mit »Sippe« übersetzt werden dürfen, da sie auch andere Bedeutungen haben. Präziser sind *agnatio* für die agnatische und *cognatio* für die kognatische Verwandtschaft.

Die Brauchbarkeit des Begriffs Sippe für die Kennzeichnung verwandter Personengruppen ist in der Geschichtswissenschaft und der Familiensoziologie umstritten (vgl. S. 33 ff.). Er ist jedoch weder durch »Geschlecht« noch durch »Verwandtschaft« ohne weiteres zu ersetzen. Das moderne Wort »Verwandtschaft« ist zu blaß, um die große Bedeutung von Verwandtschaftsbeziehungen im Mittelalter klar genug zum Ausdruck zu bringen. Sippe und Geschlecht kann man dadurch unterscheiden, daß die Sippe die gleichzeitig lebenden Verwandten bezeichnet, während sich das Geschlecht auf einen gemeinsamen Ahnherrn zurückführt und auch die Vorfahren einbezieht.

c) Geschlecht, Haus und Dynastie

Ein Geschlecht umfaßt alle Personen, die sich in direkter männlicher Linie auf einen gemeinsamen Stammvater zurückführen können. Es ist also in der Regel ein rein agnatischer Personenverband mit einer genealogisch-historischen Tiefendimension, die in einem ausgeprägten Geschlechter- und Ahnenbewußtsein zum Ausdruck kommt. Der Stammvater oder Spitzenahn hat das Geschlecht im historischen Sinne durch eine geschlechterbegründende Tat ins Leben gerufen, etwa durch den Aufstieg zur Königswürde, die Erwerbung eines Amtes oder einer Herrschaft, der Erbauung einer Burg oder eines Herrensitzes. Das Geschlecht bedarf in der Regel eines überindividuellen Bezugspunktes in Gestalt einer Herrschaft, eines Amtes oder einer Würde. Das gilt für Königs- und Adelsgeschlechter, aber auch für die städtischen Ratsgeschlechter. Wir können den Begriff Geschlecht auch im bürgerlichen und bäuerlichen Milieu gebrauchen, wenn eine Familie über mehrere Generationen hinweg ein bestimmtes Amt bekleidet, einen bestimmten Beruf ausübt oder denselben Hof bewirtschaftet. Die Bezeichnungen Haus und Dynastie sind fast Synonyme für Geschlecht, werden aber für herausragende Herrscher- und Adelsgeschlechter reserviert.

Ein Geschlecht kann aus einer einzigen Linie bestehen. Aus dem frühen Mittelalter sind solche »Einmänner-Ahnenreihen« überliefert. Vom hohen Mittelalter an ist die Aufspaltung in mehrere Linien zu beobachten. Bei Geschlechtern, die im Besitz wichtiger Ämter und Würden waren, unterscheidet man Haupt- und Nebenlinien, wobei die Hauptlinie stets im Besitz der zentralen Herrschaft blieb. Nachdem sich im späteren Mittelalter das Prinzip der Primogenitur durchzusetzen begann, wurden bisweilen für die jüngeren Söhne Herrschaftskomplexe minderen Rechts abgetrennt (»Sekundogenitur«).

Karl Schmid, Zur Problematik von Familie, Sippe und Geschlecht, Haus und Dynastie beim mittelalterlichen Adel. In ZG Oberrhein 66, 1957, S. 1–62; ders., Heirat, Familienfolge, Geschlechterbewußtsein. In Il Matrimonio nella Società altomedievale, Spoleto 1977 (= Settimane di Studio XXIV), S. 103–137.
Karl-Heinz Spieß, Familie und Verwandtschaft im deutschen Hochadel des Spätmittelalters. 13. bis Anfang des 16. Jahrhunderts, Stuttgart 1993 (= Vierteljahresschrift für Sozial- und Wirtschaftsgeschichte, Beiheft 111).

d) Großfamilie, Kleinfamilie, Brüdergemeine

Während die Historiker die Geschichte der Familie vorwiegend unter rechts- und kulturgeschichtlichen Aspekten untersuchen, bemühen sich seit dem 19. Jahrhundert die Kulturphilosophen, Völkerkundler und Soziologen, die Familie als generelle menschliche Gemeinschaftsform zu erforschen und in die allgemeine Entwicklungsgeschichte der Menschheit hineinzustellen. Es geht dabei nicht zuletzt um die Frage, ob sich die verschiedenen Formen der menschlichen Sexual- und Verwandtschaftsbeziehungen in eine historisch-genetische Entwicklungsreihe bringen lassen. Promiskuität, Matriarchat, Mutterrecht, Paarungsfamilie, Patriarchat, Großfamilie und Sonderfamilie sind die Denkmodelle, die dabei die Hauptrolle spielen.

Bei den indogermanischen Völkern finden sich keine Anzeichen für Matriarchat und Mutterrecht. Die »indogermanische Großfamilie«, mit deren Existenz seit dem Neolithikum zu rechnen ist, war vaterrechtlich strukturiert. Die Historiker müssen sich überwiegend auf die Aussagen der linguistischen Paläontologie stützen, denn die indogermanischen Völkerschaften sind schon so früh zur »Klein- oder Sonderfamilie« übergegangen, so daß sich von der ursprünglichen Großfamilie nur noch schwache Spuren erhalten haben.

Charakteristisch für das Mittelalter und auch schon für die germanische Zeit ist die »Klein- oder Sonderfamilie«, eingefügt in die umfassenderen Gemeinschaftsformen der Sippe und des Hauses. Das Familienoberhaupt war vielfach zugleich Hausherr; Haus und Familie standen unter seiner patriarchalischen Gewalt. Die Kleinfamilie konnte zur »Mehrgenerationenfamilie« erweitert werden, wenn die Kinder auch nach ihrer Verheiratung im Hause der Eltern blieben. In der Regel gründeten die erwachsenen Söhne aber bei der Eheschließung einen eigenen Hausstand. Dabei kam es nicht selten zur Ausstattung mit einem bestimmten Anteil des Familienbesitzes (»Abschichtung«). Die Masse der Familien im Mittelalter und der frühen Neuzeit bestand offenkundig aus Kleinfamilien. In der modernen Familienforschung und Familiensoziologie hat man vom »Mythos der vorindustriellen Großfamilie« Abschied genommen.

Eine »Brüdergemeine« entstand dadurch, daß die Söhne nach dem Tode des Vaters keine Erbteilung vornahmen, sondern den Besitz »zu gesamter Hand« übernahmen und bewirtschafteten. Rein zahlenmäßig konnte eine »Großfamilie« entstehen, aber die Brüdergemeine besaß eine genossenschaftliche Struktur, keine patriarchalische wie die Großfamilie im strengen Sinne. Sie beruhte auf der Genossenschaft der Brüder, in der der Älteste höchstens faktisch eine Vorrangstellung einnahm. Es bestand wohl jederzeit die Möglichkeit der Auflösung und der Aufteilung des gemeinsamen Besitzes. Brüdergemeinschaften dieser Art gab es im Frankenreich, in Burgund, bei den Langobarden, den Angelsachsen und im skandinavischen Norden.

Alfred Schultze, Zur Rechtsgeschichte der germanischen Brüdergemeinschaft. In: ZSRG GA 56, 1936, S. 264–348.

Die Idee einer Gemeinschaft der Brüder *(corpus fratrum)* hat im frühen Mittelalter auch im Staatsdenken eine Rolle gespielt. Im Frankenreich wurde dadurch auch nach den Reichsteilungen der Merowinger und Karolinger die Einheit des Reiches ideell gewahrt und konnte gegebenenfalls leicht wiederhergestellt werden. Aus dieser Vorstellung heraus konkurrierte das Erbrecht der Brüder mit dem der Söhne.

Reinhard Schneider, Brüdergemeine und Schwurfreundschaft. Der Auflösungsprozeß des Karlingerreiches im Spiegel der caritasTerminologie in den Verträgen der karlingischen Teilkönige des 9. Jahrhunderts, Lübeck/Hamburg 1964 (= Historische Studien, Bd. 388).

2. Die Familie

André Burguière u. a. (Hrsg.), Geschichte der Familie, Bd. 2: Mittelalter, 1997.
Alfred Haverkamp (Hrsg.), Haus und Familie in der spätmittelalterlichen Stadt, Köln/Wien 1984 (= Städteforschung Bd. 18).
Trude Ehlert (Hrsg.), Haushalt und Familie in Mittelalter und früher Neuzeit, Sigmaringen 1991.

a) Die Funktionen der Familie

Die Familie war im Mittelalter die wichtigste soziale Gemeinschaftsform, auf der andere Sozialformen aufbauten. Auch das Ständesystem beruhte zum Teil auf der Familie, da die Herkunft für die ständische Zugehörigkeit eine große Rolle spielte.
Eheschließung und Familiengründung waren im Mittelalter nicht allen Männern und Frauen ohne weiteres möglich. Sehr viele Menschen blieben unverheiratet, weil ihnen ihr Stand oder ihre materielle Lage die Gründung eines Hausstandes nicht gestatteten. Es war ein Privileg, zu denen zu gehören, die einen eigenen »Herd« besaßen. Das galt nicht nur für viele Angehörige der unteren Schichten, sondern auch für Mitglieder adliger und bürgerlicher Familien. Aus diesem Grunde war der Ehestand sehr hoch geachtet; der Ehemann galt mehr als der Junggeselle, die Ehefrau mehr als ein Mädchen oder eine »alte Jungfer«. Das ehrenvolle Prädikat »Frau« *(frowe)* bedeutet ursprünglich »Hausherrin« und stand nur der verheirateten Frau höheren Standes zu. Daher erwartete die Gesellschaft vorn Träger einer Herrschaft, vom städtischen Ratsherrn, vom Zunftmeister und vom Besitzer eines Bauernhofes, daß er eine Familie gründete.
Die Wertschätzung, die der Ehe und der Familie im Mittelalter ent-

gegengebracht wurde, beruhte primär auf ihrer überragenden Bedeutung für die innere Ordnung und die Funktionsfähigkeit der Gesellschaft. Die Familie der Frühzeit und des Mittelalters hatte eine Reihe von Aufgaben zu erfüllen, die die moderne Familie nicht mehr oder nur noch rudimentär wahrnimmt. Ein permanenter Prozeß der »Funktionsentlastung« oder des »Funktionsverlustes« der Familie hat auch den Rang von Ehe und Familie im weltanschaulich-moralischen Wertesystem stark gemindert.

Michael Mitterauer, Funktionsverlust der Familie? In: Vom Patriarchat zur Partnerschaft. Zum Strukturwandel der Familie, hrsg. von Michael Mitterauer und Reinhard Sieber, München 1977, S. 94–119.

Bei einer Betrachtung der Funktionen der Familie sind stets drei Faktoren zu berücksichtigen. Erstens überschneiden sich die Aufgaben der Familie an vielen Punkten mit denen der Sippe, des Geschlechts und der Hausgemeinschaft. Zweitens gab es mehr oder weniger stark ausgeprägte schichtenspezifische Unterschiede. Die bäuerliche Familie hatte andere Aufgaben als die adlige, eine Handwerkerfamilie andere als die eines Ratsherrn. Drittens sind selbstverständlich die Veränderungen im gesellschaftlichen Gesamtsystem des Mittelalters zu bedenken, die bereits für die mittelalterliche Familie zu Strukturwandlungen und Funktionsverlusten geführt haben.

Fortpflanzung: Im Mittelalter betrachtete man die Fortpflanzung als die primäre Funktion der Familie. Die Zeugung legitimer Erben war letztlich das Ziel der Eheschließung. Man strebte danach, die Fortdauer des eigenen Geschlechtes durch die Geburt von legitimen Söhnen zu sichern. Familiensinn und Geschlechterstolz waren natürlich in den adligen und bürgerlich-patrizischen Geschlechtern besonders ausgeprägt, dürften aber auch in den Familien der übrigen Gesellschaftsschichten nicht ganz gefehlt haben. Der Wunsch nach Kindern hatte aber keineswegs allein ideologische und emotionale Gründe, sondern vielfach auch recht materielle. Man brauchte die Kinder als billige Arbeitskräfte im Familienbetrieb, und man erwartete, daß sie später einmal die Existenz der älteren Familienmitglieder im Alter, bei Krankheit und Invalidität sicherten.

Kinderlosigkeit wurde daher als ein Unglück empfunden, das man durch fromme Stiftungen an die Kirche, Gelübde und Wallfahrten zu bannen suchte. Die schwangere Frau wurde von Gesetz und Sitte besonders geschützt. Die Ehefrau, die keine Kinder bekam, war weniger geachtet als die vielfache Mutter. In germanischer Zeit konnte die Unfruchtbarkeit sogar zur Verstoßung der Frau führen. Auch im Mittelalter brachte man dem Ehemann, der sich von seiner unfruchtbaren Gattin trennte, viel Verständnis entgegen.

Die hohe Säuglings- und Kindersterblichkeit war nur durch eine hohe Geburtenrate auszugleichen, so daß die meisten Ehefrauen viele Kinder zur Welt brachten. Die Fruchtbarkeitsphase war daher in einer mittelalterlichen Ehe viel ausgedehnter als heute. Durch den Tod im Kindbett endeten viele Ehen sogar noch während dieser Phase des Familienlebens. Schwangerschaften und Stillperioden banden die Ehefrau und Mutter in extremer Weise an das Haus und bestimmten ihre Rolle in der Familie.

Erziehung: Die Familie war im Mittelalter noch weit mehr als heute der wichtigste Ort der Erziehung. Die ersten Lebensjahre verbrachte das Kind unter der Obhut der Mutter, dann wuchs es allmählich in die Arbeits- und Berufswelt hinein. Die Erziehung war bereits innerhalb der Familie geschlechts- und schichtenspezifisch, Söhne und Töchter wurden auf ihre künftige Rolle vorbereitet. Die Erziehungsfunktion der Familie erschöpfte sich nicht in der Weitergabe von Arbeitserfahrung und Kenntnissen von Generation zu Generation, sondern war zugleich Erziehung der Kinder in den gesellschaftlichen Traditionen der Familie, war Erziehung zu einem standesgemäßen Verhalten. Das soziale, wirtschaftliche und kulturelle Milieu einer Familie wirkte formgebend auf die jungen Menschen ein.

Der Ort der Erziehung war keineswegs stets die eigene Familie. Es kam oft vor, daß Kinder schon früh das Elternhaus verlassen mußten, wenn sie eine bessere oder eine sehr spezielle Ausbildung erhalten sollten. Der junge Adlige mußte als Page oder als Knappe einem anderen Herrn dienen, seine Schwester wurde Hofdame einer Fürstin, der künftige Geistliche genoß seine Ausbildung in einer Kloster- oder Stiftsschule, der Kaufmannssohn absolvierte eine Lehrzeit in einem fremden Handelshaus, das Kind eines Handwerkers kam als Lehrjunge zu einem fremden Meister, die Mädchen dienten in anderen Häusern und Höfen. Auch in diesen Fällen erfolgte die Erziehung im Rahmen einer Familie oder eines Hauses. Der Fürstenhof war das erweiterte »Haus des Herrn«, und selbst hinter der klösterlichen Ordnung stand die Familie als strukturelles Modell (vgl. S. 46 ff.).

Die Familie hat im Laufe des Mittelalters einen Teil ihrer Erziehungsfunktionen an andere Institutionen abgegeben. Ein wesentlicher Schritt war die Entstehung des öffentlichen Schulwesens. Die Kloster-, Dom- und Stiftsschulen dienten im frühen und hohen

Mittelalter weit überwiegend, wenn auch nicht ausschließlich, der Ausbildung des Klerikernachwuchses. Mit der Entfaltung des mittelalterlichen Städtewesens entstanden die Lateinschulen für den gelehrten und anspruchsvolleren Unterricht und die Lese- und Schreibschulen für breitere Bevölkerungsschichten.

Schutz und Versorgung: Die Familie hatte im Mittelalter in einem viel umfassenderen Maße als heute Schutz- und Versorgungsfunktionen zu erfüllen. Die Sicherung des Lebens und die Beschaffung von Wohnung, Nahrung und Kleidung waren schwierig und konnten vom Familienverband leichter als vom Einzelnen gewährleistet werden. Institutionen, die die öffentliche Sicherheit aufrechterhielten, wurden erst allmählich geschaffen und weiterentwickelt, eine Polizei im modernen Sinne fehlte noch ganz. Daher spielten Selbstverteidigung, Fehde, Blutrache und Selbsthilfe noch eine große Rolle. Auch auf dem wirtschaftlich-sozialen Sektor bildeten sich kollektive Sicherungsmechanismen erst nach und nach heraus.

Die primäre Schutzfunktion war in der germanischen Zeit und im frühen Mittelalter der bewaffnete Schutz durch das Familienoberhaupt, das in der Regel zugleich Hausherr war. Die Erfüllung dieser fundamentalen Aufgabe erforderte die Wehrfähigkeit, der nur erwachsene männliche Familienmitglieder in vollem Umfang genügen konnten. Mit dieser archaischen Verpflichtung hing wohl auch die Blutrache zusammen, die zwar mehr dem Rechtskreis der Sippe angehörte, aber auch die Familie betraf, da der nächste Angehörige eines Getöteten der »geborene Rächer« war. In der Notwendigkeit zum bewaffneten Schutz ist wahrscheinlich der Hauptgrund für die patriarchalische Struktur der altgermanischen und mittelalterlichen Familie zu suchen.

Als Ausfluß der Schutzfunktion kann man auch Munt und Gewere deuten, die vom Familienoberhaupt über die Familienmitglieder und den Besitz ausgeübt wurden. Die Frau und die Kinder unterstanden der aus Rechten und Pflichten bestehenden Schutzherrschaft (Munt) des Mannes. Er verfügte über den Besitz, auch über das Sondervermögen der Frau, das damit aber ebenfalls unter seiner Obhut stand. Wie wichtig die Ausübung der Gewere durch den Mann war, läßt sich daran erkennen, daß der Besitz von Witwen, Waisen und alleinstehenden Frauen im Mittelalter als besonders gefährdet galt.

Im Laufe des Mittelalters verlor der bewaffnete Schutz durch den Familienvater an Bedeutung. Er wurde weitgehend von genossenschaftlichen oder herrschaftlichen Institutionen übernommen. Verteidigung in Notwehr und bewaffnete Abwehr von Hausfriedensbrechern waren aber stets geboten und erlaubt.

Von großer Wichtigkeit blieb die wirtschaftlich-soziale Schutzfunktion der Familie, die Frauen, Kindern, alten und kranken Familienmitgliedern die materielle Existenz sichern sollte. Dieses Versorgungssystem hat wohl in aller Regel funktioniert, obgleich zu einer Idealisierung keine Veranlassung besteht. Die meist bescheidenen wirtschaftlichen Subsistenzmittel waren Anlaß für viele Konflikte. Die Quellen zeigen, daß man durch rechtliche Regelungen und Verträge die schwächeren Glieder der Familiengemeinschaft zu schützen suchte. Besondere Schwierigkeiten ergaben sich im hohen und späten Mittelalter in den Städten, wo die Familien meist klein und der Anteil an Menschen ohne Familie hoch waren. Hier entwickelten sich Einrichtungen der kirchlichen, korporativen und öffentlichen Fürsorge. Hospitäler, kirchliche und obrigkeitliche Armenfürsorge, fromme Stiftungen zu karitativen Zwecken, religiöse Bruderschaften, Gilden, Zünfte und Gesellenverbände übernahmen in bestimmten Fällen Sicherungsaufgaben, die zuvor die Familie wahrgenommen hatte.

Wirtschaftliche Funktionen: Während des ganzen Mittelalters bestand eine enge Verbindung zwischen der Familiengemeinschaft und der Arbeitswelt. Im frühen Mittelalter wird die landwirtschaftliche Produktion weit überwiegend von der bäuerlichen Familie getragen. Da auch die Kleidung, Arbeitsgeräte und andere Gebrauchsgegenstände zum größten Teil im Hause hergestellt wurden, kann man von einer weitgehend autarken Hauswirtschaft sprechen, obgleich auch im frühen Mittelalter Fernhandel, Marktverkehr und spezialisiertes Handwerk nicht gefehlt haben. In größeren Grundherrschaften gab es auch Ansätze zu einer arbeitsteiligen Spezialisierung. Personaler Kern dieser wirtschaftlich weitgehend autarken Hauswirtschaft war die Familie, um die sich von Fall zu Fall weitere zum Hause gehörige Personen gruppierten. Innerhalb der Haus- und Familiengemeinschaft herrschte eine geschlechts- und altersspezifische Arbeitsteilung.

Im Laufe des Mittelalters kam es zu Veränderungen und Differenzierungen auch hinsichtlich der wirtschaftlichen Funktionen von Haus und Familie. Die fortschreitende soziale Strukturierung der Gesellschaft durch zunehmende Arbeits- und Funktionsteilung, die Entfaltung von Handel, Handwerk, Verkehr und Geldwirtschaft und die Entstehung der mittelalterlichen Stadt brachten der Familie mehr oder weniger fühlbare Funktionsentlastungen. Im bäuerlichen Familienbetrieb trat die Eigenversorgung mit handwerklich-gewerblichen Produkten zurück, obgleich noch im späten Mittelalter und der frühen Neuzeit einfachere Gebrauchsgegenstände und Kleidungsstücke selbst hergestellt wurden. Die städtische Familie war von vornherein darauf angewiesen, die notwendigen Nahrungsmittel zu kaufen, soweit sie nicht zum Ackerbürgertum gehörte. Immerhin wurden auch von städtischen Familien verschiedene Nahrungsmittel selbst erzeugt oder weiterverarbeitet, gelagert und konserviert. Im städtischen Handwerk spielte die Familie ebenfalls eine große Rolle. Die Meisterin und die anderen Familienmitglieder hatten wirtschaftliche Aufgaben zu erfüllen, die direkt oder indirekt mit dem Handwerksbetrieb in Verbindung standen, Lehrjungen und Gesellen waren in die zum Haus erweiterte Familie einbezogen. Bis zu einem gewissen Grade besaß die Familie auch im Kaufmannsstande wirtschaftliche Funktionen. Die Söhne wurden auf Handelsfahrt geschickt oder leiteten die Faktoreien des Handelshauses. Nicht wenige Handels- und Finanzgesellschaften des Spätmittelalters und der frühen Neuzeit waren mehr oder weniger Familienunternehmen.

Die wirtschaftliche Tätigkeit der Frau war größtenteils durch Beruf und Status ihres Mannes vorgegeben, doch bot vor allem das vielfältige städtische Wirtschaftsleben der Frau die Möglichkeit zu eigener nicht oder nur zum Teil familiengebundener Erwerbstätigkeit. Auch sonst gab es Berufsgruppen und Produktionszweige, die sich völlig von der Familie gelöst hatten, Tagelöhner und Lohnarbeiter in Stadt und Land, Bauhandwerker, Fuhrknechte, Schiffer, Salzsieder und Bergleute.

Kontrollfunktion: Dem Schutz und der Sicherheit, die die Familie dem Einzelnen bot, entsprach ihr Anspruch auf die Ausübung einer sozialen Kontrolle über ihre Mitglieder. Sie erfüllte dadurch eine kollektive Disziplinierungsfunktion. Erwartet wurde eine dem jeweiligen Rang und Stand entsprechende Lebensführung, moralisches und sittliches Wohlverhalten und die Einhaltung der gesellschaftlichen Normen, denn nur so konnten der wirtschaftlich-soziale Status und das Sozialprestige der Familie auf Dauer gewahrt werden. Wichtig war die Sorge um eine standesgemäße Eheschließung für Söhne und Töchter. Verbindungen zu sozial niedriger eingeschätzten Familien suchte man zu vermeiden und die Ehepartner wenigstens aus der gleichen Standesschicht zu nehmen. Neigungsehen waren zwar nicht ausgeschlossen, stießen aber auf den Widerstand der Familie, wenn sie zwischen unebenbürtigen Partnern geschlossen wurden. Bei der Verlobung von Kindern und bei Ehen zwischen sehr jungen Partnern standen selbstverständlich die Wünsche der beteiligten Familien im Vordergrund.

Religiöse Funktion: Die zentrale religiöse Gemeinschaft innerhalb der Kirche war natürlich die Gemeinde, aber auch die Familie hatte eine religiöse Funktion. Sie demonstrierte ihre Zusammengehörigkeit auf dem gemeinsamen Gang zur Kirche und durch fromme Stiftungen für verstorbene Familienangehörige. Schon im frühen Mittelalter wurden Familien und Sippen geschlossen in die Gedenkbücher der Klöster eingetragen. Die Aristokratie gründete Klöster, in denen für das Seelenheil des Stifters und seiner Familienangehörigen gebetet wurde und in deren Kirche sie ihre letzte Ruhestätte fanden (»Haus- oder Familienkloster«). Während des gesamten Mittelalters sorgten die Familien der Oberschichten durch Stiftung von Kirchen, Kapellen, Altären und Hospitälern für das Seelenheil ihrer Mitglieder. Auf manchen Altargemälden, sogenannten Stifterbildern, ist der Stifter im Kreise seiner Familie vor der Gottesmutter oder einem Heiligen kniend dargestellt.

Der Einfluß der Familie reichte aber auch direkt in die personelle Zusammensetzung der Geistlichkeit hinein. Die Herkunft und damit die familiären Zusammenhänge spielten für die Erlangung von kirchlichen Ämtern eine wichtige Rolle. Für den Eintritt in manche Klöster und Stifter wurde adlige oder wenigstens patrizische Herkunft gefordert. Der städtische Klerus stammte meist zu einem beträchtlichen Teil aus den vornehmsten Familien der betreffenden Stadt, denn für viele Kapellen, Altäre und Meßpriesterpfründen übte die Familie des Stifters das Patronatsrecht aus. Die Kleriker konnten zwar selbst keine Familie gründen, blieben aber ihrem Familienverband verbunden und machten ihren Einfluß geltend, wenn es darum ging, Familienmitglieder mit kirchlichen Ämtern, Würden und Pfründen zu versorgen.

b) Die Ehe als Grundlage der Familie

Eheformen: Die Ehe war zu allen Zeiten eine unter Beachtung von bestimmten Formen eingegangene dauerhafte sexuelle Verbindung. Sie war aber zugleich auch eine soziale Institution und bedurfte deshalb der Anerkennung durch die Gemeinschaft, um in vollgültiger Weise zur Grundlage für eine Familie werden zu können. Die Formen der Ehe und ihre rechtlichen und sozialen Folgewirkungen standen stets in engstem Zusammenhang mit der jeweiligen gesellschaftlichen Ordnung. Sie waren daher ebenfalls geschichtlichen Veränderungen unterworfen, und es hat nicht an Versuchen gefehlt, diese Wandlungsprozesse im Sinne einer genetischen Entwicklungsreihe zu interpretieren. Im historischen, rechtshistorischen und ethnosoziologischen Schrifttum werden mehrere Typen der Ehe unterschieden. Nach der Form der Eheschließung unterscheidet man »Raubehe«, »Kaufehe«, »Sippenvertragsehe« und »Konsensehe«, nach der Rechtsform »Muntehe«, »Friedelehe«, »Kebsehe« und »Morganatische Ehe«.

Paul Mikat, Artikel »Ehe«. In: HwbDt. RG II, Sp. 809–833. Mit Angabe der umfangreichen Literatur.

Raubehe, Kaufehe, Sippenvertragsehe und Konsensehe können leicht als Stufen eines progressiven Entwicklungsprozesses aufgefaßt werden: Aus der archaischen Form des Frauenraubes entsteht die etwas zivilisiertere Sitte des Frauenkaufes, an dessen Stelle schließlich der Vertrag zwischen den Sippen des Mannes und der Frau tritt. Auf diesen drei Stufen ist die Frau freilich an der Eheschließung nur passiv beteiligt. Ihr Wille hat keine oder nur eine geringe rechtliche Relevanz. Erst allmählich entwickelt sich die Vorstellung, daß die Zustimmung der Braut von rechtserheblicher Bedeutung für die Gültigkeit der Eheschließung ist. Wie weit dieses evolutionistische Denkmodell der geschichtlichen Wirklichkeit entspricht, ist allerdings umstritten, denn weder die Raub- noch die Kaufehe können in den Quellen eindeutig nachgewiesen werden. Es sind im wesentlichen sprachliche Zeugnisse und Hochzeitsbräuche, die als Nachklang des Brautraubes oder des Brautkaufes aufgefaßt werden.

In der germanischen Zeit und im frühen Mittelalter waren Frauenraub und Entführung offenbar keineswegs selten. Sie waren verboten und wurden mit strengen Strafen geahndet, selbst dann, wenn sie zum Zwecke der Eheschließung erfolgten. Frauenraub geschah gegen den Willen der Frau, die Entführung mit ihrer Zustimmung. Beides waren Gewalttaten, denn auch bei einer Entführung wurden die Rechte des Vormundes der Frau und ihrer Sippe verletzt. Die Möglichkeit einer friedlichen Einigung wird von den meisten Rechtsquellen vorgesehen. Raub und Entführung besaßen aber offenbar keine »ehebegründende Kraft«, sondern führten nur dann zur Ehe, wenn eine rechtsförmliche Hochzeit stattfand. In den Quellen werden die unrechtmäßigen Handlungen Raub und Entführung von einer nachfolgenden Eheschließung unterschieden.

Die Vermutung, daß es bei den Germanen die Institution der Kaufehe gegeben habe, beruht vorwiegend auf zwei Beobachtungen. In den Quellen finden sich Ausdrücke, die auf einen ursprünglichen Brautkauf hinzudeuten scheinen. Heiraten heißt *uxorem emere, feminam vendere*, die Braut wird *puella emta* genannt, und in der Volkssprache kommen ähnliche Wendungen vor, etwa *brúdkaup* im Altnordischen. Außerdem war der Bräutigam verpflichtet, bei der Verlobung an den Vormund (»Muntwalt«) der Braut die Brautgabe (»Muntschatz«) zu zahlen. Man kann vermuten, daß in frühen Epochen der Brautpreis eine Entschädigung für die Arbeitskraft der Frau war, die ihrer Familie durch die Eheschließung verloren ging.

Nach Auffassung einiger Germanisten bedeutete »kaufen« in den germanischen Sprachen ursprünglich den Abschluß eines Vertrages mit Gabe und Gegengabe. Wenn diese Erklärung zutrifft, kann man aus der Terminologie keinen Schluß auf das Vorhandensein einer Kaufehe bei den Germanen ziehen. Der Muntschatz wäre dann kein Kaufpreis, sondern eine Gabe des Bräutigams an die Braut. Er war für die Frau bestimmt, auch wenn er zunächst beim Verlöbnis von den Verwandten der Braut entgegengenommen wurde. Eine eindeutige Entscheidung dieser Frage lassen die Quellen kaum zu.

Die Form der Ehe, die in den Geschichtsquellen deutlich faßbar wird, ist die »Sippenvertragsehe«. Die Eheschließung erfolgt in vertraglicher Form. Die rechtlich handelnden Personen sind der Bräutigam und der Muntwalt der Frau, doch ist vielfach mit einer Mitwirkung der Verwandten von Braut und Bräutigam zu rechnen. Durch die Eheschließung traten die beteiligten Sippen in engere Beziehungen zueinander. In der Forschung ist daher das Wort »Sippenvertragsehe« geprägt worden, das in den Quellen natürlich ebensowenig vorkommt wie Raub- und Kaufehe.

Die Braut war rechtlich Objekt des Ehevertrages. Ihre Zustimmung galt in der älteren Zeit offenbar nicht bei allen germanischen Stämmen als Voraussetzung für die Gültigkeit der Ehe. Nach langobardischem Recht konnte ein Mädchen vom Vater oder Bruder auch gegen seinen Willen verheiratet werden. Hatte es einen anderen Vormund, war seine Zustimmung erforderlich. In anderen Rechten war es nicht gestattet, eine Frau gegen ihren Willen zu einer Ehe zu zwingen. Eine Witwe hatte für den Fall einer Wiederverheiratung im allgemeinen größere Freiheit als eine Jungfrau.

In der Regel wird wohl Übereinstimmung zwischen allen Beteiligten bei der Gattenwahl geherrscht haben, denn in den Quellen des Frühmittelalters wird die Frage nach dem Konsens der Braut kaum berührt. Es kam im menschlichen Leben auch niemals allein auf das Recht an, sondern auch auf die Persönlichkeit, und so haben die Frauen bei der Gattenwahl offenbar eine größere Rolle gespielt als ihnen von Rechts wegen zukam.

Die Kirche hat im Anschluß an das Römische Recht im Konsens von Braut und Bräutigam das entscheidende Kriterium für eine gültige Ehe gesehen und dadurch dazu beigetragen, den Einfluß der Sippe auf die Eheschließung zu mindern. Allerdings sollte auch nach kirchlicher Auffassung die Ehe nicht gegen den Willen der Eltern geschlossen werden. Die Kirche hat deshalb auch die »heimlichen Ehen« oder »Winkelehen« bekämpft und mit Kirchenstrafen geahndet.

Die eherechtliche Emanzipation von innerfamiliären Zwängen erfolgte nicht bloß unter kirchlichem Einfluß, sondern hatte ihre tieferen Ursachen in den Wandlungen im gesellschaftlichen Gefüge des Mittelalters. Die größere Mobilität und der allgemeine Funktionsverlust, den die Familie hinnehmen mußte, ließen den Menschen auch größere Freiheit bei der Gattenwahl und der Eheschließung. Eine Mitwirkung der Familien gab es freilich auch noch im späten Mittelalter, allerdings in sehr unterschiedlicher Intensität.

Unter Mitwirkung der Sippe der Braut und des Bräutigams wurde eine Ehe begründet, die in der wissenschaftlichen Terminologie als »Muntehe« bezeichnet wird. Die Vormundschaft über die Frau wurde vom bisherigen Muntwalt dem Ehemann übertragen. Diese patriarchalische Muntehe war die für das ganze Mittelalter übliche Eheform, auch dann, als Familie und Sippe an der Eheschließung nicht mehr so stark wie im Frühmittelalter beteiligt waren.

Im germanischen Rechtsbereich gab es neben der Muntehe noch eine zweite Form, die in der Forschung als »Friedelehe« bezeichnet wird (abgeleitet von ahd. *friudila* = Geliebte). Ob man von einem echten Dualismus germanischer Eheformen sprechen kann, ist unsicher. Bei einer Friedelehe besaß die Frau eine etwas freiere Stellung, da der Ehemann die Vormundschaft nicht erlangte.

Vielleicht hing die Friedelehe auch damit zusammen, daß die Germanen in vorchristlicher Zeit keine strenge Monogamie kannten. Es war offensichtlich möglich, mehrere Frauen zu haben, und vor allem die Könige und andere Vornehme haben von dieser Möglichkeit Gebrauch gemacht. Die Friedelehe war ursprünglich wohl eine echte Eheform, und auch die aus ihr hervorgegangenen Kinder galten als vollbürtig. Erst nach der Annahme des Christentums wurde die Friedelehe in die Nähe des Konkubinates gerückt denn die Kirche forderte strenge Monogamie. Sie konnte sich mit dieser Forderung nur allmählich durchsetzen.

Else Ebel, Der Konkubinat nach altwestnordischen Quellen. Philologische Studien zur sogenannten »Friedelehe«, Berlin/New York 1993 (= Ergänzungsbände zum Reallexikon der Germanischen Altertumskunde, Band 8). – Nach Ebel findet die Lehre von der Friedelehe als einer freien Ehe zwischen Gleichberechtigten keine Bestätigung in den Quellen in Norwegen und auf Island. Die »Friedel« *(frilla)* ist nur eine Konkubine unfreien oder freien Standes.

Im 9. Jahrhundert konnte die Kirche ihre eherechtlichen Vorstellungen weitgehend zur Geltung bringen und der Muntehe zum Siege verhelfen. Die Friedelehe wurde fortan als illegitime Verbindung betrachtet, und die aus ihr hervorgegangenen Nachkommen galten nicht als vollbürtig und im Königshaus als nicht thronfolgeberechtigt. Im frühen Mittelalter waren neben der Munt- und der Friedelehe eheähnliche Verbindungen nicht selten, besonders oft mit Frauen unfreien oder minderfreien Standes. Diese Frauen hatten kaum die Möglichkeit, sich entsprechenden Wünschen ihrer Herren zu widersetzen. Unter einer »Kebsehe« wird eine auf Dauer geschlossene Verbindung mit einer Unfreien verstanden (Kebse bedeutet im Altnordischen Sklavin, Magd). Ob es sich dabei wirklich um eine Ehe gehandelt hat, ist schwer zu entscheiden; der Übergang zum bloßen Konkubinat war offenbar fließend. Die Kinder einer Kebse oder einer Konkubine waren nicht vollbürtig, doch konnte der Vater ihre Rechtsstellung verbessern.

Paul Mikat, Dotierte Ehe – rechte Ehe. Zur Entwicklung des Eheschließungsrechts in fränkischer Zeit, Opladen 1978 (= Rheinisch-Westfälische Akad. d. Wiss., Geisteswissenschaften, Vorträge G 227).

Eheschließung: Der Abschluß von Verträgen und Rechtsgeschäften wurde im Mittelalter meist unter genauer Beachtung der vorgeschriebenen Formalhandlungen vollzogen. Bei der vor allem im früheren Mittelalter nur gering ausgeprägten Schriftlichkeit kam rechtsbegründenden Symbolhandlungen eine große Bedeutung zu. Dementsprechend erfolgte die Eheschließung in mehreren Rechtsakten, von denen einige bis zur Gegenwart als Hochzeitsbräuche weitergelebt haben. Die rechtliche Relevanz der einzelnen Akte war unterschiedlich, aber der Verzicht auf einzelne Formalhandlungen konnte gegebenenfalls zu Zweifeln an der Rechtsgültigkeit der Ehe Anlaß geben. Das Zeremoniell wies zeitliche und regionale Unterschiede auf und war selbstverständlich auch in den verschiedenen Ständen unterschiedlich ausgestaltet.

Das Verlöbnis *(desponsatio)*, das sich an eine erfolgreiche Brautwerbung anschloß, hatte größere rechtliche Wirkungen als in der Gegenwart. Es war ein Vertrag, dessen Verletzung eine Buße nach sich zog. Man verhandelte über die Höhe des Brautschatzes, der Mitgift, der Morgengabe und des Wittums. Der Muntwalt der Frau verpflichtete sich zur Übergabe der Braut, die ihrem zukünftigen Gatten gegenüber zur Treue verpflichtet war. Der Bräutigam gelobte die Heimführung und die Einhaltung der materiellen Zusagen. Nicht selten wurden bereits Kinder miteinander verlobt. Seit dem hohen Mittelalter konnten sie aber in der Regel nach der Erreichung des heiratsfähigen Alters der Verlobung widersprechen. Im Frühmittelalter führte der Bruch eines Verlöbnisses vielfach zur Feindschaft zwischen den beteiligten Sippen, im Spätmittelalter hatten sich die geistlichen Gerichte mit Klagen auf Lösung der Verlobung oder Einhaltung des Eheversprechens zu befassen.

Nach einer angemessenen Frist oder mit dem Erreichen des Heiratsalters bei minderjährigen Verlobten folgte die Hochzeit. Der Bräutigam holte die Braut im Hause ihrer Eltern ab *(traditio puellae)* und führte sie in feierlichem Zuge in sein Haus. Gesonderte Rechtsakte waren das Konsensgespräch im Kreis der Verwandten und die Übergabe der Munt über die Frau an den Ehemann. Das Konsensgespräch, d. h. die feierliche Erklärung über den beiderseitigen Willen zur Eheschließung, gewann zunehmend an Bedeutung. Im Hause des Bräutigams, in der spätmittelalterlichen Stadt oft auf dem Rathaus oder in einem besonderen »Hochzeitshaus«, fand das Hochzeitsmahl statt. Danach wurde das Paar ins Brautgemach geleitet, wo sie das Brautbett bestiegen. Da das »Beilager« ein rechtserheblicher Akt war, wurde es in symbolischer Form öffentlich eingeleitet. Der tatsächliche Vollzug *(copula carnalis)* war aber die Voraussetzung für die Rechtsgültigkeit einer Ehe. Die Frau wurde durch das Beilager zur Rechtsgenossin des Mannes: *Dat wif is ok des mannes notinne to hant alse se in sin bedde trit* (Ssp. Ldr. III 45 § 3).

Am Morgen nach der Hochzeitsnacht erhielt die Frau als Geschenk ihres Gatten die »Morgengabe«. Es handelt sich dabei um eine uralte germanische Sitte, die schon in den frühmittelalterlichen Stammesrechten als *morginegive* (Lex Burgundionum 42, 2) bezeugt ist. Im hohen und späten Mittelalter finden sich zahlreiche Zeugnisse für die Morgengabe in den Rechtsbüchern, Stadtrechten, Eheverträgen und erzählenden Quellen.

Schon in heidnischer Zeit dürfte es im Zeremoniell der Eheschließung sakrale Elemente gegeben haben. Die christliche Kirche hat bereits im frühen Mittelalter Ehen eingesegnet, doch war diese Benediktion nicht rechtsverbindlich. Durch die Anerkennung der kanonischen Ehebestimmungen, vor allem des Verbots von Ehen unter Verwandten, erlangte die Kirche eine Kontrollfunktion. Karl der Große ordnete an, daß Bischöfe oder Pfarrer zusammen mit vornehmen Laien vor einer Eheschließung untersuchen sollten, ob verwandtschaftliche Ehehindernisse bestehen. Im Hochmittelalter wurde ein dreimaliges kirchliches Aufgebot üblich. Auch die kirchliche Trauung gewann an Bedeutung, aber die Kirche konnte nicht erreichen, daß nur die in der Kirche geschlossene Ehe rechtsgültig war. Allerdings wuchs ihr Einfluß dadurch, daß das Eherecht weitgehend in den Kompetenzbereich der geistlichen Gerichtsbarkeit fiel.

Die öffentliche Eheschließung im Kreise der Verwandten und

Freunde war während des ganzen Mittelalters die Regel. Das Fest spielte im Leben des mittelalterlichen Menschen eine herausragende Rolle. Allerdings führte die allgemeine Destabilisierung der Gesellschaftsordnung im späteren Mittelalter zur Zunahme von heimlichen Eheschließungen, ohne Wissen und Willen der Eltern und ohne die erforderliche Publizität. Diese »Winkelehen« waren besonders im 14. und 15. Jahrhundert ein sozialer Mißstand, der auch von der Kirche bekämpft wurde.

Michael Schröter, »Wo zwei zusammenkommen in rechter Ehe...«. Sozio- und psychogenetische Studien über Eheschließungsvorgänge vom 12. bis 15. Jahrhundert, Frankfurt/Main 1985.
Thomas Riis (Hrsg.), Tisch und Bett. Die Hochzeit im Ostseeraum seit dem 13. Jahrhundert, Frankfurt/M. 1998 (= Beitrr. zur schleswig-holst. und skandinav. Gesch., Bd. 19).

Ehescheidung: Auch in der Frage der Ehescheidung ist im frühen Mittelalter ein Nebeneinander und Gegeneinander von germanischen und kirchlichen Rechtsanschauungen zu beobachten. Die Bestimmungen waren offenbar auch innerhalb des fränkischen Reiches nicht ganz einheitlich. Bis in die Karolingerzeit hinein konnte eine Ehe offenbar relativ leicht in beiderseitigem Einvernehmen aufgelöst werden. Eine Erklärung vor dem Grafengericht reichte dafür aus. Nach germanischem Recht konnte der Mann seine Frau auch durch eine einseitige Willenserklärung verstoßen, während die Frau wohl nur in einer Friedelehe die Möglichkeit hatte, sich von ihrem Mann zu trennen. Die Verstoßung der Gattin galt allerdings nur dann als gerechtfertigt, wenn ihr schwere Verfehlungen, namentlich Ehebruch, vorgeworfen werden konnten. Verstieß ein Mann seine Frau ohne ausreichende Gründe, hatte er mit der Feindschaft ihrer Sippe zu rechnen. Das Recht des Frühmittelalters begünstigte zwar einseitig den Ehemann, suchte die Ehefrau aber wenigstens güterrechtlich zu schützen und ihren Besitz dem Zugriff des Gatten im Falle einer Scheidung zu entziehen.

Die Kirche vertrat das Prinzip der Unauflösbarkeit der Ehe, konnte dies aber nur allmählich zur Geltung bringen. Die merowingischen Herrscher haben sich wenig um kanonische Ehevorstellungen gekümmert, wenn sie sich von einer Frau trennen wollten, und selbst Karl der Große hat eine seiner Königinnen, die Tochter des Langobardenkönigs Desiderius, verstoßen. Erst in der Mitte des 9. Jahrhunderts waren die kirchlichen Kräfte so weit erstarkt, daß sie sich den Wünschen Kaiser Lothars II., der sich von seiner Gemahlin Theitberga scheiden lassen wollte, um seine Geliebte Waldrada zu heiraten, energisch widersetzen konnten. Eine einfache

Verstoßung war selbst dem Herrscher nicht mehr möglich. Allerdings mußte auch die Kirche Zugeständnisse machen und unter bestimmten Bedingungen die Auflösung oder Nichtigerklärung einer Ehe zulassen. Gründe für eine Trennung waren zu enge Blutsverwandtschaft, geistliche Verwandtschaft, Eintritt eines Ehegatten in ein Kloster, Impotenz oder Erkrankung an Lepra. Auch eine nur unter Zwang zustandegekommene Ehe konnte für nichtig erklärt werden.

Heiratsalter: Das durchschnittliche Heiratsalter war im Mittelalter ohne Zweifel niedriger als in der Neuzeit. Mädchen galten mit 13 oder 14 Jahren bereits als heiratsfähig, Jungen mit 14 oder 15. Frühehen waren nicht selten, doch dürfte im Mittelalter das Heiratsalter meist zwischen 15 und 20 Jahren gelegen haben. Statistisch auswertbares Quellenmaterial steht nicht zur Verfügung, so daß genauere Aussagen kaum möglich sind.

In adligen Kreisen waren Verlobung von kleinen Kindern und ausgesprochene Frühehen offenbar ziemlich häufig. In manchen Fällen wurde die Braut schon als kleines Mädchen an den Hof ihres zukünftigen Gatten gebracht, z. B. die hl. Elisabeth, die im Alter von vier Jahren aus Ungarn nach Thüringen kam und als Zwölfjährige den nur wenige Jahre älteren Landgrafen Ludwig heiratete. Im späteren Mittelalter lag das Heiratsalter im Bürgertum offenbar höher als im Adel. Zwar wurden auch in dieser Schicht die Mädchen manchmal sehr früh verheiratet, doch heirateten die meisten Mädchen zwischen dem 16. und 20. Lebensjahr, die jungen Männer im allgemeinen noch etwas später. Überhaupt stieg das Heiratsalter im Verlaufe des Mittelalters an. Die Schaffung einer gesicherten wirtschaftlichen Existenz, die als Voraussetzung für die Gründung eines eigenen Hausstandes angesehen wurde, erforderte zumindest im gehobenen Bürgertum eine immer längere Zeit. Die Verhältnisse in den städtischen Unterschichten und auf dem Lande sind noch nicht ausreichend erforscht.

In der Regel war die Ehefrau einige Jahre jünger als der Ehemann. Die Sitte einer raschen Wiederverheiratung nach dem Tode eines Ehegatten führte oft zu großen Altersunterschieden. Der Witwer nahm gern eine junge Frau, die Meisterswitwe ehelichte einen jungen Gesellen, dem sich durch die Einheirat der Zugang zur Zunft und zur Meisterwürde eröffnete. Auch im Adel kamen Verbindungen zwischen Partnern mit großem Altersunterschied vor. Meist waren die Frauen jünger, doch wenn eine gute Erbschaft lockte, mußte auch ein Fürstensohn einmal eine wesentlich ältere Braut heimführen.

Richard Koebner, Die Eheauffassung des ausgehenden deutschen Mittelalters. In: AfK 9, 1911, S. 136–198, 279–318.

Erich Maschke, Die Familie in der deutschen Stadt des späten Mittelalters, Heidelberg 1980 (= SB Heidelberger Akad. d. Wiss., Philolog.-Hist. Kl., Abh. 4).

Eherecht der Unfreien: Die strengen rechtsständischen Unterschiede, die für die frühmittelalterliche Sozialordnung charakteristisch waren, wirkten sich auch auf Eheschließung und Familiengründung aus. Nach römischem Recht konnten Sklaven keine echte Ehe eingehen, und auch nach germanischer Rechtsauffassung setzte eine vollgültige Ehe die freie Geburt der Ehegatten voraus. Allerdings konnten wahrscheinlich schon in altgermanischer Zeit diejenigen Unfreien, die von ihren Herren auf eigenen Höfen angesiedelt wurden, eine Familie gründen. Im Frankenreich wurden bereits im 6. Jahrhundert Geschlechtsverbindungen zwischen Unfreien als Ehen anerkannt, wenn sie mit Zustimmung der Herren und unter Beachtung bestimmter Formen eingegangen wurden. In der Karolingerzeit waren die Unfreien offenbar ziemlich regelmäßig verheiratet. Die Grundherrschaft bot ihnen die wirtschaftliche Basis für eine Familiengründung, die auch im Interesse der Herrschaft lag. Die Kinder aus einer Sklavenehe waren selbstverständlich unfrei. Bei einer Ehe zwischen den Unfreien verschiedener Herren mußten sich diese über die personenrechtlichen und güterrechtlichen Folgen einer solchen Verbindung einigen.

Bei der Entwicklung eines Eherechtes für die unfreien und minderfreien Bevölkerungsgruppen hat die Kirche aktiv mitgewirkt, indem sie auch der Sklavenehe einen sakramentalen Charakter zuerkannte. Allerdings mußte die Kirche, die selbst zahlreiche Unfreie besaß, das Zustimmungsrecht des Herrn respektieren. Andererseits bot sie Unfreien, die ohne Konsens geheiratet hatten, Asyl und Beistand und versuchte, zwischen ihnen und ihren Herren zu vermitteln. Vor allem hat sie sich bemüht, eine Trennung der Familien durch den getrennten Verkauf unfreier Eheleute zu verhindern.

Sexuelle Verbindungen zwischen Menschen freien und unfreien Standes waren im frühen Mittelalter nicht selten. Der Leibherr verfügte uneingeschränkt über seine Unfreien und konnte eine Sklavin zu seiner Konkubine machen. Auf die Möglichkeit einer »Kebsehe« wurde bereits hingewiesen, und eine eheähnliche Verbindung ergab sich auch dann, wenn eine Sklavin *pro uxore* im Hause ihres Herrn lebte. Durch die Freilassung der Frau konnte ihr Leibherr auch die Voraussetzung für eine vollgültige Eheschließung schaffen.

Problematisch wurde es, wenn ein Freier eine fremde Unfreie heiratete. Das kam offenbar bei kleineren Freien vor, deren wirtschaftlich-sozialer Abstand zu den Unfreien nicht sehr groß war.

Die Lex Salica, das fränkische Recht des frühen 6. Jahrhunderts, bestimmte, daß der Mann dann selbst der Knechtschaft verfiel: *Si quis ingenuus cum ancillam alienam publice se iunxerit, ipse cum eam in servitio cadat.* Diese harte Bestimmung wurde jedoch bald etwas gelockert. Nach der etwas jüngeren Lex Ripuaria behielt er seine Freiheit, aber die Kinder fielen an den Leibherrn der Frau. Der Rechtssatz, daß die Kinder bei ständisch gemischten Ehen immer »der ärgeren Hand«, d. h. dem rechtlich schlechter gestellten Gatten, folgen sollten, galt grundsätzlich auch im Hoch- und Spätmittelalter. Es fehlt aber nicht an Beispielen dafür, daß die Väter durch Verträge mit der Herrschaft die negativen Rechtsfolgen ihrer unebenbürtigen Ehe gemildert haben.

Außerordentlich repressiv waren die Bestimmungen einiger germanischer Stammesrechte gegenüber einer freien Frau, die sich mit einem Sklaven einließ. Das langobardische Recht bedrohte den Sklaven mit dem Tode und überließ die Frau der Bestrafung durch ihre Sippe, die sie entweder töten oder außer Landes in die Sklaverei verkaufen sollte. Weigerten sich die Gesippen des Mädchens, diese Strafe zu vollziehen, wurde es vom König als Unfreie in Anspruch genommen. Das fränkische Recht war weniger streng. Die freie Frau, die einen Unfreien heiratete, wurde selbst unfrei. Ihre Sippe konnte Einspruch gegen eine solche Eheschließung erheben und ein gerichtliches Verfahren erzwingen. Der Frau wurden ein Schwert und eine Spindel gereicht. Wählte sie das Schwert, so stempelte sie den Mann zum Frauenräuber und mußte ihn selbst töten. Wählte sie die Spindel, gab sie ihr Einverständnis mit der Ehe und verfiel der Unfreiheit.

In der Praxis konnten die strengen rechtlichen Bestimmungen durch Verträge abgemildert oder außer Kraft gesetzt werden. Die Quellen deuten darauf hin, daß in manchen Fällen der Frau, die einen Unfreien heiratete, vom Herrn ihres Mannes die Erhaltung ihres freien Standes zugesichert wurde. Er konnte auch auf seine Rechte gegenüber den Kindern aus dieser Ehe verzichten.

Charles Verlinden, Le »Mariage« des esclaves. In: Il matrimonio nella società altomedievale, Bd. II, Spoleto 1977 (= Settimane di Studio XXIV), S. 569–593.

c) Die patriarchalische Struktur der Familie

Durch die Ehe wurde die Frau zur Genossin des Mannes, sie trat in ihre hausfraulichen Rechte ein und gewann Anteil an Rang und Stand ihres Mannes. Insofern hatte auch die mittelalterliche Familie eine genossenschaftliche Komponente. Andererseits war der Mann das unbestrittene Oberhaupt der Familie und der Vormund (Munt-walt) seiner Frau und seiner Kinder. Es ist daher richtig, von der patriarchalischen Struktur der mittelalterlichen Familie zu sprechen. Der Mann war in vielen Fällen nicht nur Familienoberhaupt, sondern auch Hausherr, so daß er personenrechtliche Befugnisse nicht nur über die Familienmitglieder, sondern auch über alle zum Hause gehörigen Personen ausüben konnte. Diese personenrechtliche Gewalt über die Familienangehörigen wird als »Munt« bezeichnet.

Der Begriff »Munt«, der zu den zentralen Kategorien des mittelalterlichen Rechts- und Verfassungslebens gehörte, ist von ahd./mhd. *munt* abgeleitet, das »Schutz« bedeutet. In der Sprache der Gegenwart lebt das Wort noch in »Vormund«, »Mündel« und »Mündigkeit« weiter.

Die Ehefrau und die Kinder waren nach mittelalterlicher Rechtsauffassung unmündig und bedurften daher eines Muntwaltes. In der Regel war dies der Ehemann für die Frau, der Vater für die Kinder. Er vertrat sie vor Gericht, haftete für ihre Vergehen, machte ihre Rechtsansprüche geltend und verwaltete ihren Besitz. Heiratete die Tochter, so übertrug der Vater die Munt an den Ehemann, falls es sich nicht um eine »muntfreie« Friedelehe handelte. Die Vormundschaft über die Witwe fiel entweder wieder ihrem Vater zu oder wurde durch den ältesten männlichen Verwandten der väterlichen Seite (»Schwertmagen«) wahrgenommen. War ein Sohn vorhanden, konnte er Vormund seiner Mutter werden. Nur wenige Rechte billigten der verwitweten Frau die Vormundschaft über ihre Kinder zu, die in der Regel durch den nächsten Agnaten des verstorbenen Mannes übernommen wurde.
Während die Frau stets unter der Vormundschaft eines Mannes stand, wurden die jungen Männer in einem bestimmten Alter mündig. Die Erreichung des Mündigkeitsalters hatte in der älteren Zeit Waffenfähigkeit und Heiratsfähigkeit zur Folge, für den Königssohn oder den Sohn eines Fürsten auch Regierungsfähigkeit. Solange der Sohn jedoch noch innerhalb der Familie blieb, wurde die väterliche Muntgewalt zwar eingeschränkt, nicht aber aufgehoben. Volle Selbständigkeit wurde erst mit der Begründung eines eigenen Hausstandes erreicht.

Das Mündigkeitsalter war unterschiedlich, aber generell sehr niedrig. Es lag im allgemeinen zwischen dem 12. und dem 15. Lebensjahr. Im späteren Mittelalter sind Bestrebungen erkennbar, den Mündigkeitstermin hinauszuschieben. Dahinter stehen vermutlich Veränderungen im wirtschaftlich-sozialen und demographischen Bereich.

Werner Ogris, Artikel »Mündigkeit«. In: HwbDt. RG III, Sp. 738–742; ders., Artikel »Munt, Muntwalt«. In: Ebda., Sp. 750–761.

Der Mann besaß in seiner Eigenschaft als Familienoberhaupt nicht nur eine personenrechtliche Gewalt über die Angehörigen seiner Familie, sondern auch eine sachenrechtliche über den Familienbesitz. Er verwaltete den Besitz und trat in allen die Familie betreffenden Vermögensangelegenheiten als Handelnder in Erscheinung. Er allein war uneingeschränkt rechts-, geschäfts- und vermögensfähig. Die ihm zustehende sachenrechtliche Verfügungsgewalt wird als »Gewere« bezeichnet.

Die Verfügungsgewalt des Mannes über den Besitz war allerdings in verschiedener Hinsicht eingeschränkt. Ein besonderes Gewicht kam dem Erbgut (Allod, Allodialbesitz, *hereditas*) zu. Nach germanisch-frühmittelalterlicher Auffassung gehörte es nicht dem einzelnen, sondern dem ganzen Geschlecht. Der Inhaber hatte die Verpflichtung, es zu erhalten und an die Erben weiterzugeben. Die Veräußerung von Allod war im frühen Mittelalter zwar möglich, bedurfte aber prinzipiell der Zustimmung der Erben. Daher wird in den Urkunden der Konsens der Erben (»Erbenlaub«), meist der Söhne, oft bezeugt, da sein Fehlen ein Grund zur Anfechtung des Rechtsgeschäftes sein konnte.

Vom Allodialgut zu unterscheiden ist der Zugewinn *(conquestus, acquisitio, collaboratio)*. Über die Güter, die nicht ererbt, sondern selbst erworben worden waren, besaß der Mann die uneingeschränkte Verfügungsgewalt. Allerdings billigten manche Rechte bereits im frühen Mittelalter der Frau einen Anteil an den während der Ehe erworbenen Gütern zu.

Der Gedanke der Errungenschaftsgemeinschaft hat im Laufe der Zeit weitere Verbreitung gefunden und im ehelichen Güterrecht des späteren Mittelalters eine gewisse Rolle gespielt, besonders in den Stadtrechten. Allerdings konnte die Frau bei bestehender Ehe nicht frei über ihren Anteil am Zugewinn verfügen, sondern nur mit Zustimmung ihres Gatten.

Da die Ehefrau nicht Erbin des Mannes war, mußte sie für den Fall der Verwitwung materiell gesichert werden. Diese Absicherung erfolgte im Zusammenhang mit der Eheschließung durch die Zuweisung von Besitzungen und Vermögenswerten. Dieses Wittum setzte sich aus Bestandteilen verschiedener Art zusammen. Der »Brautschatz« (Dos, Muntschatz, *dotalicium*) war eine Gabe des Bräutigams an die Braut. Sie konnte aus Liegenschaften, Vieh oder Geld bestehen und war in ihrer Höhe und Beschaffenheit von Rang, Stand und Vermögen des Mannes und der Frau abhängig. Im

Adel konnte eine standesgemäße Dos aus Burgen, Städten, Dörfern und Herrschaftsrechten bestehen. Um Streitigkeiten zu vermeiden und die Rechte der Frau wirkungsvoll zu schützen, wurden nicht selten Eheverträge *(libella dotis)* abgeschlossen. Formulare für derartige Verträge gab es bereits im frühen Mittelalter. Im späteren Mittelalter gibt es zahlreiche Zeugnisse für Eheverträge im Adel, aber auch in den bürgerlichen und bäuerlichen Schichten.

Zum Brautschatz kam die »Heimsteuer« (Mitgift), die der Brautvater oder der Muntwalt der Braut der Frau mit in die Ehe gaben. Sie bestand ursprünglich aus beweglicher Habe für den Haushalt und zum persönlichen Gebrauch der Frau, doch traten bald auch unbewegliche Güter hinzu, auch Unfreie, Vieh und Geld. Man erwartete, daß die Mitgift dem Rang der Familie angemessen war. Die Auszahlung einer entsprechenden Mitgift galt im allgemeinen als Abfindung aller künftigen Erbansprüche gegenüber den Brüdern der Braut. Machte die Frau während ihrer Ehe eine Erbschaft, ging dieses Erbschaftsgut nicht im Familienbesitz auf, sondern blieb als Sondervermögen der Frau vorbehalten.

Die »Morgengabe« *(morgengaba, morginegiva, pretium virginitatis)* ist schon in den frühmittelalterlichen Stammesrechten nachweisbar. Die Sitte, der Frau am Morgen nach der Hochzeitsnacht ein Geschenk zu überreichen, blieb bis in die frühe Neuzeit erhalten. Soweit die Morgengabe nicht aus Grundbesitz bestand, erlangte die Frau darüber im allgemeinen die uneingeschränkte Verfügungsgewalt.

Die Frau war also erbberechtigt und vermögensfähig, aber die Verwaltung und Nutzung ihres Besitzes lag in den Händen ihres Mannes, ihres Vaters oder eines anderen Muntwaltes. Der Ehemann verwaltete und nutzte die Güter seiner Frau, konnte aber nicht ohne Einschränkung darüber verfügen, denn sie unterstanden ihm nur *nomine dotis* oder *ratione uxoris*. Eine Veräußerung war ohne die Zustimmung der Frau nicht möglich. Im späteren Mittelalter wurde das Wittum der Frau im Falle der Zahlungsunfähigkeit ihres Ehemannes durch gesetzliche Bestimmungen vor dem Zugriff der Gläubiger geschützt. Auch zur Begleichung der Schulden des verstorbenen Mannes durfte es nicht herangezogen werden.

Das Wittum (ahd. *widemo*, mlat. *maritagium, vidualitium,* auch *dos* und *dotalicium*) wurde der Witwe zur Nutzung auf Lebenszeit überlassen. Nach ihrem Tode erbten die Kinder oder bei kinderloser Ehe (»unbeerbter Ehe«) die Verwandten der Mannesseite.

Im ehelichen Güterrecht des Mittelalters herrschte in der Regel der Grundsatz der Gütertrennung. Die Besitzungen der Frau wurden aber vom Ehemann verwaltet, der ihr gegenüber eine eheherrliche Vormundschaft ausübte. Eine Frau konnte über ihre Güter im Prinzip nur mit Zustimmung ihres Vormundes verfügen.

Ob dieser Grundsatz immer strikt eingehalten wurde, ist fraglich. Zwar wird in vielen Quellen bei Rechtsgeschäften einer Frau die Zustimmung ihres Gatten oder eines anderen Muntwaltes bezeugt, aber es gibt auch Fälle, in denen eine Frau offenkundig völlig selbständig über ihren Besitz verfügt. Es ist allerdings nicht auszuschließen, daß die Zustimmung des Vormundes und der Erben in den Urkunden nur nicht besonders erwähnt wird. Die weitere Entwicklung ist durch eine Verbesserung der Rechtsstellung der Ehefrau und besonders der Witwe gekennzeichnet. Im ländlichen Bereich wurden in manchen Grundherrschaften die Höfe an beide Ehepartner verliehen, und in Heiratsbriefen konnte ihr freie Verfügungsgewalt über ihr Wittum zugesichert werden. In den Städten waren viele Frauen in Handel, Handwerk und Gewerbe tätig, so daß ihnen eine beschränkte Geschäftsfähigkeit zugebilligt werden mußte. Die patriarchalische Gewalt des Familienoberhauptes wurde durch die Berufstätigkeit der Frau eingeschränkt.

Käthe Sonnleitner, Die Stellung der bäuerlichen Frau im Mittelalter. In: Bll. für Heimatkunde, hrsg. vom Hist. Verein für Steiermark, 56, 1982, S. 33–41.

Wilhelm Ebel, Die Rechtsstellung der Kauffrau. In: Ders., Forschungen zur Geschichte des lübischen Rechts (= Veröff. zur Geschichte der Hansestadt Lübeck, Bd. 14), Lübeck 1950, S. 101–121.

Edith Ennen, Frauen im Mittelalter, München 1984, S. 91 ff., 147 ff.

Eine Stadt der Frauen. Studien und Quellen zur Geschichte der Baslerinnen im späten Mittelalter und zu Beginn der Neuzeit (13. bis 17. Jahrhundert), hrsg. von Heide Wunder, Basel/Frankfurt/M. 1995. – Am Beispiel der Stadt Basel wird die Rolle der Frau im religiösen Leben, im Wirtschaftsleben und in der Ehe untersucht.

Die patriarchalische Struktur der Familie war in der Frühzeit besonders deutlich ausgeprägt. In der vorchristlichen Periode mußte das neugeborene Kind erst durch den Vater oder den Vormund der Mutter anerkannt werden, bevor es in die Familie aufgenommen wurde. Ein solcher rechtsförmlicher Akt war notwendig, denn das Neugeborene konnte ausgesetzt werden, solange ihm der Rechtsschutz der Familie noch nicht garantiert war. Mißgestaltete und lebensunfähige Kinder wurden durch Aussetzen dem Tode geweiht. Die Kirche hat diese Sitte bekämpft und schließlich auch beseitigt. Das Leben der Kinder wurde streng geschützt und Kindestötung mit grausamen Strafen geahndet.

In der germanischen Zeit und im frühen Mittelalter ist es sogar vorgekommen, daß ein Mann seine Frau und seine Kinder in die Sklaverei verkauft hat. Allerdings kann man daraus wohl nicht den

Schluß ziehen, er habe über seine Familienangehörigen wie über eine Ware verfügt. Der Verkauf in die Unfreiheit war in besonderen Notlagen erfolgt oder als Strafe gedacht.

Dem Familienoberhaupt stand eine Strafgewalt gegenüber den Mitgliedern seiner Familie und seines Hauses zu, die das Recht zu körperlichen Züchtigung einschloß. Von hausherrlicher Gerichtsbarkeit sollte man aber nicht sprechen, sondern nur von einer Disziplinargewalt. Bei der schwersten Verfehlung gegen die Familie, dem Ehebruch der Frau, konnte die Strafgewalt des Gatten bis zur straflosen Tötung der Schuldigen und ihres Geliebten gesteigert werden, allerdings nur, wenn er sie in flagranti ertappte. Die Tötung galt als »erlaubte Missetat« zur Wiederherstellung der gekränkten Ehre. Sonst konnte der Ehemann nur den Rechtsweg beschreiten. Im früheren Mittelalter reinigte sich die Frau durch einen Reinigungseid oder ein Gottesurteil von der Anklage wegen Ehebruchs. im späteren Mittelalter strebten die geistlichen Gerichte bei Ehebruch eine Gleichbehandlung von Mann und Frau an.

Nach der Eheauffassung des Mittelalters sollte die Frau ihrem Mann untertänig und gehorsam sein und ihm in jeder Hinsicht »dienen«. Andererseits war der Mann verpflichtet, seine Frau zu achten und zu ehren und sie nicht wie eine Magd zu behandeln. In einem Ehevertrag aus dem frühen Mittelalter wird ein vornehmer Mann verpflichtet, seine Frau gemäß dem Recht zu halten und sie nicht zur Sklavin herabzudrücken, sondern wie sein eigenes Fleisch und Blut zu hegen und zu pflegen. Auch die christliche Eheauffassung, die ohne Zweifel zur Verbesserung der Stellung der Frau in der Familie beigetragen hat, tastete den Vorrang des Mannes nicht grundsätzlich an, stellte aber auf manchen Gebieten an Mann und Frau die gleichen ethischmoralischen Forderungen.

Die Kinder standen bis zur Mündigkeit unter der Vormundschaft des Vaters, doch wandelte sich die väterliche Gewalt allmählich de facto in die elterliche Gewalt, da die Mutter in starkem Maße an der Erziehung und an Entscheidungen über das Schicksal der Kinder beteiligt war. Diese elterliche Gewalt schloß Entscheidungen über die Berufswahl, die Wahl eines Ehepartners und über den Eintritt in ein Kloster oder in den geistlichen Stand ein. Zu den elterlichen Pflichten gehörte die Sorge für eine gute Erziehung, ein standesgemäßes Verhalten und eine dem Vermögen entsprechende materielle Versorgung. Nach dem Lübischen Stadtrecht heißt es von den Eltern, *de san mechtich mit eren kyndern to donde to guter wys, so wat se willen.*

3. Die Sippe

a) Die Kontroverse um den Begriff »Sippe«

Die Sippe gehört seit dem 19. Jahrhundert zu den Grundkategorien der rechts- und verfassungsgeschichtlichen Forschung. Der Begriff spielt eine große Rolle in allen evolutionistischen Geschichtstheorien und erfreute sich lange Zeit großer Wertschätzung in der von Historikern, Germanisten und Nordisten getragenen Germanischen Altertumskunde. Für manche Vertreter dieser Disziplinen war die Sippe bei den Germanen die dominierende verfassungs-, rechts- und sozialgeschichtliche Grundstruktur. In prägnanter Weise hat Martin LINTZEL 1937 diese Auffassung formuliert: »Die Sippe, die Familiengemeinschaft, war geradezu ein Staat im Staate. Sie band ihre Mitglieder unlöslich an sich, sie vertrat sie in der Öffentlichkeit. Die Sippe erschien als geschlossene Gemeinschaft vor Gericht, in der Volksversammlung wie im Kriege, bei Fehde und Blutrache gegenüber anderen Sippen. Nur als Glied der Sippe galt der Einzelne etwas, und nur auf dem Wege über die Sippe war er von der Volksgemeinschaft zu erfassen« (Die Germanen auf deutschem Boden, Köln 1937, S. 22 f.).

Die Ergebnisse der wissenschaftlichen Forschung behalten ihren Wert trotz einer manchmal zeitgebundenen Terminologie. Dennoch sind viele Arbeiten über das Germanentum mit Vorbehalten zu benutzen, denn manche Vertreter der Germanischen Altertumskunde neigten zur Idealisierung und Verherrlichung der altgermanischen Lebens- und Denkformen. Vor allem erlagen viele der Gefahr der Heroisierung, da die Hauptquellengattung die nordische Heldendichtung war. Der Nationalsozialismus konnte daher an diese Forschungsrichtung anknüpfen und ihre Ergebnisse in den Dienst der Mythisierung des Germanentums stellen.

Wilhelm Grönbech, Kultur und Religion der Germanen, 2 Bde. 6. Aufl. Darmstadt 1961 (dänische Originalausgabe Kopenhagen 1909/12).
Richard von Kienle, Germanische Gemeinschaftsformen, Stuttgart 1939 (= Deutsches Ahnenerbe, Reihe B, Bd. 4).

In den letzten Jahrzehnten ist Kritik an der Überschätzung der germanischen Komponenten der mittelalterlichen Gesellschaftsordnung geübt worden. Auch die Bedeutung der Sippe als eine grundlegende Rechts- und Friedensgemeinschaft wurde in Frage gestellt. Nach der Auffassung von Felix GENZMER hat es die Sippe im Sinne eines festen Personenverbandes nicht gegeben. Die Sippe als Rechtsbegriff sei eine Erfindung des 19. Jahrhunderts. GENZMER hat aber nicht bestritten, daß die verwandtschaftlichen Bindungen im Leben der germanischen Völker eine wichtige Rolle gespielt haben, auch im Rechtsleben. Das Zusammenwirken von Verwandten verschiedenen

Grades dürfe aber nicht dazu verführen, diese als einen wirklichen Personenverband im modernen Sinne aufzufassen.

Felix Genzmer, Die germanische Sippe als Rechtsgebilde. In: ZSRG GA 67, 1950, S. 34–49.

In der gleichen Richtung bewegte sich die Kritik von Karl KROESCHELL, der aufgrund von angelsächsischen Quellen zu der Überzeugung gelangte, daß es zwar Verwandtschaftsbeziehungen verschiedener Art gegeben habe, aber keine Sippe als feste Rechtsgemeinschaft. Seine Kritik richtete sich speziell gegen Walter SCHLESINGER, der dagegen geltend machte: »Vor allem werden wir bedenken müssen, daß die rechtliche Gestaltung eines Verbandes sich in alter Zeit in anderen Formen vollzog als heute und daß wir infolgedessen seine Existenz nicht schon deshalb bestreiten sollten, weil wir Formen und Begriffe nicht vorfinden, die uns aus der Welt des gegenwärtigen Rechtes geläufig sind.«

Karl Kroeschell, Die Sippe im germanischen Recht. In: ZSRG GA 77, 1960, S. 1–25.
Walter Schlesinger, Randbemerkungen zu drei Aufsätzen über Sippe, Gefolgschaft und Treue. In: Alteuropa und die moderne Gesellschaft. Festschrift für Otto Brunner, 1963. Neudruck in: Ders., Beiträge zur deutschen Verfassungsgeschichte, Bd. I, Göttingen 1963, S. 286–334.

In einer Spezialuntersuchung ist Irene WIEBROCK zu einer ähnlichen Auffassung wie GENZMER gelangt. Die Sippe wird in den Quellen als »Rechtsgebilde« zwar nicht faßbar, doch könne man den Begriff seines rechtlichen Gehaltes entkleiden und als »beschreibende Bezeichnung« für bestimmte Gruppen von Verwandten verwenden: »In diesem Sinne kann die Sippe die verschiedensten Gruppen blutsmäßig miteinander verwandter Personen bezeichnen und sollte daher als Begriff ihren Platz in der Rechtsgeschichte behalten.«

Irene Wiebrock, Die Sippe bei den Germanen der Frühzeit bis zum Ausgang der Völkerwanderung. Diss. jur. Marburg 1979.

Es gibt keinen Zweifel, daß die Sippe kein Verband im Sinne einer juristischen Person gewesen ist, wohl aber eine Personengemeinschaft, die man ihres rechtlichen Zusammenhaltes nicht gänzlich entkleiden kann. Wir verstehen daher unter einer Sippe einen Kreis von Blutsverwandten, der sich durch Sippenbewußtsein und Zusammengehörigkeitsgefühl verbunden wußte und daher durchaus als Personenverband im mittelalterlichen Sinne aufzufassen ist.

b) Die Funktionen der Sippe

In der älteren Forschung wurde die Sippe als eine verfassungsgeschichtliche Grundstruktur betrachtet, die älter war als alle staatlichen Organisationsformen. Sie hatte daher nach dieser Lehre auch
Funktionen öffentlich-rechtlicher Art zu erfüllen, die später vom
Staat wahrgenommen wurden. Man sah in ihr eine archaische Gemeinschaftsform, die nach außen hin als Wehrgemeinschaft, als
Rechts- und Friedensverband und als Wirtschafts- und Siedlungs-
gemeinschaft in Erscheinung trat.

Heinrich Brunner, Deutsche Rechtsgeschichte, 2. Auflage, Berlin 1906,
Bd. I, S. 110–133.

Obgleich der Verbandscharakter der Sippe in der neueren Forschung umstritten bleibt, ist nicht zu übersehen, daß für den mittelalterlichen Menschen die Zugehörigkeit zu einem engeren oder
weiteren Verwandtenkreis wichtig war. Das Zusammenwirken von
Verwandten konnte in manchen Lebenslagen von großer Bedeutung sein, auch dann, wenn es keinen streng rechtsförmlichen und
rechtserheblichen Charakter besaß.
Die Sippe war in den ersten nachchristlichen Jahrhunderten bei den
Germanen eine Wehrgemeinschaft. Tacitus (Germania 7, 2) berichtet, daß in den germanischen Heeren die Angehörigen der Familien
und Sippen *(familiae et propinquitates)* nebeneinander kämpften
und die Krieger dadurch zu höchster Tapferkeit angereizt würden.
Selbstverständlich war die Sippe keine Heeresabteilung im modernen Sinne, aber durch diese Art der Aufstellung ergab sich ein natürlicher Zusammenhalt unter den Kriegern durch die Bande des
Blutes.

Die Sippe scheint im Heerwesen ihre Bedeutung schon früh verloren zu haben, denn bei den Franken fehlt jeder Hinweis auf eine derartige Funktion.
Bei den Alemannen findet sich ein Hinweis in einem sehr altertümlich an-
mutenden Satz des Stammesrechtes. Danach konnten Freilassungen von
Sklaven »vor den Sippen des Heeres« *(in heris generationis)* vollzogen werden (Pactus Alamannorum II, 48). In seiner Langobardengeschichte berichtet Paulus Diaconus (Historia Langobardorum II, 9), daß sich der Lan-
gobardenherzog, der nach dem Einmarsch in Italien die Alpenpässe gegen
die nachdrängenden Awaren schützen sollte, die besten Sippen *(faras, hoc
est generationes vel lineas)* auswählen durfte. Die Ansiedlung dieser *farae* in
dem gefährdeten Grenzgebiet Friaul erfolgte natürlich unter militärischen
Gesichtspunkten, so daß die Sippe bei den Langobarden auch eine Kampf-
gemeinschaft gewesen sein muß.

Die Sippe kann als Friedens- und Rechtsverband aufgefaßt werden, der dem einzelnen Schutz bot, solange die übergeordneten Sozial-formen dazu noch nicht oder nicht wirkungsvoll genug in der Lage waren. Die Zugehörigkeit zu einer Sippe gewährte ein Minimum an kollektiver Sicherheit, denn wer einen Angehörigen einer Sippe verletzte oder tötete, hatte mit ihrer Rache zu rechnen. Die Ver-pflichtung zu Fehde und Blutrache kannten bereits die Germanen der Frühzeit, aber auch die Möglichkeit, durch die Zahlung einer Buße die in ihrer Ehre gekränkte Sippe zu versöhnen. Selbst ein Totschlag konnte durch die Zahlung des »Wergeldes« abgegolten werden.

Das Wergeld fiel an die Gesippen des Getöteten, in erster Linie an seine nächsten Angehörigen (»Erbenbuße«), doch erhielten nach späteren Quellen auch andere Verwandte einen Anteil (»Mag-sühne«). Die Aufbringung der Buße war primär Aufgabe des Tä-ters, doch scheinen im Falle der Zahlungsunfähigkeit die Verwand-ten eingetreten zu sein. Auch die Beilegung einer Fehde war wohl eine Angelegenheit, die die Zustimmung der ganzen Sippe erfor-derte.

Der Abschluß von Sühneverträgen zwischen verfeindeten Sippen diente der Aufrechterhaltung der gesellschaftlichen Ordnung und wurde daher im frühen Mittelalter vom Königtum und von der Kirche gefördert. Dennoch hat sich diese urtümliche Form der Selbstjustiz in manchen Bereichen bis ins Spätmittelalter erhalten und in Gestalt der Ritterfehde sogar im Hochmittelalter erneut an Boden gewonnen. Erst der spätmittelalterlich-frühneuzeitliche Territorialstaat hat Blutrache, Fehde und Selbsthilfe mit Erfolg be-kämpft.

Heinrich Brunner, Sippe und Wergeld nach niederdeutschen Rechten. In: ZSRG GA 3, 1882, S. 1–101.
Paul Frauenstädt, Blutrache und Totschlagsühne im deutschen Mittelalter, Leipzig 1881.

Die Angehörigen einer Sippe wirkten nicht nur bei Fehde und Blutrache zusammen, sondern auch auf anderen Gebieten des Rechtslebens, so daß man die Sippe als eine Rechtsgemeinschaft auffassen kann. Im ordentlichen Gerichtsverfahren erschienen die Gesippen mit dem Kläger oder dem Beklagten vor Gericht, sie er-hoben Klage um Mord und Totschlag, traten als Eideshelfer auf und leisteten Bürgschaft. In manchen Rechtsquellen wird gefor-dert, daß die Eideshelfer Verwandte sein sollen. Die Bevorzugung der Gesippen beim Reinigungseid erklärt sich wohl aus der An-nahme, daß der Fluch, der einen Meineidigen traf, dann die ganze Sippe treffen würde.

Auf die Rolle der Familie und der Sippe bei der Eheschließung ist bereits hingewiesen worden (S. 21 ff.). Der von der Forschung geprägte Begriff »Sippenvertragsehe« bringt die Mitwirkung der Verwandten von Braut und Bräutigam zum Ausdruck. Die Frau trat zwar unter die Vormundschaft ihres Ehemannes, aber ihre Gesippen waren weiterhin zu ihrem Schutz verpflichtet, wenn sie in ihrem Recht gekränkt wurde. Willkürliche Verstoßung der Frau forderte die Rache ihrer Verwandten heraus, die auch für sie eintraten, wenn sie des Ehebruches oder eines Anschlages auf das Leben ihres Gatten beschuldigt wurde. Sie leisteten Eideshilfe und stellten einen Kämpfer für den gerichtlichen Zweikampf. Ein besonders enges Verhältnis bestand zwischen dem Bruder einer Frau und ihren Kindern.

Andererseits wachten die Gesippen darüber, daß keiner von ihnen die Ehre der Sippe kränkte. In solchen Fällen nahmen die Verwandten eine Strafgewalt für sich in Anspruch. Ein ziemlich rigoroses Vorgehen der Sippe gegenüber Mädchen und Frauen bei sittlichen Verfehlungen ist im frühen Mittelalter mehrfach bezeugt. Bei den Burgundern waren die Verwandten eines unzüchtigen Mädchens sogar rechtlich verpflichtet, es zu bestrafen (Lex Burgundionum 35, 3).

Sippensiedlung: Die Frage, ob die Sippe in der altgermanischen Zeit und während der völkerwanderungszeitlichen Landnahme auch ein Siedlungs- und Wirtschaftsverband gewesen ist, kann wegen der ungünstigen Quellenlage kaum endgültig beantwortet werden. In der Forschung des 19. und beginnenden 20. Jahrhunderts herrschte die Vorstellung, daß die Sippe eine »agrarische Genossenschaft« war, deren Mitglieder zusammen wohnten und ihren Besitz gemeinsam bewirtschafteten. Die Begriffe »Sippeneigentum« und »Sippensiedlung« fanden in die Theorien Eingang, die zur Erklärung der globalen Entwicklung der menschlichen Kultur dienen sollten. In der neueren Forschung begegnet man diesen Vorstellungen mit großer Skepsis.

Selbstverständlich war es nicht selten, daß Verwandte nahe beieinander gewohnt und auch gemeinsam gewirtschaftet haben. Ein frühes Zeugnis dafür, daß die Landnahme der Völkerwanderungszeit in Form einer »Sippensiedlung« vollzogen werden konnte, bietet CAESAR in seinem Bericht über die Agrarverfassung der Germanen (Bellum Gallicum VI, 22). Hier ist von einer Landzuteilung an die Sippen und Familien *(gentibus cognationibusque hominum)* die Rede. Die Angabe bei TACITUS (Germania 26), daß das Ackerland von der Gesamtheit in Besitz genommen und dann nach Rang und

Stand *(secundum dignationem)* verteilt wird, schließt nicht aus, daß es an die Sippen übertragen wurde.

Im frühen Mittelalter ist die Sippensiedlung eindeutig bei den Langobarden bezeugt. Bei der Landnahme dieses Stammes in Italien haben die Sippen *(farae)* offenbar eine wichtige Rolle gespielt. Das ergibt sich nicht nur aus einem Bericht ihres Geschichtsschreibers PAULUS DIACONUS (vgl. S. 36), sondern auch aus dem Vorkommen von italienischen Ortsnamen, die mit dem langobardischen -fara (= Sippe) gebildet sind und als Zeugnisse für eine völkerwanderungszeitliche Sippensiedlung herangezogen werden können. Auch bei den Alemannen findet sich ein Hinweis auf eine derartige Form der Siedlung, denn die Lex Alamannorum regelt sehr genau die Form, in der ein Streit zwischen zwei Sippen *(genealogiae)* über die Abgrenzung ihres Besitzes beigelegt werden soll (Lex Alamannorum Tit. 86). Offenbar überliefert das alemannische Stammesrecht in diesem Paragraphen uraltes Rechtsgut, denn zur Zeit der Kodifizierung im 8. Jahrhundert kannten die Alemannen nach Ausweis der Urkunden nur das individuelle Eigentum an Grund und Boden, allerdings mit starker Bindung an die Familie (vgl. S. 30).

4. Geschlecht und Dynastie

Geschlecht und Dynastie sind agnatische Verwandtschaftsverbände, die sich ihrer Abkunft von einem gemeinsamen Stammvater (»Spitzenahn«) bewußt sind. Die gleichzeitig lebenden Geschlechtsangehörigen bilden die agnatische oder feste Sippe. Durch die Zurückführung des Geschlechts auf einen Stammvater gewinnt es eine historische Tiefendimension. Es entstand durch die »geschlechterbegründenden Taten« seines Stammvaters und bleibt als Gemeinschaftsform nur so lange erhalten, wie unter seinen Mitgliedern das Bewußtsein lebendig ist, »eines Stammes« zu sein. Geschlechter und Dynastien haben zwar eine genealogische Basis, sind aber politisch-soziale Gemeinschaftsformen. Intentionale Faktoren sind daher für ihre Entstehung und Erhaltung von fundamentaler Bedeutung.

Seit der Völkerwanderungszeit werden in den Quellen germanische Königsgeschlechter faßbar. Das Wort *kuning* bedeutet wahrscheinlich »Mann aus edlem Geschlecht« (vgl. Bd. I, S. 36). Bereits zur Zeit des TACITUS war edle Herkunft *(nobilitas)* eine Voraussetzung für die Wahl zum König (Germania 7, 1). Die Erlangung der Königswürde war eine geschlechterbegründende Tat, denn die Germanen hielten mit großer Treue an ihrer Dynastie fest und wählten stets einen Angehörigen der *stirps regia* zum König, solange diese mit dem »Königsheil« begabt waren (vgl. S. 42). Als Prototypen dieser archaischen charismatischen Königsdynastien erscheinen die Amaler bei den Ostgoten und die Merowinger bei den Franken. Das Königsgeschlecht des Mittelalters par excellence waren die Karolinger.

Auch einzelne Adelsgeschlechter werden bereits im frühen Mittelalter bezeugt, besonders deutlich das Geschlecht der Herzöge der Baiern, die Agilolfinger. Unterhalb der Ebene der Herzöge lassen sich die Angehörigen der frühmittelalterlichen Führungsschichten zwar zu Familien und Verwandtengruppen ordnen, aber nur in Ausnahmefällen zu Geschlechtern. Familie und Sippe spielten offenbar eine größere Rolle als das Geschlecht, und der Begriff Dynastie läßt sich nur für Königs- und Herzogsgeschlechter anwenden. Vor allem aber dominierte das agnatische Prinzip noch nicht so eindeutig wie in späteren Jahrhunderten. Die kognatischen Verbindungen wurden noch als besonders wichtig empfunden. Der starken Mobilität des Besitzes, dem Fehlen von Adelsburgen und festen Herrschaftsmittelpunkten und der noch gering ausgeprägten Erblichkeit von Ämtern und Würden entsprach zunächst eine geringe Stabilität der frühmittelalterlichen Adelsgeschlechter. Karl SCHMID hat deshalb sehr einprägsam von »fluktuierenden Geschlechtern« gesprochen.

Karl Schmid, Zur Problematik von Familie, Sippe und Geschlecht, Haus und Dynastie beim mittelalterlichen Adel. In: ZGOberrhein 66, 1957, S. 1–62. Ders., Heirat, Familienfolge, Geschlechterbewußtsein. In: Il matrimonio nella società altomedievale (= Settimane di studio XXIV), Spoleto 1977, S. 103–137.

Feste agnatisch strukturierte Adelsgeschlechter formieren sich seit der spätkarolingischen Zeit. Die zunehmende Erblichkeit der Ämter und Lehen führt zur Ausbildung von Herzogs-, Markgrafen- und Grafengeschlechtern, und auch auf der sozialen Ebene der Edelfreien (freie Herren) sind ähnliche Tendenzen zu beobachten. Ämter und Würden, Herrschafts- und Besitzzentren verleihen dem genealogischen Verband einen festen Rückhalt. Seit dem Hochmittelalter entstehen Geschlechter auch im niederen Adel und in den städtischen Führungsschichten (Patriziat oder Meliorat), und auch im bäuerlichen Bereich ist bei der Oberschicht mit dem Vorhandensein eines Geschlechterbewußtseins zu rechnen. Hier dürfte der über Generationen konstante Besitz eines Hofes geschlechterbildend gewirkt haben.

Die Verfestigung der Adelsfamilie zum Adelsgeschlecht oder zur Dynastie steht in einem engen Zusammenhang mit der Herrschaftsbildung, die wiederum im Kontext allgemeinerer Wandlungsprozesse im politischen, wirtschaftlichen und sozialen Sektor zu sehen ist. Die Entstehung von adligen Herrschaftsbereichen ist seit dem 11. und 12. Jahrhundert vielfach mit der Errichtung von Burgen verbunden. Die Erbauung einer Burg war für die Konsolidierung eines aufsteigenden Adelsgeschlechtes von großem Gewicht. Der Burgenbauer wurde zum Spitzenahn, die Adelsburg zum Herrschafts- und Besitzzentrum und schließlich auch zum namengebenden Element. Die Burg erscheint als »Stammsitz« des Geschlechtes.

Noch immer nicht ausreichend geklärt ist die Frage nach dem Alter und der Bedeutung des »Handgemals«, das in manchen Landschaften als Stammgut eines vollfreien Geschlechtes in Erscheinung tritt (vgl. W. Weber, Artikel »Handgemal«. In: HwbDt. RG II, Sp. 1960–1965 mit Angabe der gesamten Spezialliteratur).

Geschlechterbegründende Taten werden als Einschnitte im biologischen Geschehen empfunden, die Wahl zum König, die Auszeichnung mit einem Amt oder einer Würde, der Empfang eines bedeutenden Lehens, die Begründung einer Herrschaft, die Erbauung einer Burg oder die Heirat mit einer Erbtochter. Wichtig wird die Durchsetzung des agnatischen Prinzips, die im herrschaftlich-politischen Bereich zur Festigung der Erbfolge und schließlich sogar zur Primogenitur führen konnte.

Von wesentlicher Bedeutung für die Formierung eines Geschlechtes oder einer Dynastie war die Entwicklung eines Standesbewußtseins, in dem Ahnenverehrung und Geschlechterstolz einen breiten Raum einnahmen. Der Ahnenkult der heidnischen Zeit wird ins Mittelalter hinüber gerettet und erlebt in christianisierter Form eine neue Blüte.

Gerd Althoff, Adels- und Königsfamilien im Spiegel ihrer Memorialüberlieferung. Studien zum Totengedenken der Billunger und Ottonen, München 1984 (Münstersche Mittelalter-Schriften, Bd. 47).

Das Ansehen einer Familie wurde durch fromme Vorfahren gesteigert. Kirchen und Klöster wurden gestiftet und bewährten sich als Kristallisationspunkte für den verwandtschaftlichen Zusammenhalt. Die Stifterfamilien, die seit dem 11. Jahrhundert deutlicher faßbar werden, haben sich vielfach die erbliche Vogtei für den jeweils Ältesten des Geschlechts vorbehalten (»Senioratsvogtei«).

Neben der Errichtung von Burgen und Herrschaftszentren war die Stiftung einer Kirche, Kapelle oder eines Klosters als Grablege ein wichtiges Mittel, um die Erinnerung an die Vorfahren wachzuhalten. Die Patriziergeschlechter der mittelalterlichen Städte bemühten sich, auch auf diesem Gebiet dem Vorbild des Adels zu folgen.

Die Herausbildung von Geschlechtern im historisch-soziologischen Sinne hängt ursächlich mit der ständischen Sozialstruktur der mittelalterlichen Gesellschaft zusammen. Zu einem Geschlecht zu gehören, steigerte das Selbstwertgefühl und erhöhte das Sozialprestige. Mit dem Aufstieg der Ministerialität und der Abschließung dieser neuen ritterlichen Schicht entstand die »Ahnenprobe«, die Verpflichtung zum Nachweis mehrerer Generationen von ritterbürtigen Ahnen. Nur wer diese Forderung erfüllen konnte, galt als Mann von Geschlecht und wurde zur Ritterwürde, zum gerichtlichen Zweikampf und zur Aufnahme in ständisch exklusive kirchliche Institutionen zugelassen.

Die Rolle, die Dynastien und Geschlechter in der mittelalterlichen Geschichte spielen konnten, war wohl nicht zuletzt dadurch bedingt, daß man ihnen im Volke großes Vertrauen entgegenbrachte. Nach alter Auffassung reichten hervorragende Fähigkeiten allein nicht aus, um Großes zu leisten. Der Mensch bedurfte dazu eines besonderen »Heiles«, mit dem Kriegsglück und Schlachtenruhm, Erfolg bei der Jagd und beim Fischfang, Kinderreichtum und Erntesegen verbunden waren. Dieses auf dem Segen der Götter beruhende Charisma, das in christianisierter Form im Mittelalter weiterwirkte, wurde nicht als eine individuelle, sondern an die Zugehörigkeit zu einem Geschlecht gebundene Eigenschaft aufgefaßt. Im frühen Mittelalter wird dieses Charisma den Königsgeschlechtern zugeschrieben, die als die Träger eines besonderen Heiles angesehen werden, das man in der Forschung als »Königsheil« oder »Geblütsheil« bezeichnet.

Karl Schmid, Geblüt, Herrschaft, Geschlechterbewußtsein. Grundfragen zum Verständnis des Adels im Mittelalter, Sigmaringen 1998 (= Vorträge und Forschungen, Bd. XLVI).

Im frühen Mittelalter gab es noch keine Familiennamen, sondern nur Personennamen, die den späteren Vornamen entsprechen. Trotz der Einnamigkeit gab es eine familien- und geschlechtergebundene Namengebung, die dem Kundigen die Zugehörigkeit eines Menschen zu einem bestimmten Verwandtschaftsverband anzeigte. Man verwendete den Stabreim, die Namenvariation und die Sitte der Leitnamen.

Hervorragenden Geschlechtern wurde schon im frühen Mittelalter ein »Geschlechtername« beigelegt. In zeitgenössischen Quellen sind Geschlechternamen für das ostgotische Königshaus der Amaler (Amalungen), die fränkischen Merowinger, das bayerische Herzogsgeschlecht der Agilolfinger und fünf weitere bayerische Geschlechter (Hosi, Draozza, Fagana, Hahilinga und Anniona) überliefert. Auch in der Königsliste der Lex Langobardorum (Prolog zum Edictus Rothari) werden einige langobardische Geschlechter genannt. Zahlreiche Geschlechternamen finden sich in den Quellen zur angelsächsischen und skandinavischen Geschichte. Meist handelt es sich um Patronymikalbildungen auf -ingen (Ableitungen vom Namen eines Vorfahren). Die Angehörigen des Geschlechtes werden als die Nachkommen des namengebenden Stammvaters aufgefaßt.

Diese Geschlechternamen waren keine Familiennamen im modernen Sinne, denn sie waren keine Ergänzung zum Vornamen, sondern werden nur in erzählenden Quellen und im baierischen Stammesrecht (Lex Baiuvariorum) gelegentlich angegeben. Auch die Angehörigen der Geschlechter führten nur einen Namen. Diese Einnamigkeit stellt die Prosopographie (Personenforschung) vor schwierige methodische Probleme bei der Identifizierung von Namensträgern und ihrer Zuweisung zu Familien, Sippen und Geschlechtern. Die relativ seltenen Filiationsangaben müssen durch namenkundliche und besitzgeschichtliche Kriterien ergänzt werden.

Die Konsolidierung der Adelsgeschlechter und die wachsende Bedeutung der Burgen als adlige Herrschaftszentren führen zur Entstehung von Geschlechternamen. Seit dem 10. Jahrhundert ist die enge Verbindung von Burg und Herrschaft zu erkennen, und bereits im 11. Jahrhundert werden einzelne Adelsgeschlechter nach ihren Burgen benannt. Aus der zunächst gelegentlich noch wechselnden Benennung nach dem Wohnsitz wird allmählich der adlige Familienname, der auch dann noch beibehalten wird, wenn die namengebende Burg keine Rolle mehr spielt. Dem Vorbild des Hochadels folgte der niedere Adel. Auch der Ritter nannte sich nach seiner Burg oder dem Dorf, in dem sein Ritterhof lag. Die ursprüngliche Herkunftsbezeichnung »von« wird zum Standesprädikat.

Mit der starken Bevölkerungsvermehrung und der Zusammenballung in den aufstrebenden Städten, der wachsenden Mobilität der Menschen und der Intensivierung von Handel und Gewerbe entwickeln sich im 13. Jahrhundert zunächst im städtischen, später auch im ländlichen Bereich feste Familiennamen, die generell im Mannesstamm weitergegeben werden.

5. Zusammenfassung und Ausblick

Die rechtliche und soziale Ordnung der mittelalterlichen Gesellschaft wird durch ihre ausgeprägte ständische Gliederung gekennzeichnet. Familien, Sippen und Geschlechter waren zwar allgemein verbreitete Gemeinschaftsformen, besaßen in den verschiedenen sozialen Schichten aber unterschiedliche Relevanz. Sie sind in ihrem jeweiligen konkreten rechtlichen, wirtschaftlichen und sozialen Bezugssystem zu sehen und als schichtenspezifische Ausformungen eines Grundmusters zu interpretieren. So läßt sich für die Familie durch eine Unterscheidung zwischen der adligen, bürgerlichen und bäuerlichen Familie wenigstens ein grobes Raster gewinnen, dem allerdings viele Zwischentöne fehlen. Geschlechter und Dynastien, deren Entstehung ein entsprechendes Bewußtsein voraussetzte, bildeten sich vorrangig in der adligen und bürgerlichen Spitzengruppe. Den Mittel- und Unterschichten pflegten die Lebensformen der Führungsschichten als Vorbilder für die eigene Daseinsgestaltung zu dienen.

Der Lebensweg eines Menschen wurde im Mittelalter weit mehr als in der Neuzeit durch seine Herkunft und seine Einbindung in verwandtschaftliche Zusammenhänge vorherbestimmt. Der einzelne Mensch wurde in eine bestimmte gesellschaftliche Schicht hineingeboren, in der er in der Regel sein ganzes Leben verbrachte. Soziale Mobilität, sozialen Aufstieg oder Abstieg hat es als individuelles Schicksal während des ganzen Mittelalters gegeben, und in Umbruchsperioden konnten ganze Schichten davon betroffen sein, aber insgesamt dominierte eine eher konservative Einstellung. Man suchte die Familientradition zu bewahren; der Sohn erbte Rang und Stand, Beruf und Besitz des Vaters, die Burg und die Herrschaft, den Rittersitz, die Waffen und das Wappen, das Handelshaus, das Handwerk, den bäuerlichen Hof oder die Kate des Tagelöhners.

Für die Wahrung von Rang, Stand, Ansehen und Vermögen war die Eheschließung von weittragender Bedeutung. Im frühen Mittelalter dominierte die rechtsständische Unterscheidung zwischen Freien und Unfreien. Eine unebenbürtige Ehe hatte gravierende Rechtsfolgen für die Ehegatten und ihre Nachkommen, in der Regel ein Absinken in die niedere soziale Schicht. Seit dem hohen Mittelalter spielte das geburtsständische Prinzip nur noch im Adel eine beherrschende Rolle. Der hohe und der niedere Adel waren blutsmäßig getrennte Schichten, und besonders der zahlenmäßig schwache Hochadel hielt am Prinzip einer strengen Ebenbürtigkeit

(»Ebenburt«) fest. Eheliche Verbindungen mit dem niederen Adel wurden vermieden, da sie sich standesmindernd auswirken konnten. Hingegen suchten die Familien des niederen Adels das Konnubium mit höhergestellten Geschlechtern, verbanden sich aber gelegentlich auch mit vornehmen und reichen städtischen Patrizierfamilien. Innerhalb der Städte bildeten die Ratsgeschlechter ziemlich geschlossene Heiratskreise, und das Eindringen ins städtische Meliorat oder Patriziat erfolgte im allgemeinen nicht nur durch wirtschaftlichen Aufstieg, sondern auch durch Verschwägerung mit den Familien der bürgerlichen Führungsschicht. Innerhalb des Handwerkerstandes waren Heiratsverbindungen wichtig, da Zünfte und Gilden diejenigen in krasser Form begünstigten, die »in die Gilde geboren« wurden oder die eine Meisterstochter oder Meisterswitwe geheiratet hatten. Auf dem Lande pflegten die Vollbauern eine nicht weniger strenge ständische Exklusivität und verschmähten Eheschließungen mit den Angehörigen der dörflichen Mittel- und Unterschichten.

Familie, Sippe und Geschlecht als biologisch-soziologische Gemeinschaftsformen waren im Mittelalter für die Funktionsfähigkeit und die Regeneration des gesellschaftlichen Gesamtsystems von großer Wichtigkeit. Auf ihrer Stabilität beruhten nicht zuletzt die innere Ordnung und die äußere Sicherheit der übergeordneten Sozialformen. Das Schicksal von Königreichen und Fürstentümern war eng mit dem der herrschenden Dynastie verknüpft. Das Vertrauen des Volkes in die Fähigkeiten und das Charisma seines Herrschergeschlechtes war kaum zu erschüttern, und die Kontinuität der Dynastie war für den Bestand des Reiches oder des Fürstentums und damit für das Wohl der Untertanen von nicht zu überschätzender Bedeutung. Das Aussterben eines Geschlechtes wurde als herber Schicksalsschlag empfunden, der Wappenschild feierlich am Grabe des Letzten zerbrochen. Tatsächlich brachten das Erlöschen einer Dynastie und der dadurch bedingte Wechsel des Herrschergeschlechtes häufig Krieg und Bürgerkrieg, Landesteilungen und Gebietsverluste, Not und Elend für das Land.

In vielen Städten gab es eine politisch, wirtschaftlich, sozial und kulturell tonangebende Schicht, die sich aus einer kleinen Anzahl von Geschlechtern zusammensetzte. Die Angehörigen dieser meist eng miteinander versippten Ratsgeschlechter beherrschten oft über viele Jahrzehnte hinweg die Stadtverwaltung, das städtische Wirtschaftsleben und die kommunale Territorial- und Außenpolitik. In manchen Städten suchte man die »Vetternwirtschaft« der Ratsgeschlechter dadurch einzuschränken, daß nicht mehrere Angehörige der gleichen Familie zur gleichen Zeit im Rat sitzen durften.

Überall brachte man den Angehörigen alter Familien Achtung und Vertrauen entgegen, während es die Aufsteiger schwer hatten, auch ein ihrer neuen Position entsprechendes Sozialprestige zu erringen. Der Emporkömmling galt im Mittelalter nicht viel, da er die traditionelle Ordnung in Frage stellte.

Familie, Sippe und Geschlecht sind Strukturformen mit einem stark konservativen Grundzug. Alle Wandlungen vollzogen sich in der Stille und sind in den Quellen schwer zu verfolgen. In der germanischen Zeit und noch in den ersten Jahrhunderten des Mittelalters war die Sippe ein wichtiger Faktor des Lebens und der politischen Ordnung. Ihr kamen Funktionen zu, die aus moderner Sicht staatlicher Natur waren. Das gilt namentlich für die Ausübung von Selbsthilfe und Blutrache, durch die in unmittelbarer Form ein gewisses Maß an Sicherheit garantiert wurde. Der geringe Organisationsgrad der staatlichen Gemeinschaft überließ viele Aufgaben dem Verwandtschaftsverband. Erst mit der Intensivierung des staatlich-politischen Lebens im frühen Mittelalter ist eine Abschwächung der Rolle der Sippe eingetreten.

Die Gründe für den Funktionsverlust der Sippe sind in der gesamtgesellschaftlichen Entwicklung zu suchen. Die Sippe konnte ihre Aufgaben nur unter einfachen wirtschaftlich-sozialen Rahmenbedingungen und nur innerhalb überschaubarer geographischer Räume erfüllen. Mit der Entstehung umfassenderer und differenzierterer Verbände mußte sie an Bedeutung verlieren.

Die Familie war im Mittelalter wohl die wichtigste soziale Gemeinschaft. Sie hatte mehr Funktionen und erfaßte den Menschen intensiver als in unserer Zeit. Der einzelne fand in ihr Schutz und Halt, Erziehung und Versorgung. Ohne Familie zu sein, galt als ein schweres Los und bedeutete vielfach Not und Armut, sowohl für Frauen und Kinder als auch für alte und kranke Menschen. Eine heile Welt war die Familie freilich auch im Mittelalter nicht, und das gilt auch für die Sippe und das Geschlecht. Die Quellen berichten oft genug von Neid und Mißgunst, Mord und Totschlag unter Verwandten.

Die Familie bewahrte zwar eine ziemlich konstante Grundsubstanz, war aber doch Wandlungen unterworfen, an denen Christentum und Kirche stark beteiligt waren. Die Stellung der Frau wurde gehoben, die patriarchalische Ordnung der Ehe und der Familie allerdings nicht angetastet. Dies entsprach biblischen Vorbildern, aber auch der wirtschaftlichen und sozialen Verfassung der mittelalterlichen Gesellschaft. Immerhin kann man wohl sagen, daß sich das Verhältnis der Ehegatten zueinander allmählich zu einer

Lebensgemeinschaft mit genossenschaftlichen Zügen entwickelte. Die Frau wurde im Erbrecht und im Familienrecht bessergestellt, und aus der väterlichen Gewalt über die Kinder erwuchs im Laufe der Jahrhunderte die elterliche. Diese Veränderungen waren sicher auch eine Folge der Rolle, die die Frau in wichtigen Bereichen der mittelalterlichen Arbeitswelt gespielt hat. Es ist ferner zu bedenken, daß nicht alle zwischenmenschlichen Beziehungen durch Rechtsnormen geregelt wurden. Zwar kann man die Geschichte der menschlichen Gemeinschaften gewiß nicht ohne Rechtsgeschichte erforschen, doch hing nicht alles vom Recht, sondern vieles von der Persönlichkeit der Beteiligten ab.

Auch in der Vorstellungswelt des mittelalterlichen Menschen nahmen Familie und Verwandtschaft einen hervorragenden Platz ein. Sie dienten als Modell für verschiedene andere Gemeinschaftsformen und Sozialbeziehungen. Die Angehörigen eines Stammes führten ihre Herkunft auf einen gemeinsamen Stammvater zurück und betrachteten sich also als eine Bluts- und Abstammungsgemeinschaft. Künstliche Verwandtschaftsverhältnisse wurden durch Schwurbrüderschaft und Waffensohnschaft hergestellt, und Patenschaft führte zu einer spirituellen Verwandtschaft zwischen dem Taufpaten *(pater spiritualis)* und seinem Taufkind. Am Modell der Brüdergemeine orientierten sich Vereinigungen genossenschaftlicher Art wie Kaufmannsgilden, Hansen, Zünfte und Bruderschaften. Die Mitglieder waren Brüder *(fratres, confratres)*, die gleichberechtigt im Rahmen dieser Gemeinschaftsformen tätig waren. Sie wurden von gewählten Amtsträgern geleitet, deren Stellung mehr der des ältesten Bruders als eines mit patriarchalischer Gewalt ausgestatteten Vaters glich.

Familie und Ehe dienten auch als Modell für wichtige Bereiche des religiösen Lebens. Die Familie war Vorbild für klösterliche Gemeinschaften. Der Abt (griech. *abbas* = Vater) besaß eine patriarchalische Gewalt gegenüber den Mönchen. Sie redeten ihn respektvoll mit »ehrwürdiger Vater« *(pater venerabilis)* an, er nannte sie seine Söhne. Sie schuldeten ihm Gehorsam wie einem Vater und waren untereinander wie Brüder *(fratres)* zu brüderlicher Liebe *(caritas)* verpflichtet. In gleicher Weise war die innere Ordnung in den Nonnenklöstern gestaltet. Die Äbtissin *(abbatissa)* war das weibliche Gegenstück zum Abt; die Nonnen (Schwestern, *sorores)* blickten zu ihr wie zu ihrer Mutter auf. Der Eintritt in den geistlichen Stand ist gleichsam die Verlobung mit Gott. Die Frau gewinnt keinen irdischen, sondern einen himmlischen Bräutigam. Im Gefühlsleben kann dieses an Ehe und Familie orientierte Denken leicht zu einer schwärmerischen Christusverehrung führen. Aus dem gleichen Bereich stammt wohl auch die Ringsymbolik, die den Bischof mit seinem Bistum verbindet, das er ebensowenig im Stich lassen darf wie der Bräutigam die Braut.

Im Christentum wird der parteiische und rächende Gott des Alten Testamentes zum gerechten »himmlischen Vater«, der alle Menschen liebt und sie nur straft, um sie auf den rechten Weg zurückzuführen. Hinter der allgemeinen Gotteskindschaft sollen alle irdischen Unterschiede zwischen arm und reich, frei und unfrei als unbedeutend zurücktreten. Die wachsende Bedeutung der Kernfamilie führt im späteren Mittelalter zur Blüte des Marienkultes. Die Gotteskindschaft Christi wird stark betont, und Maria gewinnt als Gottesmutter eine zentrale Stellung in der mittelalterlichen Heiligenverehrung bis hin zur Apotheose als Himmelskönigin. Joseph tritt als treusorgender Pflegevater hervor, und auf den sog. »Sippenaltären« erscheint der ganze Verwandtenkreis des Heilands. Das familiäre Modell wird also zeitspezifisch in den Kosmos projiziert und auf das transzendentale Geschehen übertragen. Die auf Erden herrschenden Formen werden damit religiös überhöht und können zur Deutung und Rechtfertigung irdischer Verhältnisse verwendet werden. Dieses Streben nach einer überzeugenden Kongruenz der irdischen und kosmologischen Gestaltungsprinzipien ist in vielen Religionen zu beobachten.

In der neueren Forschung ist betont worden, daß neben verwandtschaftlichen Gruppenbindungen auch solche genossenschaftlicher und herrschaftlicher Natur im sozialen und politischen Leben eine wichtige Rolle gespielt haben (Freundschaftsbündnisse, Eidverbrüderungen, Hausgemeinschaften, Zünfte, Gilden und Hansen, Gefolgschafts- und Vasallenverbände). Gerd Althoff, der Hauptvertreter dieser Forschungsrichtung, unterscheidet daher recht einprägsam zwischen drei Formen: Verwandtengruppen, genossenschaftlich strukturierten Personengruppen und herrschaftlich strukturierten Personenverbänden.

Gerd Althoff, Verwandte, Freunde und Getreue. Zum politischen Stellenwert der Gruppenbindungen im früheren Mittelalter, Darmstadt 1990.

II. Haus und Hof, Dorf und Mark

1. Forschungsstand und Überlieferung

In Haus und Hof, Dorf und Mark vollzog sich im Mittelalter das tägliche Leben des weit überwiegenden Teiles der Bevölkerung. Sie bildeten einen durch wirtschaftliche Notwendigkeiten begründeten und durch Recht und Sitte gefestigten Ordnungsbereich und waren von fundamentaler Bedeutung für die Sicherung des Daseins nicht nur im wirtschaftlichen, sondern auch im sozialen Sinne. Haus und Hof, Dorf und Mark waren keineswegs in sich abgeschlossene Lebensbereiche, sondern funktionierten im Zusammenwirken mit anderen über- oder nebengeordneten Sozialformen. Namentlich herrschaftliche Gewalten wie Grundherrschaft, Gerichtsherrschaft, Vogtei, Dorfobrigkeit, Gutsherrschaft und schließlich auch die Landesherrschaft machten ihren Einfluß geltend und wirkten in diese elementaren menschlichen Lebenskreise hinein. Ihre Einwirkungsmöglichkeiten betrafen in der Regel aber nur Teilbereiche, sie konkurrierten nicht selten miteinander und waren im alltäglichen Leben der Landbevölkerung weniger präsent als Hausgemeinschaft, Nachbarschaft, Dorfgemeinde und Markgenossenschaft.

Werner Rösener, Bauern im Mittelalter, München 1985. – Eine zusammenfassende, gut lesbare und ausgewogene Darstellung mit Auswahlbibliographie.

Die Geschichtswissenschaft bemüht sich schon seit langem um die intensive Erforschung der bäuerlichen Lebenswelt, die nur in enger Zusammenarbeit mit einer Reihe von Nachbarwissenschaften möglich ist. Zwar ist daraus kein so spezialisiertes Fach wie im Falle der Stadtgeschichtsforschung entstanden, doch tendiert die interdisziplinäre Kooperation durchaus in diese Richtung. Deshalb kann man auch von einer Agrargeschichtsforschung als Zweig der Geschichtswissenschaft sprechen. Verschiedene Disziplinen mit unterschiedlichen Fragestellungen und Methoden sind daran beteiligt: Die Rechts- und Verfassungsgeschichtsforschung sieht Haus und Hof, Dorf und Mark als Personenverbände, deren innere Struktur durch normative Regeln bestimmt ist, die es zu erforschen gilt. Im Mittelpunkt der rechts- und verfassungsgeschichtlichen Forschung stehen seit mehr als einem Jahrhundert die umstrittenen Fragen nach dem Ursprung der mittelalterlichen Markgenossenschaft, nach der Entwicklung der Dorfgemeinde und nach

Alter und Herkunft des dörflichen Rechtes, das in den sog. Weistümern überliefert ist.

Die Anfänge der Landgemeinde und ihr Wesen, 2 Bde. Konstanz/Stuttgart 1964 (= Vorträge und Forschungen VII/VIII).

Karl Siegfried Bader, Studien zur Rechtsgeschichte des mittelalterlichen Dorfes, Teil I: Das mittelalterliche Dorf als Friedens- und Rechtsbereich, Weimar 1957, Teil II: Dorfgenossenschaft und Dorfgemeinde, Köln 1962, Teil III: Rechtsformen und Schichten der Liegenschaftsnutzung im mittelalterlichen Dorf, Wien/Köln/Graz 1973.

Deutsche ländliche Rechtsquellen. Probleme und Wege der Weistumsforschung, hrsg. von Peter Blickle, Stuttgart 1977.

Dieter Werkmüller, Über Aufkommen und Verbreitung der Weistümer nach der Sammlung von Jacob Grimm, Berlin 1972 (mit Quellen- und Literaturverzeichnis).

Die von der Rechts- und Verfassungsgeschichte behandelten Grundfragen sind natürlich auch für die Sozialgeschichte von zentraler Bedeutung, da sie bei der Erforschung der ländlichen Sozialstruktur nicht außer Acht gelassen werden können. Die sozialgeschichtliche Forschung fragt nach der wirtschaftlich-sozialen Schichtung innerhalb der Landbevölkerung, die nur zum Teil aus Bauern im soziologischen Sinne bestanden hat (vgl. S. 71 ff.). Als besondere historische Spezialdisziplin hat sich die Siedlungsgeschichte etabliert, die nach der Entwicklung, den Triebkräften und Erscheinungsformen der Siedlungen fragt. Da sowohl Orts-, Flur- und Landschaftsnamen als auch Dorf- und Flurformen wichtige siedlungsgeschichtliche Quellen sind, bedarf die Siedlungskunde der Hilfe der Namenkunde (Onomatologie) und der Siedlungs- und Kulturgeographie.

Martin Born, Geographie der ländlichen Siedlungen. Die Genese der Siedlungsformen in Mitteleuropa, Stuttgart 1977 (= Teubner Studienbücher Geographie). Mit ausführlicher Bibliographie. – Ders., Die Entwicklung der deutschen Agrarlandschaft, Darmstadt 1974 (= Erträge der Forschung, Bd. 29).

Anneliese Krenzlin, Beiträge zur Kulturlandschaftsgenese in Mitteleuropa. Gesammelte Aufsätze aus vier Jahrzehnten, hrsg. von Hans-Jürgen Nitz und Heinz Quirin, Wiesbaden 1983 (= Erdkundliches Wissen, Heft 63).

Die Vor- und Frühgeschichtsforschung hat vor allem in den letzten Jahrzehnten durch Siedlungsgrabungen und Fluruntersuchungen unser Wissen über das Siedlungswesen der ersten nachchristlichen Jahrhunderte und des Mittelalters erheblich vermehrt.

Das Dorf der Eisenzeit und des frühen Mittelalters. Siedlungsform – wirtschaftliche Funktion – soziale Struktur, hrsg. von Herbert Jankuhn, Rudolf Schützeichel und Fred Schwind, Göttingen 1977 (= Abhh. d. Akad. d. Wiss. in Göttingen, Phil.-hist. Kl., dritte Folge, Nr. 101).

Untersuchungen zur eisenzeitlichen und frühmittelalterlichen Flur in Mitteleuropa und ihrer Nutzung, hrsg. von Heinrich Beck, Dietrich Denecke und Herbert Jankuhn, Teil I, II, Göttingen 1979/80 (= Abhh. d. Akad. d. Wiss. in Göttingen, Phil.-hist. Kl., dritte Folge, Nr. 115/116).

Peter Donat, Haus, Hof und Dorf in Mitteleuropa vom 7. bis 12. Jahrhundert. Archäologische Beiträge zur Entwicklung und Struktur der bäuerlichen Siedlung, Berlin 1980 (= Schriften zur Ur- und Frühgeschichte, Bd. 33).

Haus und Hof in ur- und frühgeschichtlicher Zeit, hrsg. von Heinrich Beck und Heiko Steuer, Göttingen 1997 (= Abhh. d. Akad. d. Wiss. in Göttingen, Phil.-hist. Kl., dritte Folge, Nr. 218.

Von großer Bedeutung ist die Wirtschaftsgeschichte, die nach dem Verhältnis von Ackerbau und Viehwirtschaft, nach Anbaumethoden und Ertragsquoten, nach Feldsystemen, nach der Rolle der Produktion für den Markt und nach den wirtschaftlichen Verflechtungen zwischen Stadt und Land fragt. Berührungspunkte ergeben sich auch mit der Volkskunde.

Barthel Huppertz, Räume und Schichten bäuerlicher Kulturformen in Deutschland. Ein Beitrag zur deutschen Bauerngeschichte, Bonn 1939 (= Veröff. d. Instituts f. geschichtl. Landeskde. d. Rheinlande an d. Univ. Bonn). – Mit umfangreicher Bibliographie und Kartenanhang, nicht frei von sehr zeitbedingten Gedanken und Formulierungen.

Ulrich Bentzien, Bauernarbeit im Feudalismus. Landwirtschaftliche Arbeitsgeräte und -verfahren in Deutschland von der Mitte des ersten Jahrtausends u. Z. bis um 1800, Berlin 1980 (= Veröff. z. Volkskde. und Kulturgeschichte, Bd. 67).

2. Haus und Hof

a) Haus und Hof als Rechts- und Friedensbereich

Haus und Hof waren der natürliche Mittelpunkt des ländlichen Lebens- und Wirtschaftsraumes. Die Familie des Mittelalters war in der Regel zugleich eine Hausgemeinschaft, und daher bildete das Haus den elementaren Lebensbereich, den einfachsten und ursprünglichsten Baustein des gesamten gesellschaftlichen Gefüges. Das Zusammenleben von Menschen unter einem Dach in einem engen gegenseitigen Kontakt war nur dann auf Dauer möglich, wenn dort unbedingter Frieden herrschte, und erforderte für Streitfälle gewisse Regelungen, die durch Sitte und Recht geschützt wurden. Da Haus und Hof in größere Gemeinschaften eingeordnet waren, bedurfte ihr Frieden auch des Schutzes nach außen. Daher wurde der selbstverständliche und eigenverantwortliche Schutz, den der Hausherr mit bewaffneter Hand wahrzunehmen verpflichtet und berechtigt war, durch rechtliche Regelungen ergänzt: Die Gesellschaft nahm sich des Schutzes der menschlichen Wohnstätten an und hob Haus und Hof als besondere Rechts- und Friedensbereiche aus der vielfach feindlichen Umwelt heraus. Das Minimum an wirklicher Sicherheit, das der Mensch des Mittelalters, vor allem des Früh- und Hochmittelalters, überhaupt erwarten durfte, war eng mit der Sphäre des Hauses verknüpft.

Frieden und Recht, die erst das Zusammenleben der Menschen ermöglichen, sind Phänomene, die von den Menschen leicht mit dem Übernatürlichen in Beziehung gebracht und im Kult verankert werden. So hat auch das Haus Teil am Sakralen. Der Ansatzpunkt für diese Sakralisierung war ohne Zweifel die uralte Idee der Heiligkeit des Herdfeuers, das das Haus erst zur Heimstatt des Menschen machte. Der Herd, auf dem noch lange die offene Flamme loderte, wurde zum rechtlich-kultischen Mittelpunkt und zum Symbol des Hauses. Um das Herdfeuer, das lange Zeit auch architektonisch im Mittelpunkt des Hauses stand, versammelten sich die Hausgenossen, hier fand der Zufluchtsuchende den sichersten Schutz. Mit dem Entfachen des Herdfeuers wurde wahrscheinlich der Hausfrieden erst wirksam. Während des ganzen Mittelalters war der »eigene Rauch« Synonym für den Besitz eines Hauses oder wenigstens einer eigenen Wohnung und damit eine Voraussetzung für die volle Rechtsfähigkeit innerhalb der Dorfgemeinschaft. Abgaben wie »Rauchhuhn« oder »Rauchzins« weisen in die gleiche Richtung. Wechselte ein Hof den Besitzer, wurde das Herdfeuer gelöscht und von dem neuen Herrn wieder entzündet. In manchen Gegenden gehörte im ländlichen Brauchtum das Entfachen des Herdfeuers durch Braut und Bräutigam zu den ehebegründenden Symbolhandlungen.

Kultisches begleitete auch die Errichtung eines Hauses. Der feierliche Baubeginn, der heute noch als Grundsteinlegung fortbesteht, war wohl ursprünglich stets mit einem Bauopfer an die überirdischen Mächte verbunden; auch dem Richtfest wird man kultisch-symbolischen Gehalt nicht absprechen können.

Im Rechtsleben des Mittelalters spielte das Haus in verschiedener Weise eine nicht unwichtige Rolle. Schon in den frühmittelalterlichen Volksrechten (vgl. Bd. 1, S. 23 ff.) erscheint das Haus nicht nur als Sphäre eines gesteigerten Friedens- und Rechtsschutzes, sondern auch als der Ort, an dem Rechtshandlungen bestimmter Art stattfinden mußten, etwa die Ladung vor Gericht, die Einleitung der Pfändung oder die Adoption. Derjenige, der an Kindes Statt angenommen wurde, mußte nach fränkischem Recht im

Hause seines Adoptivvaters wenigstens drei Gäste bewirten. Auch um die »Gewere« (vgl. S. 29 f.) an einem Hof zu erlangen, mußte der neue Besitzer wenigstens drei Tage und drei Nächte das Haus bewohnen. Nicht nur das Herdfeuer, sondern auch andere Teile des Hauses konnten rechtserhebliche Bedeutung erlangen, das Dach und die »vier Wände«, Tür und Schwelle, Dachtraufe, Hoftor und nicht zuletzt der Zaun. Schwelle, Dachtraufe und Zaun markierten den Geltungsbereich des Hausfriedens.

Die Verletzung des Hauses und jeder Bruch des Hausfriedens wurden streng bestraft. Schon in den frühmittelalterlichen Volksrechten suchte man den Hausfrieden vor jeder Verletzung durch hohe Strafandrohungen zu schützen. Der erhöhte Frieden galt innerhalb der »vier Wände« oder reichte in manchen Rechtsgebieten auch bis zur Dachtraufe. Der erweiterte Hausfrieden umschloß das ganze Gehöft. Er begann am Zaun *(septis, septum*, Etter, Hag, Fried), dessen Beschädigung bereits als ein besonders bußwürdiges Delikt galt. Das gewaltsame und absichtliche Durchbrechen des Gehöftzaunes erfüllte bereits den Straftatbestand des Hausfriedensbruches.

Innerhalb des Hauses waren Bewohner und Gäste zur friedlichen Beilegung von Streitigkeiten verpflichtet. Scheltworte, Verwundungen, Diebstahl, Mord und Totschlag, die innerhalb des Hausfriedens geschahen, wurden strenger bestraft und mit erhöhten, vervielfachten Bußsätzen belegt. Vor allem sollten Haus und Hof wirksam gegen unbefugtes, vor allem bewaffnetes oder heimliches Eindringen geschützt werden.

Schweren Hausfriedensbruch, »Heimsuchung« *(harizuht, heriraita, heimzucht, heimsuoche), beging derjenige, der gewaltsam in ein fremdes Gehöft eindrang und dabei den Zaun, die Tür oder das Haus erbrach. Im Frankenreich verhängte der König für dieses Vergehen den Königsbann, die hohe Buße von 60 Solidi (MGH Capit. I 110 cap. 7: *Qui harizuht facit hoc est qui frangit alterius sepem aut portam aut casam cum virtute).* Die schwerste Form der Heimsuchung war der Überfall einer bewaffneten Schar auf ein Gehöft.

Der Hausfrieden, gesteigert durch die magisch-sakrale Kraft des Herdfeuers, verlieh dem Haus Asylcharakter. Wer ein Haus erreichte, war im allgemeinen vor der unmittelbaren Verfolgung sicher. Ein Flüchtling fand wenigstens vorübergehend Zuflucht, ein Straftäter hatte Anspruch auf ein ordentliches Gerichtsverfahren und konnte dem »kurzen Prozeß«, dem Verfahren auf handhafter Tat, entgehen. Die hoch- und spätmittelalterlichen Stadtrechte begünstigten denjenigen, der sich in sein Haus oder in das eines

Nachbarn flüchten konnte, auch prozeßrechtlich. Das Betreten eines Hauses zum Zwecke der Haussuchung war in der Regel nur unter Einhaltung bestimmter vorgeschriebener Formen möglich. Blieb die Haussuchung erfolglos, hatte der Hausherr unter Umständen Anspruch auf eine Entschädigung. Umgekehrt wurde auch der Mißbrauch des Asylrechtes unter Strafe gestellt. Das Haus konnte der Verfestung oder der Acht verfallen.

Die Wahrung des Hausfriedens gehörte ursprünglich zu den Rechten und Pflichten des Hausherrn, der ihn mit bewaffneter Hand zu schirmen hatte, aber schon die ältesten Rechtsquellen zeigen, daß der Schutz des Hausfriedens von der jeweiligen Rechtsgemeinschaft mitgetragen wurde. Die frühmittelalterlichen Stammesrechte suchten Haus und Hof durch Strafandrohungen zu schützen, das fränkische Königtum verbot Hausfriedensbruch unter Königsbann, die hochmittelalterliche Gottes- und Landfriedensbewegung stellte Haus und Hof unter strengen Friedensschutz, und auch die späteren Rechtsbücher, Stadtrechte und Dorfrechte enthalten entsprechende Bestimmungen.

Eduard Osenbrüggen, Der Hausfrieden. Ein Beitrag zur deutschen Rechtsgeschichte, Erlangen 1857 (Neudruck Aalen 1968).

b) Hausherrschaft und Hausgemeinschaft

Die unter einem Dach lebenden Menschen bildeten einen Personenverband, die Hausgemeinschaft (ahd. *hîwisk*). Ihr Kern war in der Regel eine Kleinfamilie, um die sich andere Verwandte gruppieren konnten. Auch die im Hause lebenden Knechte und Mägde gehörten zu den Hausgenossen (ahd. *hîwono*, mlat. *familia*), desgleichen auch erwachsene Söhne und Töchter, wenn sie auf dem väterlichen Hof blieben, gegebenenfalls auch ihre Ehepartner und Kinder.

Die Hausgemeinschaft, die sich als Rechtsgemeinschaft und im täglichen Leben als Wohn-, Wirtschafts- und Tischgemeinschaft verwirklichte, war patriarchalisch strukturiert. Das Familienoberhaupt übte im Bannkreis des Hauses Funktionen aus, die in der Forschung als Hausherrschaft bezeichnet werden. Der Hausherr (ahd. *hûshêrro*, *fater hiuuiskes = pater familias*) besaß Schutzgewalt (Munt) über die zum Hause gehörigen Personen und Verfügungsgewalt (Gewere) über den Besitz. Auch Gäste traten unter seinen Schutz, und unfreien Knechten und Mägden gegenüber vermischten sich leibherrliche und hausherrliche Befugnisse. Er vertrat die Hausgenossen vor Gericht und haftete für sie; in bestimmten Fällen war er verpflichtet, beklagte Hausgenossen dem Gericht auszuliefern. Eine hausherrliche, mit der öffentlichen Gerichtsbarkeit konkurrierende Gerichtsgewalt ist nicht nachweisbar, doch hatte der Hausherr eine ziemlich weitgehende Disziplinargewalt. Körperliche Züchtigung zur Aufrechterhaltung der häuslichen Ordnung und als Mittel der Erziehung war selbstverständlich. Der Hausherr war in erster Linie für die Gestaltung der Lebensordnung im Hause zuständig, ihm oblag die Führung der Wirtschaft, und er vertrat das Haus nach außen hin.

Wie in vielen anderen Bereichen der mittelalterlichen Sozialordnung mischten sich auch in der Sphäre des Hauses herrschaftliche und genossenschaftliche Elemente. Die Hausgemeinschaft zeigte auch genossenschaftliche Züge, denn ein Mitwirkungs- und Mitspracherecht der Hausgenossen auf verschiedenen Gebieten hat es durchaus gegeben. Das gilt vor allem für die Hausfrau und die mündigen Söhne, deren Zustimmung zu manchen Entscheidungen des Hausherrn von rechtserheblicher Bedeutung war. Insbesondere war bei der Veräußerung von Grundbesitz der Konsens der Erben erforderlich. Die Hausfrau besaß die »Schlüsselgewalt« im Hause, das als ihr angestammter Wirkungsbereich angesehen wurde.

Den Knechten und Mägden gegenüber hatte sie Weisungsbefugnis, die sie durch die Zeremonie der »Schlüsselübergabe« erlangte. Ihr Anteil an der hausherrlichen Gewalt kommt auch in der Sprache zum Ausdruck, denn neben dem ahd. *frô*, das den Hausherrn bezeichnete, stand die feminine Form *frouwa* = Hausherrin. Daher blieb die Anrede Frau bis in die jüngste Vergangenheit der verheirateten Frau vorbehalten.

Der Begriff »Hausherrschaft« hat in der neueren deutschen Mediävistik, die generell die große Bedeutung des herrschaftlichen Faktors im Mittelalter hervorhob, eine zentrale Stellung erlangt. Otto Brunner sah mit Blick auf die Verhältnisse im Hoch- und Spätmittelalter im adligen Haus den »Kern aller Herrschaft« und den »organisatorischen Mittelpunkt und das rechtliche Bezugszentrum der Herrschaft«. Walter Schlesinger hat das Phänomen für die germanische Zeit und das Frühmittelalter untersucht und ebenfalls die große Bedeutung der Hausherrschaft für die Herausbildung anderer Herrschaftsformen wie Königsherrschaft, Adelsherrschaft, Gefolgsherrschaft und Grundherrschaft betont. Grundsätzliche Kritik an der Lehre von der Hausherrschaft als Kern aller Herrschaft hat dagegen Karl Kroeschell geübt.

Otto Brunner, Land und Herrschaft. Grundfragen der territorialen Verfassungsgeschichte Österreichs im Mittelalter, 5. Aufl. Wien 1965, S. 240 ff. Walter Schlesinger, Herrschaft und Gefolgschaft in der germanisch-deutschen Verfassungsgeschichte. In: HZ 1953, S. 225–275. Neudruck in: Ders., Beiträge zur deutschen Verfassungsgeschichte des Mittelalters, Bd. I, Göttingen 1963, S. 9–52.

Karl Kroeschell, Haus und Herrschaft im frühen deutschen Recht. Ein methodischer Versuch, Göttingen 1968 (= Göttinger Rechtswiss. Studien 70).

Hausherrliche Komponenten sind sicher auch in anderen Herrschaftsformen wirksam geworden, doch dürfte eine generelle Ableitung aller Herrschaft aus der Sphäre des Hauses nicht möglich sein.

c) Hof und Hufe

Der Bauernhof war eine selbständige Betriebseinheit, auch dann, wenn er rechtlich und organisatorisch in einen grundherrlichen oder gutsherrlichen Verband eingegliedert war (vgl. Bd. 1, S. 123 ff.). Diese bäuerliche Wirtschaftseinheit bestand in der Regel aus drei Elementen, erstens Haus, Hof und Garten, zweitens Ackerland (»Hufenland«) und drittens Nutzungsrechten an der Allmende. Seit der späteren Karolingerzeit werden diese drei Bestandteile in den Quellen auch als »Hufe« (mlat. *mansus*) bezeichnet. Der Hof heißt vorwiegend *curtis, curia, villa* oder *hof*, die Hofstatt zumeist *area, mansio, mansus* oder *curtifer*. Diese Bezeichnungen werden nicht nur für das bäuerliche Gehöft, sondern auch für den herrschaftlichen Hof verwendet. Oft werden die Herrenhöfe oder andere bevorrechtete Höfe (Dinghof, Meierhof, Kellhof, Schultenhof usw.) auch terminologisch als solche gekennzeichnet.

Die Stellung eines Mannes im Dorf und in der Gemeinde war vom Besitz eines Hofes abhängig. Nur wer einen Vollbauernhof innehatte, war auch vollberechtigtes Mitglied der Dorfgenossenschaft. Rechte und Pflichten hafteten am Hof, nicht an der Person des jeweiligen Besitzers. Dieser Vorrang des Hofes kam in manchen Gegenden durch die Hausmarken und Hofnamen zum Ausdruck. Diese am Hof haftenden Namen waren konstant und änderten sich bei einem Wechsel des Besitzers nicht. Der Hof stand als eigene Rechtspersönlichkeit gleichsam über dem Inhaber. Auch Vorrechte und Ämter konnten am Hof haften, etwa bei den Erb- und Lehnschulzenhöfen Mittel- und Ostdeutschlands.

Das mittelalterliche Gehöft setzte sich in der Regel aus verschiedenen Gebäuden zusammen; neben dem Wohnhaus, das den Hauptraum (Halle, Saal) enthielt, standen Stallgebäude, Scheune, Speicher und andere Vorratshäuser; auf großen Höfen lagen im Frühmittelalter Webhütten und andere Werkstätten. Es gab sicher auch bereits das Wohn-Stallhaus, aus dem sich der Typus des Niedersachsenhauses entwickelte. Im Laufe des Mittelalters bildeten sich in Deutschland verschiedene Regionen mit besonderen Gehöftformen heraus. Die Höfe waren von Zäunen oder lebenden Hecken umgeben, die nicht nur rechtliche Bedeutung besaßen, sondern auch Schutz vor Raubzeug boten und das Entlaufen des eigenen und das Eindringen fremden Viehs verhinderten.

Edith Ennen und Walter Janssen, Deutsche Agrargeschichte. Vom Neolithikum bis zur Schwelle des Industriezeitalters, Wiesbaden 1979, S. 211–215; Werner Rösener, Bauern im Mittelalter, München 1985, S. 73–95; Karl Baumgarten, Das deutsche Bauernhaus, Berlin 1980.

Seit dem 8. Jahrhundert wird die bäuerliche Wirtschaftseinheit, bestehend aus Haus und Hof, Acker- und Wiesenland und Allmendnutzungsrechten, in den Quellen mehr und mehr unter der Bezeichnung »Hufe« (ahd. *huoba*, mhd. *huobe*, mlat. *mansus*) zusammengefaßt. In manchen Quellen wird zunächst noch zwischen *mansus* und *huoba* unterschieden, so daß in diesen Fällen unter *mansus* wohl der Hof, unter *huoba* das Ackerland (»Hufenland«) und die Nutzungsrechte an Wasser, Weide und Wald zu verstehen sind. Schon am Ende des 8. Jahrhunderts wird die Hufe zum Landmaß. Sie bildet im Rahmen der Grundherrschaft die Grundlage für die Erhebung von Abgaben, aber auch das Herrenland *(terra salica)* wird bei Veräußerungen in Hufen angegeben.

Der Ursprung der Hufenverfassung ist in der Forschung umstritten und noch nicht gänzlich geklärt. Da das Wort Hufe etymologisch mit Hof in Verbindung zu stehen scheint, war man in der älteren Forschung der Meinung, die Hufe sei ursprünglich der Besitz des freien Germanen gewesen, der in seiner Größe den Bedürfnissen einer Familie entsprach: »Die Hufe stellt sich als das normale Maß des Besitztums dar, das der Leistungsfähigkeit und den Bedürfnissen der Durchschnittsfamilie entspricht« (Heinrich Brunner, Deutsche Rechtsgeschichte, 2. Aufl. Berlin 1906, Bd. I, S. 88 f.). Dabei wird darauf verwiesen, daß in England und Skandinavien »híd« und »ból« der fränkischen Hufe vergleichbar seien. Dagegen vertrat Walter SCHLESINGER die Auffassung, daß die Hufe keine altgermanische Einrichtung sei, da das Wort nicht gemeingermanisch ist, sondern nur innerhalb des fränkischen Reiches vorkommt. Er vermutet, daß die Hufenverfassung im Rahmen der Grundherrschaft entstanden ist und sich von dort aus weiter ausgebreitet hat. Die Hufe könnte demnach ursprünglich das Land bezeichnet haben, das von einem Grundherrn an Unfreie zur selbständigen Bewirtschaftung ausgegeben worden ist.

Walter Schlesinger, Die Hufe im Frankenreich. In: Untersuchungen zur eisenzeitlichen und frühmittelalterlichen Flur (wie S. 50f.), Teil I, S. 41–70.

Auf jeden Fall kann man feststellen, daß die Hufe im Laufe der Karolingerzeit zu der Wirtschaftseinheit wurde, auf der die Agrarverfassung des Frankenreiches und seiner nordalpinen Nachfolgestaaten aufbaute. In weiten Teilen dieses Gebietes wurde sie für einige Jahrhunderte zur Bemessungsgrundlage für Abgaben und sonstige Leistungen verschiedener Art.

Bereits am Ende des 8. Jahrhunderts war die Hufe auch zur Maßeinheit geworden, zum Flächenmaß von allerdings unterschiedlicher Größe.

Am häufigsten scheint man mit 30 Morgen (Joch, *iugera*) pro Hufe gerechnet zu haben, doch werden auch 16, 36 und 40 Morgen genannt. Da der Umfang eines Morgens wohl schon im frühen Mittelalter regional unterschiedlich war, ist eine Umrechnung in Hektar kaum möglich. Immerhin dürfte eine Hufe ausgereicht haben, um eine Bauernfamilie zu ernähren. Weit größer als die Normalhufe war die »Königshufe« *(mansus regalis, hoba regalis)* mit 120 oder 160 Morgen. In Ostmittel- und Ostdeutschland sind Gebiete mit flämischen Hufen und solche mit fränkischen Hufen zu unterscheiden. Sie hatten zwar beide jeweils 30 Morgen, doch war der flämische Morgen kleiner als der fränkische, so daß man für die flämische Hufe etwa 16 ha, für die fränkische 24 bis 26 ha rechnen kann.

Walter Kuhn, Flämische und fränkische Hufe als Leitformen der mittelalterlichen Ostsiedlung. In: Ders., Vergleichende Untersuchungen zur mittelalterlichten Ostsiedlung (= Ostmitteleuropa in Vergangenheit und Gegenwart, Bd. 16), Köln/Wien 1973, S. 1–51.

Die Lockerung der grundherrlichen Bindung von Grund und Boden führte in manchen Fällen zur Aufteilung der Hufengüter in Halb-, Viertel- und sogar Achtelhufen. Besonders in den Gegenden, in denen die Erbsitte der Realteilung vorherrschte, wurde die Wirtschaftskraft der Höfe durch diese Parzellierung geschwächt. Daher haben die Grundherren die Teilung in der Regel dann bekämpft, wenn sie über ein gewisses erträgliches Maß hinausging. Einer der Erben war als »Träger«, »Zinsmann«, »Hauptmann« dem Grundherrn gegenüber für die Leistung der Abgaben verantwortlich. In den Landschaften, in denen das Anerbenrecht galt, war die Aufteilung der Höfe seltener. In der Regel erbte der älteste Sohn den ganzen Hof.

3. Dorf und Mark

a) Die Siedlungsformen

Die Erforschung der ländlichen Siedlungsformen ist das gemeinsame Anliegen der Historiker, Siedlungsgeographen und Archäologen. Es geht dabei zunächst um die Feststellung der Orts- und Flurformen, um ihre Analyse unter formalen Gesichtspunkten, um ihre Klassifizierung und die Erarbeitung einer einheitlichen Terminologie für die verschiedenen Typen. Es geht dabei ferner um die Erkenntnis möglicher funktionaler Zusammenhänge zwischen den Orts- und Flurformen, dem Stand der Agrartechnik und den Bodennutzungssystemen. Es ist unbestritten, daß zwischen diesen Phänomenen funktionale Beziehungen bestehen, ohne daß daraus schematisch der Schluß abgeleitet werden dürfte, daß zu einer bestimmten Ortsform jeweils auch eine bestimmte Flurform gehört haben müsse. Der nächste Schritt ist die historisch-genetische Analyse, d. h. der Versuch, durch die Untersuchung der Orts- und Flurformen Erkenntnisse über die Entwicklung des Siedlungsbildes zu gewinnen.

Siedlungsformen sind selbstverständlich in starkem Maße durch naturräumliche Gegebenheiten determiniert, sie sind aber ebenso der Ausdruck der wirtschaftlichen Tätigkeit des Menschen. Dadurch sind sie nicht nur von den technischen Möglichkeiten und den Produktionserfahrungen der jeweiligen Zeit abhängig, sondern auch von ihren politischen, sozialen, rechtlichen und kulturellen Rahmenbedingungen. Siedlungsgeschichte, die mehr als rein formal-genetische Modelle bieten will, kann daher nur dann sinnvoll betrieben werden, wenn sie auch nach den Beziehungen zwischen dem Siedlungswesen und der Herrschafts-, Rechts-, Wirtschafts- und Sozialordnung fragt. Veränderungen im äußeren Erscheinungsbild und der inneren Ordnung der Siedlungen sind daher im allgemeinen eine Folge von Wandlungen im gesamtgesellschaftlichen Gefüge. Neue Siedlungsformen werden gefunden und bestehende Siedlungen unter dem Einfluß wirtschaftlicher, agrartechnischer, demographischer, verfassungsmäßiger, rechtlicher und sozialer Faktoren den veränderten Rahmenbedingungen angepaßt. Natürlich soll damit der Einfluß veränderter Umweltbedingungen auf das Siedlungsbild nicht bestritten werden.

Auch bei dem Versuch einer historisch-genetischen Analyse der Siedlungsformen stellt sich die Frage nach der Quellengrundlage und nach der Zuverlässigkeit der gewählten Methoden. Die Nachrichten über die Siedlungsstrukturen des frühen und hohen Mittelalters sind spärlich und vielfach auch schwer deutbar. Die Terminologie der Quellen läßt nicht immer klare Entscheidungen über den Charakter einer Siedlung zu, und quantifizierbares Quellenmaterial ist rar. Auch die Siedlungsarchäologie hat diesen Mangel bisher noch nicht wirklich ausgleichen können, denn umfangreichere Siedlungsgrabungen sind noch selten. Die Ergebnisse der bisherigen Siedlungsgrabungen dürfen daher noch nicht verallgemeinert werden, doch sind im Laufe der Zeit gerade von dieser Seite sicher neue Ergebnisse zu erwarten.

Bei einer Untersuchung auf Grund von Orts- und Flurformen muß daher im wesentlichen von dem Material ausgegangen werden, das die Ortspläne und Flurkarten des 18. und frühen 19. Jahrhunderts bieten. Das Bild, das Dorf und Flur auf diesem Kartenmaterial aufweisen, ist das Ergebnis eines jahrhundertelangen und unter Umständen komplizierten Entwicklungsprozesses, auf den viele allgemeine und besondere Faktoren eingewirkt haben. Die historisch-genetische Siedlungsformenforschung versucht daher, durch rückschreitende Untersuchungen die älteren Entwicklungsstufen und schließlich die »Urform« (»Altform«) der Siedlungen zu erkennen. Die methodische Prämisse besteht in der Annahme, daß unter dem frühneuzeitlichen Erscheinungsbild der ursprüngliche Ortskern und die Altflur verborgen sind, die sich durch das Aufdecken der verschiedenen darüberliegenden jüngeren Schichten wiederauffinden lassen. Die stärkere Beachtung der Veränderung der Siedlungsformen ist ohne Zweifel ein sehr positiver Aspekt, doch sollten die Erkenntnismöglichkeiten der rückschreitenden Methode auch nicht überschätzt werden.

Siedlungsarten:

Einzelhof: Der Einzelhof (»Einödhof«) liegt im allgemeinen inmitten des dazugehörigen Grundbesitzes. Die Felder der block- oder streifenförmigen Einödflur werden ganz individuell bewirtschaftet; eine Flurgemeinschaft mit den benachbarten Höfen besteht nicht. Die Einzelhof- oder Streusiedlung findet sich in Teilen Nordwestdeutschlands, Bayerns und Schwabens (Oberbayern und Allgäu), im Alpenraum, dem Schwarzwald und dem Odenwald sowie der Oberpfalz. Eine Sonderform der Einzelhofsiedlung waren die Gutssiedlungen, die aus dem Gutshof mit einigen Gesindehäusern (Insthäusern) bestanden. Zum Typus des Einzelhofes kann man auch das Vorwerk rechnen, das zum ostelbischen Gutskomplex gehörte.

Weiler: Vergesellschaftet mit den Einzelhof- und Streusiedlungen waren nicht selten kleine Höfegruppen, die in der Umgangssprache, aber auch im wissenschaftlichen Sprachgebrauch meist als Weiler bezeichnet werden. Für die in Nordwestdeutschland verbreiteten Weiler mit Langstreifenflur wird in der Literatur vielfach der Name Drubbel verwendet. Die Höfe eines Weilers sind mehr oder weniger eng benachbart und bewirtschaften eine Gemarkung, auf der die zu den einzelnen Höfen gehörigen Felder in der Regel im Gemenge lagen. Die Übergänge vom Weiler zum Dorf sind fließend und sowohl quantitativ als auch qualitativ nur schwer zu bestimmen. Im allgemeinen bezeichnet man eine Gruppe bis zu zehn oder zwölf Höfen als Weiler, doch lehnen manche Forscher die Begriffe Weiler und Drubbel als unbrauchbar und überflüssig ab.

Dorf: Spätestens seit dem Mittelalter ist das Dorf auf deutschem Boden die vorherrschende Siedlungsform. Die Höfe eines »geschlossenen Dorfes« liegen dicht beieinander und bilden einen kompakten Wohn- und Wirtschaftsbereich, der durch Zäune oder Hecken sehr deutlich gegenüber dem Flurbereich abgegrenzt war. Daneben gibt es das »lockere Dorf«, dessen Gehöfte einzeln oder in kleinen Gruppen einen größeren Raum einnehmen. Eine dritte Form ist das Reihendorf, dessen Höfe weit auseinandergezogen an einer Straße, einem Bach oder einem Deich aufgereiht sind.

Zum Begriff des Dorfes gehören der für die gesamte Siedlung gültige Name, die Existenz einer Dorfgemarkung und ein wenigstens nachbarschaftliches Zusammenwirken auf verschiedenen Gebieten. Im allgemeinen wurde die Gemarkung wenigstens zum Teil in genossenschaftlicher Form genutzt, so daß das Dorf partiell ein Wirtschaftsverband war. Vielfach war es zugleich Gerichtsgemeinde, politische Gemeinde und Kirchgemeinde. Dementsprechend gab es im allgemeinen auch Gemeinschaftseinrichtungen und Gemeinschaftsaufgaben.

Helmut Jäger, Das Dorf als Siedlungsform und seine wirtschaftliche Funktion. In: Das Dorf der Eisenzeit und des frühen Mittelalters (wie S. 50), S. 62–80.
Martin Born, Geographie der ländlichen Siedlungen (wie S. 50), S. 98 ff.

Typologie der Siedlungsformen: Ausgehend vom topographischen Erscheinungsbild des Dorfes ist versucht worden, eine Typologie der Orts- und Flurformen zu entwickeln. Es ist allerdings bisher noch nicht gelungen, übereinstimmende Definitionen zu erarbeiten und zu einer einheitlichen Terminologie zu gelangen. Eine Analyse unter rein formaltopographischen Gesichtspunkten führt zu anderen Begriffsbestimmungen als die folgende, auch landschaftliche Besonderheiten beachtende historisch-genetische Betrachtungsweise.

Im altdeutschen Siedlungsgebiet ist das »Haufendorf« die vorherrschende Siedlungsform. Es zeigt einen unregelmäßigen Grundriß, manchmal in Anpassung an geographische Gegebenheiten. Der Ortsbereich ist meist dicht bebaut; Kirche und Friedhof, Dorflinde und Gerichtsplatz, eventuell auch ein Dorfbrunnen, ein Teich oder ein Wasserlauf setzen Akzente in dem sonst regellosen Nebeneinander der Gehöfte. Zum Haufendorf gehört im allgemeinen eine mehr oder weniger stark gegliederte »Gewannflur«. Das Ackerland ist ganz oder zum größten Teil in einzelne Felder (Gewanne, Zelgen, in Ostmittel- und Ostdeutschland auch Hufen) von unterschiedlicher Form und Größe aufgeteilt, die in sich wieder aus einzelnen Streifen (Parzellen) bestehen. Der Landbesitz des einzelnen Bauernhofes liegt in zahlreichen Teilen über die ganze Gemarkung verstreut. In Südwestdeutschland gehören zu bevorrechteten größeren Höfen manchmal größere blockförmige Besitzstücke (»Breiten«), die nicht parzelliert sind. Eine hauptsächlich in Teilen Nordwestdeutschlands verbreitete Flurform ist die »Langstreifenflur«, bei der die Feldmark in der Hauptsache in mehrere hundert Meter lange parallel verlaufende Streifen aufgeteilt ist.

Von den regellosen Haufendörfern Altdeutschlands mit ihren vielgestaltigen, meist unregelmäßigen Gewannfluren heben sich deutlich einige andere Siedlungstypen mit regelhaftem Grundriß und klarerem Flurbild ab. Es sind dies besonders die ostmitteldeutschen und ostdeutschen »Straßen- und Angerdörfer« mit ihren »Plangewannfluren«. Die Gehöfte liegen beim Straßendorf nebeneinander zu beiden Seiten einer Straße, beim Angerdorf gruppieren sie sich um einen meist langgestreckten längsovalen Dorfplatz (Anger). Die Kirche ist beim Straßendorf in die Reihe der Gehöfte eingebunden, während sie beim Angerdorf nicht selten in der Mitte des Dorfes auf dem Anger steht. Das Ackerland besteht in der Hauptsache aus einem oder mehreren (meist zwei oder drei) Großgewannen, in denen jeder Hof entsprechend der Zahl seiner Hufen eine oder mehrere Parzellen besaß. Um die Großgewanne gruppierten sich später gerodete, ebenfalls der Zahl der Höfe entsprechend parzellierte »Beiländer«. Als Sonderform der Plangewannflur kann man die im sächsisch-thüringischen Raum verbreitete »Gelängeflur« betrachten.

Während bei den Haufendörfern, Straßen- und Angerdörfern die zu den einzelnen Höfen gehörigen Felder über die ganze Gemarkung verteilt »im Gemenge« liegen, zeichnen sich die »Reihendörfer« dadurch aus, daß der zu einem Hof gehörige Besitz in einem Stück unmittelbar an das Gehöft anschließt. Die Höfe eines Reihendorfes liegen im Abstand von etwa 100 Metern nebeneinander. Der Grundbesitz hat Hofanschluß und zieht sich in einem entsprechend breiten Streifen bis an die Gemarkungsgrenze. Jeder Bauer wirtschaftet ganz individuell; es gibt keinen Flurzwang und vielfach auch keine Allmende. Dennoch sollte man diese Siedlungsform nicht zu den »Einödfluren« rechnen, da durch diesen Terminus doch ein falscher Eindruck vom Aussehen eines Reihendorfes erweckt wird.

Bei den Reihendörfern werden Hagenhufen-, Waldhufen- und Marschhufendörfer unterschieden, die im Kern nach den gleichen Prinzipien gestaltet sind. Hagensiedlungen mit Hagenrecht *(ius indaginis)* und Hagenhufen *(mansi indaginis)* entstanden in Waldgebieten Niedersachsens. Im Zusammenhang mit der deutschen Ostsiedlungsbewegung wurde dieser Siedlungstypus nach Mecklenburg und Pommern übertragen. Waldhufendörfer sind kennzeichnend für den Raum um Erzgebirge, Fichtelgebirge, Sudeten und Karpaten, kommen aber auch an einigen Stellen im Schwarzwald, Odenwald und Spessart vor. Die Hofreihen der Hagenhufen- und Waldhufendörfer ziehen sich in der Regel an einem Wasserlauf entlang, entweder ein- oder doppelzeilig. Unter Anpassung an naturräumliche Bedingungen konnten sog. »Radialhufendörfer« entstehen. Die Gehöfte liegen relativ geschlossen kreisförmig in einer Mulde. Hinter jedem Hof beginnt der Hufenstreifen, der sich ständig verbreiternd bis zur Gemarkungsgrenze hinzieht. In den Niederungsgebieten der Niederlande und Nordwestdeutschlands, vereinzelt auch an der mittleren Elbe, finden sich die Marschhufensiedlungen. Die Höfe liegen in einer Reihe an einer Straße, einem Entwässerungsgraben oder einem Deich. Entwässerungsgräben und Deiche begrenzen die einzelnen Besitztümer.

Hans K. Schulze, Artikel »Hagenrecht«. In: HwbDt. RG I, Sp. 1906 bis 1909; Wilfried Ehbrecht, Artikel »Marschhufe«. Ebda. III, Sp. 353–356.

Neben dem meist recht stattlichen Haufen-, Straßen-, Anger- und Reihendorf gibt es in vielen Gegenden Kleinsiedlungen mit einem sehr vielfältigen topographischen Bild, etwa das Gassen- und das Sackgassendorf, das einreihige Zeilendorf, das kleine Platzdorf und weilerartige Höfegruppen. Zu diesen Kleinformen gehören oft kleingliedrige Gewannfluren, Blockgemengefluren oder Blockstreifenfluren. Im Hannoverschen Wendland, den westlichen Teilen Mecklenburgs und der Mark Brandenburg, aber auch in den obersächsischen Altsiedellandschaften findet sich der »Rundling«. Während er im Hannoverschen Wendland, Mecklenburg und Brandenburg in vollausgebildeter Form auch als »Großrundling« anzutreffen ist, gehört er im ostthüringisch-obersächsischen Bereich in der Regel zu den Kleinformen.

Siedlungsgenese: Das Bild, das die deutsche Agrarlandschaft im 18. und zu Beginn des 19. Jahrhunderts zeigte und das mit Hilfe des damals entstandenen Kartenmaterials gut erkennbar ist, war das

Ergebnis einer jahrhundertelangen Entwicklung. Die Versuche der Siedlungshistoriker, mit Hilfe dieses Materials durch die Abdeckung jüngerer Schichten den alten Kern und die ursprünglichen Strukturen der Siedlung und ihrer Flur sichtbar zu machen, haben in vielen Fällen Erfolg gehabt, vor allem dann, wenn die historisch-genetische Formenanalyse durch die Benutzung schriftlicher Quellen untermauert werden konnte. Dennoch konnten wichtige Probleme noch nicht eindeutig gelöst werden. Das gilt vor allem für das altdeutsche Siedlungsgebiet, während der Verlauf der deutschen Ostsiedlungsbewegung des Mittelalters leichter rekonstruierbar ist, obwohl es auch da noch offene Fragen gibt.

Ein besonders wichtiger Punkt ist die Frage nach dem Alter des Haufendorfes und der Gewannflur. In der älteren Forschung betrachtete man Haufendorf und Gewannflur als typisch germanische Siedlungsformen und sah in ihnen den Ausdruck der altgermanischen Sozialverfassung. Bei der freibäuerlich-genossenschaftlichen und sippenweisen Ansiedlung entstanden nach dieser Theorie die lockeren Haufendörfer oder auch kleinere Gehöftgruppen, das Ackerland wurde gemeinschaftlich in Besitz genommen und den einzelnen Familien zur Nutzung zugewiesen, individueller Besitz entstand zunächst an Haus und Hof und am Acker, während die ungeteilten Waldungen, Wiesen und Gewässer als Allmende weiterhin genossenschaftliches Eigentum blieben. Das Haufendorf repräsentiert nach dieser Lehre einen besonders alten, in seiner Struktur nur wenig veränderten Typus. Für die Richtigkeit dieser Auffassung scheint die Tatsache zu sprechen, daß sich das Verbreitungsgebiet der Haufendörfer im wesentlichen mit den fruchtbaren Altsiedellandschaften deckt. Nicht wenige von ihnen werden bereits im 8. und 9. Jahrhundert in den Urkunden bezeugt, und auch viele Ortsnamen können als Indiz für ein hohes Alter der Haufendörfer herangezogen werden (Ortsnamen auf -mar, -lar, aha, -ingen, -leben, -stedt u.a.). Auch einige Nachrichten aus schriftlichen Quellen wurden im Sinne dieser Theorie interpretiert.

Die neuere siedlungsgeographische Forschung hat sich von dieser Auffassung gelöst, sicher nicht zuletzt unter dem Eindruck der Wandlungen in den Anschauungen der neueren deutschen Mediävistik. Danach vollzog sich die Ansiedlung der Germanen nicht in freibäuerlich-markgenossenschaftlicher, sondern in herrschaftlicher Form; nicht Familien und Sippen ließen sich gemeinsam nieder, sondern Herren mit ihren Gefolgsleuten und Unfreien. Die typische Siedlungsform war nicht das Dorf, sondern der Herrenhof, um den sich vielleicht die kleinen Gehöfte abhängiger Leute gruppierten. Die archäologischen und siedlungsgenetischen Forschungen scheinen diese Sicht zu bestätigen. Es finden sich Hinweise darauf, daß das Haufendorf mit der Gewannflur keine primäre Siedlungsform ist, sondern erst allmählich durch die Zusammenlegung kleinerer Siedlungen und durch endogenes Wachstum (Teilung von Höfen, Ansiedlung von Unfreien, Rodungstätigkeit) entstand. Ein Zusammenhang mit der allgemeinen Bevölkerungszunahme, der Ausbreitung der Grundherrschaft und der Einführung der Hufenverfassung ist möglich. Diesen Prozeß der »Verdorfung«, der sich zwischen der Merowingerzeit und dem Hochmittelalter vollzogen haben müßte, begleitete ein Prozeß der »Vergewannung«. Das bisher in Blöcken und Breitstreifen liegende Ackerland wurde weitgehend in Gewanne umgewandelt und parzelliert. Diese Bildung von Gewannen (alemannisch-bajuwarisch »Zelgen«) stand möglicherweise mit der Einführung einer geregelten Dreifelderwirtschaft in Verbindung.

In der Tat ist die Frage nach dem Alter des Haufendorfes schwer zu beantworten, denn die Terminologie der frühmittelalterlichen Quellen ist nicht eindeutig. Nicht nur das mlat. *villa*, sondern auch volkssprachliche Ausdrücke wie *thorp, heim* oder *hausen* konnten nicht nur den Hof, sondern auch das Dorf bezeichnen.

Ruth Schmidt-Wiegand, Das Dorf nach den Stammesrechten des Kontinents. In: Das Dorf der Eisenzeit und des frühen Mittelalters (wie S. 50), S. 408–443.

Die Erwähnung von Nachbarn *(vicini)* und Markgenossen *(commarcani, consortes)* in den Stammesrechten und Kapitularien kann als Indiz dafür gewertet werden, daß es im Frühmittelalter nicht nur Einzelhöfe, sondern auch Dörfer gegeben hat. Viele von ihnen mögen nur klein gewesen sein, doch läßt sich aus den Urkunden der Karolingerzeit ziemlich eindeutig die Existenz von großen Dörfern nachweisen. In den Altsiedelgebieten gab es Dörfer mit 20 bis 30 Hofstätten und sicher 200 bis 300 Einwohnern.

Fred Schwind, Beobachtungen zur inneren Struktur des Dorfes in karolingischer Zeit. In: Das Dorf der Eisenzeit und des frühen Mittelalters (wie S. 50), S. 444–493.

In der Karolingerzeit, in der die urkundliche Überlieferung für einige Gebiete sehr reichhaltig ist, wurden zahlreiche neue Siedlungen gegründet. Diese Rodungssiedlungen (»Neubruch«, »Bifang«, »Kaptur«) waren offenbar in der Regel Einzelhöfe oder kleine Weiler, von denen sich freilich manche später zu Dörfern entwickelten. Von dieser offensichtlich individuellen und freien Rodungstätigkeit des frühen Mittelalters hebt sich deutlich der hochmittelalterliche

Landesausbau ab, der oft unter grund- oder landesherrlicher Leitung stand. Rodung und Siedlung erfolgten planmäßig und unter Einhaltung bestimmter Rechtsformen. Das zu besiedelnde Land wurde abgegrenzt, vermessen und an die Siedler ausgegeben. Es entwickelten sich planmäßige, regelhafte Siedlungsformen, Waldhufendörfer im Mittelgebirgsraum, Hagenhufensiedlungen in Niedersachsen und Marschhufendörfer in den nordwestdeutschen Niederungsgebieten. Sie fanden Anwendung bei der deutschen Ostsiedlung in den ehemaligen slawischen Siedlungsgebieten. Zu Hagenhufen, Waldhufen und Marschhufen kamen Straßen- und Angerdorf mit großflächigen und planmäßigen Gewannfluren hinzu. Auch der Großrundling scheint eine kolonisationszeitliche Ortsform zu sein. Die bereits in vordeutscher Zeit dichter besiedelten Landstriche werden durch das Vorherrschen von kleinen Dörfern (Höfegruppen, Gassen, Sackgassen, Zeilen und Kleinrundlingen) und einer meist unregelmäßigen und kleingliedrigen Flur (Blockflur, Blockstreifenflur, Kleingewannflur) charakterisiert.

b) Flurverfassung (Feldsysteme)

Für die mittelalterliche und frühneuzeitliche Landwirtschaft waren die Bodennutzungssysteme (Feldsysteme) von größter Bedeutung. Die für die moderne Landwirtschaft selbstverständliche Anwendung der künstlichen Düngung war unbekannt, und natürlicher Dünger stand nur in geringen Mengen zur Verfügung, denn die Viehwirtschaft basierte hauptsächlich auf dem Weidebetrieb, und Stallfütterung war nur im Winter für eine geringe Anzahl von Tieren möglich, so daß nur kleinere Flächen mit Stallmist gedüngt werden konnten. Eine gewisse Verbesserung des Nährstoffgehaltes der Böden erreichte man auch durch die Beimischung von kalkhaltigem Mergel oder durch das Unterpflügen von Rasenstücken (Plaggendüngung). In der Hauptsache versuchte man, die Ertragsfähigkeit des Bodens, die sich rasch erschöpfte, durch angemessene Nutzungsformen wiederherzustellen. Das Grundprinzip bestand darin, durch eine längere oder kürzere Brache dem Boden Gelegenheit zur Regeneration zu verschaffen. In Deutschland gab es bis ins 18. und 19. Jahrhundert eine Vielzahl von Feldsystemen, die in Anpassung an die unterschiedlichen naturräumlichen Bedingungen entwickelt worden waren. Bei Untersuchungen über die Wirtschaftsformen der älteren Perioden geht die Forschung von den frühneuzeitlichen Formen aus, wobei natürlich mit erheblichen Veränderungen im Laufe der Jahrhunderte zu rechnen ist.

Helmut Jäger, Bodennutzungssysteme (Feldsysteme) der Frühzeit. In: Untersuchungen zur eisenzeitlichen und frühmittelalterlichen Flur (wie S. 50 f.), Bd. II, S. 197–228. – Mit umfangreicher Bibliographie und einem Glossar zur Erläuterung spezifischer Termini.

Die älteste und einfachste Wirtschaftsform für den Ackerbau dürfte die »Wilde Feld-Graswirtschaft« gewesen sein. Ohne einen festen Turnus wurden einzelne Teile der Flur solange für den Ackerbau genutzt, bis der Boden erschöpft war, dann ließ man sie liegen und nahm andere Teile unter den Pflug. Wenn sich ein fester Rhythmus der Nutzung herausbildete, kann man von einer »Geregelten Feld-Graswirtschaft« sprechen. Dieses einfache Bodennutzungssystem gab es noch in der frühen Neuzeit, freilich in regional abgewandelten und zum Teil wohl auch erst jüngeren Formen (»Egartwirtschaft« in Süddeutschland, »Koppelwirtschaft« in Norddeutschland). In einigen Gegenden gab es »Feld-Waldwirtschaft« oder »Feld-Ödlandwirtschaft« mit einer Art Brandrodung zur Düngung des nur kurzfristig genutzten Bodens.

Ein entscheidender Fortschritt, der zu einer beträchtlichen Ertragssteigerung führte, war zweifellos die Verbreitung der »Dreifelderwirtschaft«. In regelmäßigem einjährigen Turnus wechselten Wintergetreide, Sommergetreide und Brache. Das Brachfeld (von brechen = pflügen) wurde meist mehrfach gepflügt und diente oft zusätzlich als Weide. Schon im Mittelalter konnten auf dem Brachfeld Gemüse, Rüben und Hülsenfrüchte angebaut werden (»Besömmerung« der Brache), sofern dem nicht genossenschaftliche Weiderechte entgegenstanden. Verbunden war die Einführung der Dreifelderwirtschaft mit einer Intensivierung des Getreidebaues (»Vergetreidung«) und offenbar vielfach auch mit einer Aufteilung der Ackerflur in Gewanne oder Zelgen. Die Umzäunung des Sommer- und Winterfeldes durch die Dorfgenossen schützte die Saat vor Wildschäden und gestattete gleichzeitig die Beweidung des Brachfeldes und der Allmende. Die Durchführung der Dreifelderwirtschaft auf einer in Gewanne gegliederten Flur setzte gemeinschaftliches Vorgehen bei der Feldbestellung voraus, den »Flurzwang«.

Der Zeitpunkt der Herausbildung der Dreifelderwirtschaft und die Wege und Formen ihrer Ausbreitung sind in der agrargeschichtlichen Forschung umstritten. Wahrscheinlich vollzog sich bereits in der Merowingerzeit in einigen Gegenden des Frankenreiches der Übergang von der einfachen Wechselwirtschaft zur geregelten Fruchtfolge mit anschließender Brache. Die ersten urkundlichen Nachrichten, die auf einen geregelten Wechsel zwischen Wintersaat, Sommersaat und Brachfeld hindeuten, stammen aus der zweiten Hälfte des 8. Jahrhunderts.

Gertrud Schröder-Lembke, Zum Zelgenproblem. In: ZAA 17, 1969, S. 44–51.

Im Laufe der folgenden Jahrhunderte wurde die Dreifelderwirtschaft in den Altsiedelgebieten zum vorherrschenden Nutzungssystem. Als im 12. Jahrhundert die deutsche Ostsiedlung kräftig einsetzte, wurden Gewannflur und Dreifelderwirtschaft nach Osten übertragen. In den ehemaligen slawischen Siedlungsgebieten wurde die Dreifelderwirtschaft streckenweise zum alleinigen Wirtschaftssystem, nicht nur im Bereich der Gewannfluren, sondern auch bei Waldhufen, Hagenhufen und Marschhufen, wo das Fehlen der Gemengelage auch jeden Flurzwang überflüssig machte.

Obwohl die zelgengebundene Dreifelderwirtschaft sicher ein dem technischen Standard und den Produktionserfahrungen des mittelalterlichen Bauerntums besonders angemessenes Feldsystem gewesen ist, wurde sie keineswegs schematisch in alle Gebiete übertragen. Wo geographische oder wirtschaftlich-soziale Faktoren der Einführung der Dreifelderwirtschaft entgegenstanden, blieben andere Nutzungsformen erhalten oder wurden neu entwickelt. Am Mittel- und Oberrhein ging man vielfach von der Drei- zur Zweifelderwirtschaft über, um dem Boden häufiger eine Erholungsphase zu gönnen, während man in anderen Gegenden durch eine Vier- oder Fünffelderwirtschaft die Zeit der Brache weiter reduzierte. In Teilen Norddeutschlands gab es eine intensive Bewirtschaftung der dorfnahen »Esch«, während die Außenfelder (»Koppeln«) nur im Wechsel genutzt wurden.

c) Die Mark (Gemarkung, Allmende, Großmark)

»Mark« (ahd. *marka*, mlat. *marchia, marca*, oft synonym auch *finis, confinis, confinium* und *terminus*) hatte im Mittelalter eine doppelte Bedeutung, nämlich sowohl Grenze als auch ein von Grenzen umschlossenes Gebiet. In der Geschichtswissenschaft bezeichnet Mark 1. die Gemarkung eines Ortes (Ortsmark), 2. die gemeinschaftlich genutzten Teile der Gemarkung (Allmende, Gemeine Mark), 3. ein Gebiet, das als Rechts- und Wirtschaftsraum zu einer Markgenossenschaft gehört, 4. den Amtsbereich eines Markgrafen (*comes limitis, praefectus, marchio, markgreve*), die Markgrafschaft (*marchia, marke*).

Wolfgang Klötzer, Artikel »Mark I« (Gemeine Mark, Allmende). In: HwbDt. RG III, Sp. 280–286. – Mit ausführlicher Bibliographie.
Ruth Schmidt-Wiegand, Marca. Zu den Begriffen ›Mark‹ und ›Gemarkung‹

in den Leges barbarorum. In: Untersuchungen zur eisenzeitlichen und
frühmittelalterlichen Flur (wie S. 50f.), S. 74–91.

Die Mark im Sinne einer Orts- oder Dorfmark umfaßt den gesamten Wirtschafts- und Rechtsbereich einer Siedlung, Haus und Hof
mit Zubehör, Ackerland, Wiesen und Weiden, Plätze, Wege und
Brücken, Wald und Heide, Ödland und Gewässer bis hin an die
Gemarkungsgrenzen. Dieser Begriff entspricht dem modernen Begriff der »Gemarkung«. Die Gemarkungsgrenzen, die für das Wirt-
schafts- und Rechtsleben des Dorfes von großer Bedeutung waren,
wurden durch Grenzzeichen verschiedener Art kenntlich gemacht.
Man setzte Grenzsteine (»Marksteine«), markierte Bäume (ahd.
marcboum, lahboum) oder orientierte sich an Höhenzügen, Flüs-
sen, Bächen oder Wasserscheiden. Grenze und Grenzzeichen galten als unverletzlich; Grenzfrevel wurde hart bestraft. Zahlreiche
Sagen über die feierliche Feststellung alter Grenzen und über die
Bestrafung von Grenzverletzungen spiegeln noch den sakralen
Charakter der Mark wider. Der in manchen Gegenden noch heute
übliche Grenzumgang ist eine alte Sitte, die nicht nur der Feststellung der Gemarkungsgrenzen diente, sondern vielleicht auch eine
kultische Funktion besaß (Fruchtbarkeitszauber). Der Zeitpunkt
der Entstehung der Gemarkungen ist umstritten. Die Gemarkungen sind spätestens seit dem hohen Mittelalter durch lineare Grenzen fest gegeneinander abgegrenzt. Vor allem aus dem Bereich der
deutschen Ostsiedlungsbewegung liegen zahlreiche Nachrichten
über die Vermessung der Feldmarken vor. Es ist aber ziemlich sicher, daß es bereits im frühen Mittelalter in vielen Gegenden feste
Gemarkungsgrenzen gab. Zum mittelalterlichen Landwirtschafts-
betrieb gehörte die Nutzung von Wasser, Wald und Weide, und
schon im Frühmittelalter waren diese Dinge nicht mehr unbegrenzt
verfügbar, so daß man zumindest in den dichter besiedelten Gebieten die Wirtschaftsbereiche der einzelnen Siedlungen gegeneinander abgrenzen mußte. Allerdings waren die Verhältnisse im frühen
Mittelalter offenbar noch im Fluß. Es gab Marken, in denen mehrere Einzelsiedlungen lagen. Augenscheinlich sind in diesen Fällen
von einem Dorf aus Rodungssiedlungen angelegt worden, die im
„Markverband« des »Urdorfes« verblieben und erst bei günstiger
Entwicklung daraus entlassen wurden.
Das System der Gemarkungsgrenzen, das sich spätestens im Hochmittelalter konsolidierte, war selbstverständlich nicht unveränder-
lich. Es wurde durch Anlage von Rodungssiedlungen, Abtrennung
von jüngeren Orten von der Gemarkung des Mutterdorfes und
durch Wüstungs- und Wiederbesiedlungsvorgänge, aber auch

durch die Zusammenlegung von Siedlungen verändert. Insgesamt aber ist mit relativer Konstanz der Gemarkungsgrenzen zu rechnen, insbesondere im Bereich der hochmittelalterlichen und spätmittelalterlichen Rodungssiedlung. Jüngere Veränderungen haben im neuzeitlichen Flurbild nicht selten deutliche Spuren hinterlassen, so daß die Rekonstruktion der mittelalterlichen Gemarkungen bis zu einem gewissen Wahrscheinlichkeitsgrad möglich ist.

In einem eingeschränkten Sinne war die Mark derjenige Teil der Gemarkung, der nicht individuell bewirtschaftet, sondern von den Bauern gemeinsam genutzt wurde. Er wird in Anlehnung an eine im deutschen Südwesten gebräuchliche Bezeichnung meist als »Allmende« (ahd. *alagimeinida,* mhd. *almende*) oder als »Gemeine Mark« (*marchia communis,* mhd. *gemain*) bezeichnet.

Die Allmende war keine bloße »Nutzungsreserve«, auf die man bei Bedarf beliebig zurückgreifen konnte, sondern ein unverzichtbarer Bestandteil der bäuerlichen Wirtschaft. Ihre ökonomische Bedeutung war von den Umweltbedingungen und der regionalen Wirtschaftsweise abhängig. In Gebieten mit fruchtbaren Böden und intensivem Getreidebau war der Anteil der Allmende an der Gesamtmarkung im allgemeinen geringer als in Gegenden, die dem Ackerbau weniger günstig waren. Bei Einödfluren, Hagen-, Marsch- und Waldhufensiedlungen fehlte in der Regel eine Allmende; Wiesen und Weiden, Wald und Gewässer gehörten zu den Hufen und wurden individuell genutzt. Auch in den Gegenden, in denen Wald, Weide und Wasser vielfach Gemeineigentum waren, gab es schon im Frühmittelalter Wiesen und Wälder in Privateigentum, die selbstverständlich in der Regel auch nur dem Besitzer zugänglich waren. Die Allmendnutzung war sehr vielfältig. Wichtig war die Gewinnung von Bauholz und Brennholz, sowie von Holz für die Herstellung der Feldzäune. Nicht weniger wichtig war die Beweidung der Allmende, vor allem die Schweinemast im Herbst, wenn Eicheln und Bucheckern reiften. Für den Winter sammelte man Laub als Streu für die Viehställe. In manchen Gegenden spielte auch die Waldbienenzucht eine Rolle. Jagd und Fischfang in der Allmende stand den Nutzungsberechtigten zu, soweit das nicht königliche, landesfürstliche oder grundherrliche Wildbann- und Jagdrechte verhinderten. Durch Rodungstätigkeit verschiedener Art wurde die Gemeine Mark verkleinert. Man rodete »Beiländer« (»Rodländer«, »Rodäcker«), die meist unter die Markgenossen aufgeteilt wurden, gründete aber auch neue Siedlungen in der Mark (»Bifänge«, »Kapturen«, *novalia*). Andererseits konnte es durch Aufgabe von Ackerland oder Eingliederung von benachbarten wüsten Fluren wieder zur Ausdehnung der Allmende kommen.

Die Allmendnutzungsrechte hafteten am Hof. Sie standen nur denen zu, die einen echten Bauernhof (»Vollhufe«, »Ehofstatt«, »Echtwort«, *area legitima* usw.) bewirtschafteten. Das Besitzrecht (Eigen, Lehen, Leihe) und der persönliche Rechtsstand des Inhabers spielten dabei keine Rolle, denn die Allmendrechte waren dinglich und untrennbar mit dem Hof verbunden. Zu den im Dorf liegenden Herrengütern gehörte zwar nicht selten Privatwald, doch hatten auch sie Nutzungsrechte in der Gemeinen Mark. Der Umfang stand im allgemeinen in fester Relation zur Größe des zum Hof gehörigen Landes, so daß Teilung oder Zusammenlegung eine entsprechende Veränderung der Allmendrechte nach sich zog. Die Inhaber der Kleinstellen (Häusler) hatten entweder keine oder nur eingeschränkte Rechte an der Gemeinen Mark.

E. Sachers, Artikel »Allmende«. In: HwbDt. RG I, Sp. 108–120.

Von der Mark im Sinne von »Gemeiner Mark« oder »Allmende« sind die »Großmarken« zu unterscheiden, die von den Bewohnern mehrerer Siedlungen gemeinschaftlich genutzt wurden. Dabei handelte es sich in der Regel um außerhalb der eigentlichen Dorfmark gelegene weniger fruchtbare Landstriche, die der Holzversorgung, der Waldweide, der Jagd, in manchen Fällen auch einer sehr extensiven Form des Ackerbaues dienten. Die Nutzungsberechtigten bildeten eine »Markgenossenschaft« (vgl. dazu S. 79 ff.). Großmarken dieser Art waren im alten deutschen Siedlungsraum verbreitet (Westfalen, Niedersachsen, Rheinland, Hessen, Thüringen, Pfalz, Schwaben und Elsaß) und finden sich in der Form von Talschaften, Talmarken, Alm- und Weidegenossenschaften auch im Alpenraum. Sie fehlen aber ganz im Bereich der mittelalterlichen deutschen Ostsiedlungsbewegung.

Fritz Wernli, Artikel »Markgenossenschaft«. In: HwbDt. RG III, Sp. 302–316. – Mit Angabe der älteren Literatur.

4. Markgenossenschaft und Dorfgemeinde

a) Die soziale Gliederung des Dorfes

Selbst in wissenschaftlichen Darstellungen werden die Bewohner des flachen Landes, soweit sie nicht adligen Standes waren, im Unterschied zu den Bürgern der Städte generalisierend als »Bauern«

bezeichnet. Durch diesen Sprachgebrauch kann leicht die wichtige Tatsache verdeckt werden, daß die mittelalterliche Landbevölkerung aus verschiedenen Schichten bestand und nur ein Teil von ihr wirklich dem Bauernstand angehörte. Unter einem Bauern ist ein Landwirt zu verstehen, der in eigener Person mit Hilfe von Familienangehörigen und Gesinde einen Bauernhof bewirtschaftet und dabei nicht nur die Wirtschaftsführung leitet, sondern auch selbst bäuerliche Arbeiten verrichtet. Der Bauer ist während des ganzen Mittelalters die Zentralfigur der landwirtschaftlichen Produktion und des dörflichen Lebens. Über ihm standen die Inhaber herrschaftlicher Befugnisse, unter ihm die Angehörigen der ländlichen Unterschichten.

Bei einer Betrachtung der sozialen Struktur der Siedlungen im frühen Mittelalter stößt man zunächst einmal auf die ausgeprägte rechtsständische Schichtung der Gesellschaft, auf die Angehörigen der aristokratischen Oberschicht, auf Freie, Halbfreie und Unfreie (Sklaven). Für sie alle war das flache Land selbstverständlich noch der gemeinsame Lebensraum, denn noch errichtete sich der Adel keine aus dem Dorf herausgelösten Burgen, sondern bewohnte seine Herrenhöfe. Sie konnten zwar Einzelhöfe sein, lagen wohl aber im allgemeinen innerhalb der dörflichen Siedlungen. Man wird sich den Herrenhof (Fronhof, Salhof) als ein großes, wohnliches und repräsentatives Gehöft vorzustellen haben, das sich aber nicht grundsätzlich von einem Bauernhof unterschied. Bewirtschaftet wurde ein solcher Herrenhof mit Hilfe der frondienstpflichtigen Bauern und durch unfreie Knechte und Mägde, die auf dem Hof wohnten (vgl. Bd. 1, S. 123 f.). Die Zahl dieser »unbehausten Unfreien« (*mancipia, servi*) war offenbar ziemlich groß. Andere Unfreie bewirtschafteten als »behauste Unfreie« (*servi casati*) selbständig Bauernstellen, die sie gegen Zins und Dienst von ihrem Herrn erhalten hatten (vgl. Bd. 1, S. 140 ff.). In ähnlicher Position befanden sich wohl meist die Halbfreien oder Liten, nur daß ihre persönliche Abhängigkeit weniger strikt war. Neben den Grundherren, den leib- und grundherrlich abhängigen Bauern und den Knechten und Mägden, Handwerkern und Arbeitern auf den Fronhöfen gab es zahlreiche kleinere freie Grundbesitzer, die je nach der Größe und Struktur ihres Besitzes mehr grundherrschaftlich oder mehr bäuerlich lebten und wirtschafteten.

Von einem Teil der deutschen Mediävisten ist in den letzten Jahrzehnten die Existenz eines freien Bauerntums im frühen Mittelalter prinzipiell bestritten worden. Die *liberi* und *ingenui* der Quellen wurden als Rodungs- oder Königsfreie betrachtet, ehemalige Unfreie, die vom fränkischen König als »Wehrbauern« auf Königsland angesiedelt waren (vgl. dazu Bd. 1, S. 111,

136). In den Urkunden der Karolingerzeit werden aber so viele freie Grundbesitzer und andere Personen freien Standes genannt, daß man sich nicht vorstellen kann, daß sie alle als Grundherren gelebt haben. Allerdings ist aus dem Inhalt der Urkunden zwar recht oft zu erkennen, daß der Schenker ein begüterter Mann war, der sicher grundherrlich lebte, während Hinweise auf eine bäuerliche Lebensweise weitaus seltener vorkommen. Für die Gültigkeit der beurkundeten Rechtsgeschäfte war der Rechtsstand der beteiligten Personen wichtig, nicht aber ihr sozialer Status, so daß in den frühmittelalterlichen Quellen nur ganz selten einmal der Begriff »Bauer« auftaucht, obwohl es selbstverständlich den Bauern als Gestalt des wirtschaftlich-sozialen Lebens gab.

Wort und Begriff »Bauer«, hrsg. von Reinhard Wenskus, Herbert Jankuhn und Klaus Grinda, Göttingen 1975 (Abhh. d. Akad. d. Wiss. in Göttingen, Phil.-Hist. Kl., 3. Folge, Nr. 89).

Fast unmerklich vollzieht sich zwischen dem 8. und 12. Jahrhundert ein außerordentlich folgenreicher Prozeß, der Übergang von einer überwiegend rechtsständischen zu einer neuen berufsständischen Gesellschaftsstruktur. Zahlreiche kleine freie Grundbesitzer waren gezwungen, sich immer intensiver um ihre Landwirtschaft zu kümmern, und nicht wenige von ihnen gerieten auf verschiedenen Wegen in Abhängigkeit von den Grundherren. Auf der anderen Seite hatten die bisher besitz- und rechtlosen Unfreien die Chance, zu selbständig wirtschaftenden Bauern aufzusteigen, in der Regel freilich eingebunden in grundherrschaftliche Strukturen. Aus diesen gleichsam gegenläufigen Bewegungen ging der mittelalterliche *Bauernstand* hervor. Er bildete eine nach gesellschaftlicher Funktion, Wirtschaftsweise und Lebensformen im großen und ganzen ziemlich einheitliche Schicht, obwohl er sich aus Personen freien, minderfreien und unfreien Standes zusammensetzte und auch hinsichtlich des Besitzrechtes große Unterschiede vorhanden waren.

Die soziale Differenzierung der Dorfbevölkerung, die bereits im frühen Mittelalter vorhanden war, verstärkte sich im Laufe der späteren Jahrhunderte. Das soziale Gefüge des hoch- und spätmittelalterlichen Dorfes war durch das Zusammenleben verschiedener Schichten und Personengruppen gezeichnet. Es war nicht überall gleich, sondern wies beträchtliche Unterschiede auf, da es in starkem Maße von den naturräumlichen, rechtlichen, sozialen und wirtschaftlichen Rahmenbedingungen beeinflußt wurde, die von Region zu Region und unter Umständen von Dorf zu Dorf wechselten. Neben dem klassischen Bauerndorf, in dem Ackerbau und Viehzucht dominierten, gab es andere Formen, die auch jeweils eine andere Sozialstruktur aufzuweisen hatten, etwa Weinbauerndörfer, Fischerdörfer, Zeidlerdörfer (Zeidler = Waldbienenzüchter) oder ländliche Siedlungen mit einem hohen Anteil an Handwerkern. Auch die Erbsitten hatten nachhaltige Auswirkungen auf das soziale Gefüge. In den Landschaften mit Anerbenrecht, in denen jeweils nur der älteste Sohn den Hof erbte, wiesen die Dörfer eine andere Besitz- und Sozialstruktur auf als in den Realteilungsgebieten. Die landschaftliche Vielfalt, die auch in einer Vielzahl von regionalen Bezeichnungen für die einzelnen Schichten ihren Ausdruck gefunden hat, macht eine generalisierende Darstellung der dörflichen Sozialstruktur fast unmöglich.

Die Bauern: In der Masse der deutschen Dörfer dominierten die Bauern (»Vollbauern«, »Hufenbauern«, »Hüfner«), die sich wirtschaftlich, sozial und rechtlich meist sehr deutlich von der übrigen Dorfbevölkerung abgesetzt hatten. Die Zugehörigkeit zur Gruppe der Bauern war in der Regel vom Besitz eines Hofes mit einer entsprechenden Rechtsqualität abhängig. Die Vollbauernhöfe wurden in Südwestdeutschland »Ehofstatt«, in Nordwestdeutschland »Erbe«, in Ostmittel- und Ostdeutschland »Hufe« genannt. Das Besitzrecht war für die Zugehörigkeit zum Bauernstand nicht entscheidend; auch grundherrliche Hintersassen, Gutsuntertanen und bloße Pächter waren Bauern. Ebensowenig war die absolute Größe ausschlaggebend, denn auch der »Halbhufner« oder »Viertelhufner« galt noch als Bauer. Im allgemeinen waren nur die Inhaber der Bauernstellen vollberechtigte Mitglieder der Dorfgemeinde, besetzten die Gemeindeämter und wirkten als Dorfschöffen am Dorfgericht mit. An den Vollbauernhöfen pflegte auch das uneingeschränkte Allmendnutzungsrecht zu haften; der Bauer war damit zugleich »Markgenosse«, »Mitmärker«. Aus der Schicht der Bauern hoben sich durch umfangreicheren Besitz und höheres soziales Ansehen die Inhaber bevorrechtigter Höfe (Meierhöfe, Dinghöfe, Kellhöfe, Schulzenhöfe) heraus. Manche Höfe dieser Art waren ehemalige Herrenhöfe, die im späteren Mittelalter in bäuerlichen Besitz übergegangen waren.

Das Gesinde: Zum Bauernhof gehörte das Gesinde, das der hausherrlichen Gewalt des Bauern unterstand. Im frühen Mittelalter waren die hofhörigen Knechte und Mägde wohl in ihrer Mehrzahl Unfreie, nicht nur auf den großen Herrenhöfen, sondern auch auf den Höfen kleinerer freier Grundbesitzer. Im Hoch- und Spätmittelalter gab es wohl überwiegend freies Gesinde, mit dem Gesindeverträge abgeschlossen wurden. Dadurch entsteht ein besonderer ländlicher Arbeitsmarkt. Knechte und Mägde hatten Anspruch auf Kost und Logis sowie eine meist geringe Entlohnung in barem Geld. Der Vertrag wurde meist auf ein Jahr abgeschlossen, doch entstanden nicht selten langjährige oder sogar lebenslängliche Dienstverhältnisse. Nicht selten lebten Verwandte des Bauern de facto in der Position von Knechten und Mägden auf dem Hof, besonders in Gegenden mit vorherrschendem Anerbenrecht.

Die Häusler: Ein großer wirtschaftlich-sozialer Abstand bestand im allgemeinen zwischen den Bauern und denjenigen Dorfbewohnern, die keinen Bauernhof, sondern nur ein Haus oder einen kleinen Hof mit etwas Land besaßen. Das Acker- und Wiesenland der Häusler (Gärtner, Kätner, Brinksitzer, Kötter, Kossäten, Seldner usw.) lag meist außerhalb der Kernfluren (Gewanne, Hufen) in kleinen Stücken in den Randbereichen der Gemarkung. Im allgemeinen waren mit den Kleinstellen keine oder nur eingeschränkte Allmendnutzungsrechte verbunden. Die Häusler, deren Zahl im späteren Mittelalter und der frühen Neuzeit im Zuge der allgemeinen Bevölkerungsvermehrung wuchs, arbeiteten als ländliche Lohnarbeiter auf größeren Höfen oder betätigten sich als Handwerker und Tagelöhner. In ähnlicher Weise gilt das für die Einlieger, die nicht einmal eine Kate besaßen, sondern zur Miete wohnten. Mitspracherechte in Gemeindeangelegenheiten wurden diesen Gruppen nach Möglichkeit verweigert, Heiratsverbindungen zwischen ihnen und den Bauern galten als Mißheiraten.

Das Dorfhandwerk: Im frühen Mittelalter haben die wenigen Handwerker größtenteils auf dem Lande im Rahmen der großen Grundherrschaften gearbeitet. Durch die Entstehung des mittelalterlichen Städtewesens wurde die Stadt zum Ort der handwerklichen und gewerblichen Produktion. Einfachere Gebrauchsgegenstände stellte die Landbevölkerung weiterhin selbst her, hochwertigere handwerkliche Erzeugnisse kaufte sie auf dem städtischen Markt oder bei umherziehenden Händlern. Auf dem Dorf waren im allgemeinen nur wenige Handwerker ansässig, in erster Linie Schmiede und Stellmacher, da deren Dienste für den landwirtschaftlichen Betrieb unerläßlich waren. In ähnlicher Weise gilt das auch für den Müller und den Gastwirt (Krüger, Kretzschmar). In der Umgebung von Handelsstädten siedelten sich auch Fuhrleute an. Das Vorkommen von Tonerden konnte zur Entstehung von Töpferdörfern führen. Die Ausbreitung anderer Gewerbe auf dem Dorf wurde von den Städten mit Hilfe des Gewerbebannes bekämpft. Nur in einigen Gegenden kam es im späten Mittelalter zu einer kräftigen Ausdehnung des Dorfhandwerks durch die Herausbildung eines ländlichen Textilgewerbes unter der Protektion städtischer Großhändler.

b) Die Dorfgemeinde

Im hohen Mittelalter wird in den Quellen die Dorfgemeinde als ein selbständiger rechtsfähiger Verband faßbar. Sie erwuchs aus dem nachbarschaftlichen Zusammenschluß der Dorfbewohner und erhielt im späteren Mittelalter ihre charakteristischen Züge. Die Periode zwischen dem 14. und dem 16. Jahrhundert gilt als eine Blütezeit des bäuerlichen Gemeindelebens in Deutschland. Der Einfluß der Inhaber der Herrschaftsrechte im Dorf kann zwar nicht ganz ausgeschaltet werden, aber ihnen tritt doch die Dorfgemeinde zur Wahrung der Interessen der Gemeindemitglieder entgegen. Vor allem in Gebieten mit stark zersplitterten Herrschaftsrechten konnte die Dorfgemeinde eine relativ starke Position erlangen. Der Zusammenschluß der Dorfbevölkerung zu einem rechtsfähigen Verband kommt auch in der Terminologie der Quellen zum Ausdruck (*universitas, gemein, genossami, bursami, burscap*), vor allem aber in der Ausbildung eines dörflichen Ämterwesens, in der Konsolidierung des Dorfes als eines besonderen Gerichtsbezirkes und der Ausbildung spezieller Dorfrechte und Dorfordnungen. Zum siegelführenden Verband wurde die Dorfgemeinde im Spätmittelalter nur selten. Vielfach war die Dorfgemeinde zugleich Kirchgemeinde. Selbstverständlich waren die Inhaber der Bauernstellen vollberechtigte Mitglieder der Gemeinde, doch waren vielfach auch die Kleinstellenbesitzer in der Gemeindeversammlung stimmberechtigt und gehörten zu den »Dorfgenossen« (*nachbarn, arme und riche*). Die Knechte erhielten kein Gemeinderecht (»Dorfrecht«), und Frauen wohl nur dann, wenn sie selbständig den Hof ihres Mannes weiterführten. Der persönliche Rechtsstand spielte ebensowenig eine Rolle wie das Besitzrecht am Hof, so daß auch leib- und grundherrliche Bindungen die Zugehörigkeit zur Dorfgemeinde nicht in Frage stellten. Ebenso besaß die Herrschaft Mitspracherechte in der Gemeindeversammlung, sofern sie im Dorf direkt begütert war. Die Zugehörigkeit zur Dorfgemeinde war vielfach vom Besitz eines Hofes oder wenigstens eines Hauses abhängig (»eigener Rauch«, »Haushäbigkeit«). Wer nicht im Dorf wohnte, aber dort Güter besaß, konnte den Status eines »Ausmärkers« und damit auch Allmendnutzungsrechte erlangen.

Alle Mitglieder der Gemeinde waren zur Teilnahme an den Gemeindeversammlungen verpflichtet, die an festen Terminen und von Fall zu Fall abgehalten wurden; nur »echte Not« entschuldigte oder berechtigte zur Entsendung eines Vertreters. Auf der Gemeindeversammlung, die auf dem Anger, vor der Kirche, unter der Dorflinde, im Hause des Dorfvorstehers oder im Dorfkrug stattfand, wurden die vielfältigen Angelegenheiten geregelt, die das Zusammenleben im Dorf mit sich brachte: Wahl der Amtsträger, Weisung des Dorfrechtes, Verkündung herrschaftlicher Mandate und Verordnungen, Regelung wirtschaftlicher Fragen wie Beweidung der Flur, Instandhaltung gemeinschaftlicher Einrichtungen und Rechnungslegung für die Gemeindekasse. Gemeindeangelegenheiten waren auch die Entlohnung des Dorfhirten, die Unterhaltung des Zuchtbullen und in einem gewissen Umfang auch die Sorge für arme und kranke Dorfbewohner.

Zur Durchführung der gemeindlichen Aufgaben waren entsprechende Amtsträger erforderlich. Deshalb entwickelte sich schon im Mittelalter ein dörfliches Ämterwesen in vielen regionalen Varianten. Vor allem die Bezeichnungen für die verschiedenen Ämter wechselten von Landschaft zu Landschaft.

Die wichtigste Figur war überall der Dorfvorsteher (Schultheiß, *scultetus*, Schulze, Scholz, Richter, *iudex*, Bauermeister, *burmester*, Hagenmeister, *magister indaginis*, Dorfgrebe, Ammann, Vogt). Er leitete die Gemeindeversammlung, hatte meist den Vorsitz im Dorfgericht und war der Herrschaft gegenüber für das Dorf verantwortlich. In manchen Fällen wurde er von der Dorfherrschaft eingesetzt oder wenigstens in seinem Amt bestätigt; auf der anderen Seite war er ohne Zweifel Repräsentant der Dorfgemeinde, so daß er oft eine Zwischenstellung zwischen Herrschaft und Bauern einnahm. In Ostmittel- und Ostdeutschland waren die Erb- und Lehnschulzenhöfe verbreitet, die zu Erb- oder Lehnrecht vergeben waren. Zu ihnen gehörten meist mehrere Freihufen, das Richteramt, Fischereirechte und manchmal auch das Brau- und Schankrecht. Hatte die Herrschaft das Recht, den Schulzen einzusetzen, spricht man vom Setzschulzen. In der Regel wurde der Dorfvorsteher überall aus der bäuerlichen Oberschicht genommen. Repräsentanten der Dorfgemeinde waren die Inhaber der anderen Ämter, die meist sowohl in der Verwaltung der Gemeindeangelegenheiten als auch im Dorfgericht als Geschworene (Dorfschöffen) tätig waren. Die Heimbürgen, Vorsteher, Vierer, Dorfgeschworene, Zwölfer usw. wurden im allgemeinen von der Gemeinde gewählt. Auf der untersten Stufe in der dörflichen Ämterhierarchie standen der Flurschütz, der Gemeindehirt und der Dorfknecht (Waibel, Büttel), der auch im Gerichtswesen tätig sein konnte.

Die mittelalterliche Dorfgemeinde hat sich aus älteren Formen der Nachbarschaft entwickelt. Dieser Prozeß ging so allmählich vonstatten, daß er kaum Niederschlag in den Geschichtsquellen gefunden hat. Daher sind Ursachen und Verlauf umstritten. Wahrscheinlich haben verschiedene Faktoren dabei eine Rolle gespielt, so daß eine monokausale Herleitung der Dorfgemeinde aus der Markgenossenschaft, der Hofgenossenschaft oder dem Gerichtsverband nicht ausreicht.

Theodor Mayer, Vom Werden und Wesen der Landgemeinde. In: Die Anfänge der Landgemeinde (wie S. 50), Bd. II, S. 465 bis 495. – Zusammenfassung der Ergebnisse der beiden umfangreichen Tagungsbände.

Heide Wunder, Die bäuerliche Gemeinde in Deutschland, Göttingen 1986 (= Kleine Vandenhoeck-Reihe, Bd. 1483).

Landgemeinde und Stadtgemeinde in Mitteleuropa. Ein struktureller Vergleich, hrsg. von Peter Blickle, München 1991 (= Historische Zeitschrift, Beiheft 13). – Die meisten Aufsätze sind den Verhältnissen in Deutschland gewidmet. Die Spezialuntersuchungen über einzelne Landschaften lassen die regionalen Unterschiede in der Struktur der Gemeinde deutlich erkennen.

Die Entstehung der Dorfgemeinde ist in Verbindung mit der Herausbildung des Bauernstandes zu sehen. Für die kleineren Freien, die schon im frühen Mittelalter ins Bauerntum herabsinken, entfällt die durch Heeresfolge und Gerichtspflicht gegebene Verbindung zum König. Andererseits lockern sich vielfach die grundherrlichen Organisations- und Abhängigkeitsformen; grund- und leibherrliche Verpflichtungen werden auf feste Abgaben und Dienste reduziert. Nachbarschaftliche Beziehungen treten stärker in den Vordergrund, zumal gleichzeitig durch Bevölkerungswachstum, Siedlungsverdichtung und Ausbreitung der Dreifelderwirtschaft genauere Regelungen für das Wirtschaftsleben und das nachbarschaftliche Miteinander erforderlich werden. Aus der Dorfgenossenschaft entwickelt sich die Dorfgemeinde als rechtsfähiger Verband mit eigenen Organen und entsprechender Organisation. Die Entwicklung der Dorfgemeinde, die auch von verschiedenen herrschaftlichen Faktoren beeinflußt wurde, führte zu regionalen Ausprägungen. In Gebieten mit Einzelhof- und Streusiedlung bildeten sich Landgemeinden, die mehrere Einzelhöfe und Weiler umfaßten, manchmal auch mehrere Dörfer. Eine wichtige Rolle spielte die Herausbildung der dörflichen Gerichtsbarkeit, denn Dorf- und Landgemeinden waren vielfach zugleich Gerichtsgemeinden. Allerdings gab es auch Gerichtsgemeinden, zu denen mehrere Dörfer gehörten, während andererseits zu speziellen Gerichtsverbänden nur bestimmte Personengruppen gehörten, die auf verschiedene Siedlungen verstreut sein konnten. Diese Zenten, Honschaften, Gografschaften, Freigerichte, Freigrafschaften, Freiämter usw. sind wahrscheinlich Rudimente frühmittelalterlicher Gerichtsorganisationen.

Die Entstehung der Dorfgemeinde läßt sich sehr gut im Bereich der mittelalterlichen deutschen Ostkolonisation verfolgen. Bereits im 12. Jahrhundert treten hier Siedlergruppen in Erscheinung, die gemeinsam die Ansiedlung im Neuland durchführen. Als Organisator und Vermittler zwischen Siedelverband und Grundherrschaft fungieren „Siedlungsunternehmer« (Lokatoren). Nach der Ansiedlung entsteht ein Wohn- und Wirtschaftsverband auf der Basis des Dorfes, das in der Regel zugleich auch einen Gerichtsbezirk und eine Pfarrgemeinde bildet. Sofern der Lokator Mitglied des Siedelverbandes ist, erhält er für sich und seine Nachkommen das Schulzenamt (Erbschulze, Erbrichter, Lehnschulze). Der Verband der Dorfgenossen, der im wesentlichen aus vollberechtigten Hufenbauern bestand und vom Dorfschulzen geleitet wurde, kann durchaus als Dorfgemeinde betrachtet werden. Wenn man davon ausgeht, daß die deutschen Siedler und vor allem die Niederländer die wesentlichen Elemente ihrer Verfassung aus der Heimat mitgebracht haben, so muß die Entwicklung der Dorfgemeinde auch in den westlichen Gebieten schon im 12. Jahrhundert weit fortgeschritten gewesen sein.

c) Die Markgenossenschaft

Im späten Mittelalter und der frühen Neuzeit gibt es in verschiedenen Regionen des deutschen Siedlungsgebietes Markgenossenschaften (vgl. S. 82). Hinsichtlich ihrer inneren Ordnung und ihres räumlichen Zuständigkeitsbereiches gibt es Unterschiede, aber es handelt sich generell um Verbände, deren Mitglieder Nutzungs- und Eigentumsrechte kollektiver Art an einer Mark besitzen. Alter und Ursprung dieses Phänomens, das seit mehr als 150 Jahren auf die Geschichtswissenschaft eine faszinierende Wirkung ausübt, sind umstritten. In der Forschung des 19. Jahrhunderts wurde die Lehre von der »altgermanischen Markgenossenschaft« entwickelt. Einige Nachrichten bei Caesar und Tacitus interpretierte man im Sinne eines altgermanischen Agrarkommunismus, und die in den spätmittelalterlich-frühneuzeitlichen Markweistümern überlieferten Rechtssätze und Rechtsbräuche wertete man als einen Nachklang des altgermanischen Rechtslebens. Die Markgenossenschaft erscheint so als eine uralte und zählebige Institution. Ihren Ursprung hatte sie nach dieser Lehre in der kollektiven Landnahme germanischer Bauern, die damit zu »Markgenossen« wurden. Alles Land war zunächst Gemeineigentum, auch das Ackerland, das den einzelnen Sippen nur zur Sondernutzung überlassen wurde. Periodische Umverteilung der Äcker verhinderte die Entstehung von privaten Rechtsansprüchen auf Teile der Mark. Erst allmählich vollzieht sich der Übergang vom Gemeineigentum zum Individualeigentum. Zuerst werden Haus und Hof, dann das Ackerland Eigentum (Allod) der Sippe, dann der Familie. Die Allmende bleibt als Rest des kollektiven Landeigentums übrig; nur der Allmendnutzungsanspruch wird durch die Bindung an den Hof gleichsam individualisiert. In die Gemeinschaft der freien Markgenossen dringt später die Grundherrschaft ein und höhlt sie aus. Die spätmittelalterlich-frühneuzeitlichen Markgenossenschaften stehen zwar in der Tradition der altgermanischen Markgenossenschaft, sind aber mehr oder weniger stark herrschaftlich überformt:

»Haus und Hof waren Eigentum der einzelnen Familie. Dagegen stand das Ackerland im Eigentum der Gemeinde und wurde in gleichem Ausmaß den einzelnen Familien oder Haushalten nur zur Nutzung überwiesen. Nach einer gewissen Zeit nahm dann die Gemeinde das ausgetane Land wieder zurück und teilte es neu unter die Haushalte auf.« Georg von Below, Geschichte der deutschen Landwirtschaft des Mittelalters in ihren Grundzügen, Jena 1937, S. 7.

Georg von Below hat nur die Vorstellungen, die von Justus Möser, Karl Friedrich von Eichhorn, Georg Waitz, Georg Ludwig von Maurer und Otto von Gierke entwickelt worden waren, zusammengefaßt und prägnant formuliert. Die Lehre vom Gemeineigentum und der germanischen Markgenossenschaft ist durch Friedrich Engels zu einem integralen Bestandteil des Historischen Materialismus geworden und wird daher in der marxistischen Historiographie weiterhin vertreten.

Gegen die Lehre von der altgermanischen Markgenossenschaft haben sich Alfons Dopsch und seine Schüler gewandt. Diese »Wiener Schule« sah in den Markgenossenschaften jüngere Gebilde, die nicht freibäuerlich-genossenschaftlichen, sondern überwiegend grundherrlichen Ursprungs waren. Die Diskussion über den freien oder grundherrlichen und hofrechtlichen Ursprung der Markgenossenschaften, die zeitweise zwischen Dopsch und seinen Hauptkontrahenten Hermann Wopfner und Otto Stolz in sehr scharfer Form geführt wurde, kam letztlich zu keinem wirklichen Abschluß. Die allgemeine Tendenz in der deutschen Mediävistik sprach für die Auffassung der Wiener Schule und bewirkte, daß schließlich auch führende Rechtshistoriker wie Karl Siegfried Bader und Karl Kroeschell die Lehre von der germanischen Markgenossenschaft ablehnten. Hingegen hat die ältere Lehre in jüngster Zeit in Fritz Wernli wieder einen engagierten Verteidiger gefunden.

Fritz Wernli, Artikel »Markgenossenschaft«. In: HwbDt. RG III, Sp. 302–316 (mit Angabe der älteren Literatur); ders., Zur Frage der Markgenossenschaften, Trübbach SG 1961 (= Studien zur mittelalterlichen Verfassungsgeschichte, Heft 3).

Es ist nicht zu verkennen, daß in den Kontroversen um die Markgenossenschaft die Geschichtsauffassung der beteiligten Forscher stets eine Rolle spielt. Zu diesem subjektiven Moment kommt ein objektives, die Quellenlage. Die knappen Angaben der römischen Autoren können verschieden interpretiert werden, und in den Quellen des frühen Mittelalters finden sich nur wenige Hinweise auf Marken und Markgenossenschaften. Erst mit dem Einsetzen der Weistümer im Spätmittelalter beginnen die Quellen über Marknutzung und Markgenossenschaften reichlich zu fließen. Daraus hat man den Schluß gezogen, erst die Siedlungsverdichtung im hohen und späten Mittelalter habe die Abgrenzung der Nutzungsräume erforderlich gemacht und zur Schaffung von Markgenossenschaften geführt:

»Danach sind die Allmendkorporationen und Markgenossenschaften erst im hohen und späten Mittelalter entstanden. Erst als die Wälder den wachsenden Bedarf an Bauholz und Brennholz nicht mehr befriedigen konnten, als sie für die Viehweide und die Schweinemast nicht mehr ausreichten, wurde es nötig, die Nutzung näher zu regeln. Oft bedurfte es eines zähen Ringens, um die Nutzungsräume einzelner Dörfer durch Grenzen voneinander zu scheiden. Wem die Waldnutzung gebührte, wieviel Vieh er austreiben, wieviel Holz er schlagen durfte, war gleichfalls lange umstritten, und es bedurfte im Dorf oder im größeren Markverband des Rechtsspruchs oder des Beschlusses der Genossen, um zu einer dauerhaften Ordnung zu gelangen. Daß dabei auch die Grundherren ein gewichtiges Worte mitzureden hatten, leuchtet ein.« Karl Kroeschell, Deutsche Rechtsgeschichte 2, 4. Auflage Opladen 1981, S. 138.

Gegen die Auffassung, daß alle Markgenossenschaften erst in späterer Zeit entstanden seien, erheben sich doch einige Bedenken. Schon die Wirtschaftsweise des Frühmittelalters, in der die Viehzucht breiten Raum einnahm, war ohne eine gewisse Abgrenzung der Siedlungs- und Wirtschaftsräume kaum denkbar. Im 8. Jahrhundert waren die fruchtbareren Landschaften bereits ziemlich dicht besiedelt und die Gemarkungen gegeneinander abgegrenzt. Die in zahlreichen Urkunden festgehaltenen Allmendnutzungsrechte setzen die Existenz der Mark im Sinne eines von einem oder mehreren Siedlungen aus gemeinsam genutzten Gebietes voraus. Ohne genossenschaftliche Absprachen war das kaum möglich, und so wird man in den in den Quellen erwähnten *vicini, commarcani, consortes* und *pagenses* in bestimmten Fällen »Markgenossen« sehen. Ganz eindeutige Belege für Markgenossen (*commarchiones*) und Markgenossenschaften gibt es seit dem späten 11. und frühen

12. Jahrhundert (Vita Bennonis II. episcopi Osnabrugensis cap. 14; Urkunden zur deutschen Agrar-Geschichte, hrsg. von Hermann Wopfner, Stuttgart 1928, Nr. 78).

Im späten Mittelalter und der frühen Neuzeit treten dann in einer Reihe von Landschaften markgenossenschaftliche Verbände verschiedener Art auf, deren Mitglieder Eigentums- und Nutzungsrechte an einer Mark (Holzmark, Waldmark, Talmark, Freiwald, Hauberg, Haingeraide usw.) geltend machen konnten. Eine Vielzahl von Quellen ermöglicht Einblicke in die innere Struktur dieser Markgenossenschaften. Die Zugehörigkeit zur Markgenossenschaft war meist an den Besitz eines bestimmten Hofes gebunden, doch erscheinen manchmal auch Dorfgemeinden gleichsam korporativ als Mitglieder der Genossenschaft. Zu den Markgenossen gehörten nicht nur Bauern, sondern auch Edelleute, Ritter und kirchliche Institutionen konnten »Mitmärker« sein. In manchen Fällen waren sie mit gewissen Vorrechten ausgestattet, etwa bei der Wahl zum »Märkermeister« oder auch bei der Marknutzung selbst. Die Nutzung und Verwaltung der Mark erfolgte in der Regel in genossenschaftlicher Form. Die Märker traten in feierlicher Form regelmäßig zum »Märkerding« (Holzding, Markgericht usw.) zusammen und berieten über alle die Mark betreffenden Angelegenheiten. Verstöße gegen die Ordnung in der Mark (»Markfrevel«) wurden geahndet, neue Regelungen beschlossen und die Funktionäre gewählt. Die Leitung hatte meist ein Markmeister (Märkermeister, Obermärker, Holzgraf, Waldbote usw.), der im allgemeinen von der Gesamtheit der Märker für eine bestimmte Zeit gewählt wurde. Dem Märkermeister standen Hilfskräfte wie Förster, Waldhüter und Hirten zur Seite, die ebenfalls auf dem Märkerding bestellt wurden. Für die Markgenossen war die Teilnahme am Märkerding Pflicht. Wer nicht erschien, hatte eine Buße zu zahlen.

Für eine sachgemäße Nutzung der Mark waren Regelungen erforderlich, die sich wohl allmählich in gewohnheitsrechtlichen Formen herausgebildet hatten. Der Anstieg der Bevölkerung, die Verknappung des Waldes und die Sorge um die Erhaltung der Substanz der Mark erforderten immer genauere Festlegungen der Rechte und Pflichten der Markgenossen. Streitigkeiten der Märker untereinander, Eingriffe der Herrschaft und Auseinandersetzungen mit Nachbarn führten in vielen Fällen zur schriftlichen Fixierung des geltenden Markrechtes. Nach der Form der Rechtsfeststellung werden diese Aufzeichnungen meist als Weistümer bezeichnet. Mittelalterliche Markgenossenschaften haben sich teilweise als Nutzungs- und Eigentumsgemeinschaften bis ins 19. Jahrhundert erhalten.

III. Burg, Pfalz und Königshof

1. Begriffsbestimmungen

Burg: Den Idealtypus der Burg verkörpert die Ritterburg des Hoch- und Spätmittelalters, charakterisiert durch Bergfried und Palas, Zwinger und Burgtor, Zugbrücke und Ringmauer, Zinnen und Wehrgang auf steiler Bergeshöh' oder hinter breiten Wassergräben. Die Geschichtswissenschaft hat es jedoch mit verschiedenartigen Wehranlagen zu tun, die als Burgen bezeichnet werden. Wie alle historischen Erscheinungen hat auch die Burg im Laufe ihrer langen Geschichte starke funktionale und typologische Veränderungen erfahren. Eine Definition des Oberbegriffs Burg kann daher nur sehr allgemein ausfallen. Hauptmerkmale sind der Wehrcharakter und die zumindest temporäre Bewohnbarkeit durch eine Gruppe von Menschen. Als Wehranlage ist die Burg künstlich geschaffen, vielfach unter Ausnutzung einer natürlichen Schutzlage. Sie umschließt das zu schützende Areal von allen Seiten und unterscheidet sich dadurch von anderen Verteidigungsanlagen wie Schanzen, Abschnittswällen, Klausen oder Landwehren.

Der allgemeine Begriff der Burg, dessen Anwendungsbereich sich in zeitlicher Hinsicht von der vor- und frühgeschichtlichen Periode bis zur frühen Neuzeit erstreckt, ist von der burgenkundlichen Forschung durch eine differenziertere Typologie aufgegliedert und präzisiert worden. Diese Burgentypologie orientiert sich an Merkmalen wie dem äußeren Erscheinungsbild der Burg, ihren Funktionen oder der Rechtsstellung und dem Rang des Burgherrn.

Nach Lage und baulicher Gestaltung werden Höhen- und Niederungsburg, Wasserburg und Höhlenburg, Turmhügelburg, Motte, Rundwall und Burgwall unterschieden. Funktionale Aspekte werden in Begriffen wie Fluchtburg, Wohnburg, Grenzburg, Zollburg, Amtsburg, Zwingburg zum Ausdruck gebracht, während in Benennungen wie Volksburg, Stammesburg, Reichsburg, Landesburg, Grafenburg, Ritterburg, Adelsburg, Ministerialenburg oder Ganerbenburg sowohl sozialgeschichtliche als auch verfassungs- und besitzrechtliche Kriterien anklingen. Kirchliche Bezirke, die zu wehrhaften Anlagen ausgebaut wurden, sind Domburg, Klosterburg, Wehrkirche und Kirchenburg.

Die im hohen und späten Mittelalter eng miteinander verbundenen Hauptfunktionen der Burg als Wehr- und Wohnbau treten seit der Renaissance nicht selten auseinander. Die Dominanz des Wehrcharakters führt zum Festungsbau, des repräsentativen Wohnens zum Schloß, zum Palast, zum Palais oder zum Herrenhaus. Mischtypen sind festungsartig ausgebaute Burgen, Schlösser und Städte. Geläufig sind auch Unterscheidungen wie Residenzschloß, Jagdschloß, Lustschloß, Stadtschloß oder Wasserschloß.

Im Mittelalter gab es fließende Übergänge vom »festen Haus« zur Burg im Sinne des Befestigungsrechtes. Auch das Haus besaß eine Schutzfunktion, die man nach Möglichkeit durch eine entsprechende bauliche Gestaltung unterstützte. Nach mittelalterlicher Rechtsauffassung galt ein befestigter Wohnsitz nicht als Burg, wenn die Befestigung nur einfacher Art war. In Rechtsbüchern (Sachsenspiegel Ldr. III 169, Schwabenspiegel 143) und landesherrlichen Verordnungen finden sich genaue Angaben über Art und Umfang der Befestigung eines Hofes oder eines Hauses, die ohne Zustimmung des Inhabers des Befestigungsregales errichtet werden durfte.

Bereits in germanischer Zeit wurde ein geschützter und verteidigungsfähiger Platz als Burg bezeichnet. Der etymologische Zusammenhang zwischen Burg (ahd: *burch, purch, puruc*) und Berg läßt erkennen, daß Berge und Hügel als naturgegebene Zufluchtsorte gedient haben. Die römischen Kastelle, Legionslager und Städte wurden von den Germanen als Burgen aufgefaßt, da der wehrhafte Charakter dieser Anlagen deutlich zutage trat. Mancher römische Ortsname wurde dementsprechend germanisiert (Augsburg, Regensburg, Ladenburg, Straßburg).

Das Wort Burg erhält in mittelhochdeutscher Zeit den Begriffsinhalt, den es noch heute besitzt. Die hoch- und spätmittelalterliche Burg wird in den deutschsprachigen Quellen überwiegend als *burch* bezeichnet, doch treten auch *hus, veste* und seltener *kastel* in Erscheinung. Um 1400 taucht dann auch *slos* auf. Diesen Bezeichnungen entsprechen im mittelalterlichen Latein *castrum, castellum, civitas* und *urbs*, seltener auch *arx, municipium, oppidum, munitio* und *fortilicium*. Die Interpretation von *castrum* und *castellum* als Burg ist im allgemeinen eindeutig, während für *civitas* und *urbs* noch andere Übersetzungsmöglichkeiten in Betracht kommen. Die hochmittelalterliche Adelsburg heißt im Lateinischen überwiegend *castrum*, daneben auch *domus* als Entsprechung zu *hus*. Hingegen sind *civitas, oppidum* und *urbs* seit dem 12. Jahrhundert den städtischen Siedlungen vorbehalten.

Walter Schlesinger, Burg und Stadt. In: Ders., Beiträge zur deutschen Verfassungsgeschichte des Mittelalters, Göttingen Bd. I, 1963, S. 92–147.
Artikel »Burg«. In: Reallexikon der germanischen Altertumskunde, Berlin/New York, 1981 Bd. IV, S. 117–124 (zu Etymologie, Terminologie und Begriffsbestimmung).

Pfalz: Unter einer Pfalz wird in der modernen geschichtswissen-schaftlichen Terminologie eine Anlage verstanden, die dazu be-stimmt ist, dem König und seinem Hof als Aufenthaltsort zu die-nen. Die Pfalzen waren Bestandteil des Reichsgutes und unterstan-den unmittelbar dem König. Vom Königshof (*villa regia, curtis, curia),* dem Mittelpunkt einer königlichen Grundherrschafe, unter-scheidet sich die Pfalz *(palatium)* durch ihre repräsentativere bauli-che Ausgestaltung. Abgesehen von Wohngebäuden für die königli-che Familie gehörten zu einer Pfalz ein Saalbau und eine Pfalzka-pelle, so daß der König hier Regierungsgeschäfte erledigen, Hoftage abhalten, zu Gericht sitzen und Fest- und Feiertage bege-hen konnte. Auch Königswahlen und Königskrönungen fanden vielfach an Pfalzorten statt.

Das Fehlen einer festen Residenz im fränkischen und deutschen Reich verlieh den Pfalzen in der Reichsverfassung und Reichsregie-rung ein besonderes Gewicht. Allerdings war der König auf seinem Zug durch das Reich nicht allein auf die Pfalzen angewiesen, son-dern konnte auch Königshöfe, Bischofssitze, Klöster und Reichs-städte aufsuchen. Die frühmittelalterliche Königspfalz war wie der Königshof unbefestigt und unterschied sich dadurch von einer Burg. Erst seit der späteren Karolingerzeit wird es üblich, auch die Pfalzen zu schützen. Neue Pfalzen wurden nicht selten in burgarti-ger Form angelegt, aber nicht jede Reichsburg besaß Pfalzcharak-ter. Da dem Mittelalter ein amtlicher Sprachgebrauch fremd war, ist für manche Plätze nicht genau festzustellen, ob es sich um einen Königshof, eine Pfalz oder eine Reichsburg gehandelt hat.

Der moderne wissenschaftliche Begriff Pfalz ist abgeleitet von mlat. *pala-tium* (ahd. *phalinza,* mhd. *phalenza, phalza),* das wiederum zurückgeht auf den Palatin, einen der sieben Hügel Roms, auf dem sich seit Augustus die antiken Kaiserpaläste erhoben. In den mittelalterlichen Quellen bezeichnet *palatium* in der Regel die Pfalz. Der Plan, ein Repertorium der deutschen Königspfalzen zu erarbeiten, führte zu Diskussionen über den Begriff »Pfalz« und seine Abgrenzung gegenüber anderen Aufenthaltsorten der deutschen Könige:

Walter Schlesinger, Merseburg. Versuch eines Modells künftiger Pfalzbe-arbeitungen. In: Deutsche Königspfalzen. Beiträge zu ihrer historischen und archäologischen Erforschung, Bd. I, Göttingen 1963 (= Veröff. d. Max-Planck-Instituts f. Geschichte 11/1), S. 158 ff.
Thomas Zotz, Vorbemerkungen zum Repertorium der deutschen Königs-pfalzen. In: Bll. f. dt. LG 118, 1982, S. 177–203.
Die Pfalz. Probleme einer Begriffsgeschichte vom Kaiserpalast auf dem Palatin bis zum heutigen Regierungsbezirk, hrsg. von Franz Staab, Speyer 1990.

2. Burg und Herrschaft

a) Germanische und spätrömische Vorläufer

In seinem 1941 erschienenen Aufsatz »Adel, Burg und Herrschaft bei den Germanen« hat Heinrich Dannenbauer mit Nachdruck die Auffassung vertreten, schon in germanischer Zeit habe die Burg eine überragende Rolle als Zentrum adliger Herrschaft gespielt. Umgeben von seiner kriegerischen Gefolgschaft habe der germanische Adel auf Burgen gesessen und von dort aus Land und Leute beherrscht. Als Beweis für diese der bisherigen Forschung widersprechende These berief sich Dannenbauer auf einige antike Nachrichten über germanische Befestigungsanlagen.

Heinrich Dannenbauer, Adel Burg und Herrschaft bei den Germanen. Grundlagen der deutschen Verfassungsentwicklung. In: HistJb. 61, 1941, S. 1–50. Ergänzte Fassung in: Herrschaft und Staat im Mittelalter, hrsg. von H. Kämpf, Darmstadt 1956 (= Wege der Forschung, Bd. 2), S. 66–134.
Der Aufsatz hat die weitere Entwicklung der deutschen Mediävistik nachhaltig beeinflußt. Seine Thesen sind teils vorbehaltlos anerkannt, teils scharf abgelehnt worden.

Aus den römischen Quellen ist zu erkennen, daß es bei einigen germanischen Stämmen Burgen als Zufluchtsorte gegeben hat. Mattium, die Hauptburg der Chatten, wurde 15 n. Chr. von einem römischen Heer unter Germanicus erobert. Sie wird von Tacitus (Annales I 56) *genti caput* genannt, war also eine Stammesburg, kein Adelssitz. Eine Königsburg ist bei den Markomannen bezeugt (Annales II 62). Ihr König Marbod besaß eine *regia*, eine »Königshalle«, neben der eine Burg lag *(castellum iuxta situm)*. Der Wohnsitz des Königs war ohne Zweifel die Königshalle, während die Burg wohl Zuflucht in Notzeiten bot. Dem Segestes stand bei den Cheruskern ein verteidigungsfähiger Platz zur Verfügung, in dem er sich mit seinen Verwandten und Gefolgsleuten gegen Arminius zur Wehr setzte. Von einer wirklichen Burg (*castrum* oder *castellum*) ist bei Tacitus nicht die Rede (Annales I 57). Bemerkenswert ist auch die Tatsache, daß Tacitus in der Germania weder im Zusammenhang mit dem Siedlungswesen noch mit der Kriegstechnik germanische Burgen erwähnt. In den schriftlichen Quellen sind kaum Anhaltspunkte für die Existenz germanischer Adelsburgen zu finden.
Auch archäologisch sind germanische Herrenburgen nicht nachzu-

weisen. Die ausgedehnten Burganlagen, die seit dem 1. vorchristlichen Jahrhundert in einigen Teilen des germanischen Siedlungsgebietes erkennbar sind, waren ihrer Funktion nach Fluchtburgen oder Stammesmittelpunkte. In den Fällen, in denen sie dauernd bewohnt waren, könnten sie auch Sitz des Stammesfürsten gewesen sein, aber auch dann unterscheiden sie sich typologisch und funktional von der mittelalterlichen Adelsburg. Die germanischen Flucht- und Stammesburgen, für die vielleicht die keltischen Oppida als Vorbild gedient haben, liegen im Bereich der Mittelgebirge, während die Stämme in Nord- und Ostdeutschland offenbar keine Burgen errichtet haben. Bei den Alemannen führten die Kämpfe mit dem römischen Reich im 4. und 5. Jahrhundert zur Errichtung bzw. Wiederherstellung von befestigten Höhensiedlungen (Glauberg bei Büdingen, Heuneburg bei Hundersingen, Gelbe Bürg bei Gunzenhausen, Runder Berg bei Urach usw.).

Die Diskussion über die Funktion der Burg bei den Germanen ist zwar noch nicht abgeschlossen, doch scheint die Führungsschicht nicht auf Burgen, sondern in mehr oder weniger befestigten Herrenhöfen gelebt zu haben. Die Burg im Sinne eines Land und Leute beherrschenden Adelssitzes war unbekannt, da sie den wirtschaftlichen, rechtlichen und sozialen Verhältnissen bei den Germanen nicht entsprach.

Rafael von Uslar, Studien zu frühgeschichtlichen Befestigungen zwischen Nordsee und Alpen, Köln/Graz 1964 (= Bonner Jbb., Beiheft 11).

Gerhard Mildenberger, Germanische Burgen, Münster 1978 (= Veröff. d. Altertumskommission im Provinzialinstitut f. westfälische Landes- und Volksforschung, Bd. VI).

Joachim Werner, Zu den alamannischen Burgen des 4. und 5. Jahrhunderts. In: Speculum Historiale. Festschrift für Johannes Spörl, Freiburg/München 1965, S. 439–453. Neudruck in: Zur Geschichte der Alemannen, hrsg. von W. Müller, Darmstadt 1975 (= Wege der Forschung, Bd. 100), S. 67–90.

Günter P. Fehring, Frühmittelalterliche Wehranlagen in Südwestdeutschland. In: Chateau Gaillard V, 1972, S. 37–47.

Hansjürgen Brachmann, Zum Ursprung und zur Entwicklung des feudalen Befestigungsbaues. In: Zs. f. Archäologie 16, 1982, S. 165–175.

b) Burg, Pfalz und Königshof im Frankenreich

In der Herrschaftsorganisation des fränkischen Reiches, die seit dem 6. Jahrhundert auf einer Gliederung in Herzogtümer und Grafschaften beruhte, hat die Burg zunächst keine Rolle gespielt.

In den Gebieten mit einem stärkeren Nachleben römischer Traditionen bildete die Stadt, die Civitas, normalerweise das Zentrum eines Komitats. Mittelpunkts- und Schutzfunktion als »Großburg« gewannen einige Römerstädte auch dadurch, daß die Merowingerkönige römische Palastbauten weiter nutzten. Es hat den Anschein, als hätten diese städtischen Pfalzen der Merowinger jedoch allmählich gegenüber den ländlichen Pfalzen und Königshöfen an Bedeutung verloren.

Die starken spätantiken Befestigungsanlagen blieben zum Teil erhalten und wurden als Zufluchtsorte benutzt, zum Beispiel das bei GREGOR VON TOURS (III 13) erwähnte *castrum Meroliacense* (Chatel Marlhac). Vor allem dienten die ummauerten Städte und Kastelle Galliens und Burgunds in den kriegerischen Auseinandersetzungen, die die Merowingerzeit erfüllten, immer wieder als Festungen. Die Großen des Reiches lebten aber nicht auf Burgen, sondern auf ihren Herrenhöfen, die allenfalls durch Palisaden geschützt waren. Die Ansätze zum Burgenbau, die von der gallo-römischen Aristokratie in der Völkerwanderungszeit entwickelt worden waren, sind offenbar unter fränkischer Herrschaft wieder verschwunden.

Eine neue Periode des Burgenbaues begann in der spätmerowingisch-frühkarolingischen Zeit. Besonders in den ostrheinischen Teilen des Frankenreiches wurden seit dem ausgehenden 7. und beginnenden 8. Jahrhundert große Burgen errichtet, von denen einige in den schriftlichen Quellen erwähnt werden oder durch Ausgrabungen nachgewiesen werden konnten. Diese durch steinerne Mauern, Türme und Toranlagen geschützten Burgen waren keine Adelssitze, denn ihre Erbauung hätte die wirtschaftlichen und machtmäßigen Möglichkeiten der fränkischen Großen weit überfordert. Sie waren im Besitz des Königs oder auch hoher regionaler Amtsinhaber. Als Reichs- oder Landesburgen dienten sie dem Schutz des Landes, der Sicherung der Reichsgrenze gegen äußere Feinde und wohl auch als Etappenstationen und Stützpunkte für größere Feldzüge. Nicht zuletzt boten sie der Bevölkerung in Notzeiten Zuflucht. Die Ausstellung von Urkunden auf einigen dieser Burgen deutet darauf hin, daß sie auch Zentren der Verwaltung und Herrschaftsausübung waren.

Eine wichtige Rolle haben die fränkischen Burgen für die Mission und die Kirchenorganisation gespielt. Die 741 von Bonifatius gegründeten Bistümer für Mainfranken, Hessen und Thüringen hatten ihren Bischofssitz jeweils in der Hauptburg des Landes, in Würzburg, Büraburg und Erfurt. In Hessen errichtete Bonifatius auf der Amöneburg einen Missionsstützpunkt, und auch die Urpfarrkirche auf dem Christenberg dürfte in die fränkische Zeit zurückgehen.

Der Bau von Großburgen im 8. Jahrhundert dürfte zumindest im hessisch-thüringischen Bereich, vermutlich aber auch im Maingebiet, der Verteidigung gegen äußere Feinde, vor allem Sachsen und Slawen, gedient haben. Die Sachsen haben selbst Burgen errichtet, die in den Kämpfen mit dem Frankenreich eine zentrale Rolle gespielt haben. Auch die sächsischen Burgen waren in der Regel sehr große Anlagen, in denen die Bewohner ganzer Gaue Aufnahme finden konnten und die nur dann verteidigt werden konnten, wenn ausreichend Krieger zur Verfügung standen. Sie werden in der älteren Forschung als »Gauburgen« bezeichnet, während die neuere Forschung sie dem sächsischen Adel zuweisen möchte.

Die sächsischen Burgen waren Zentren des Widerstandes gegen Karl den Großen und wurden dann von den Franken als militärische Stützpunkte benutze. Eine Zeitlang dienten sie zusammen mit einigen von Karl dem Großen erbauten Burgen als Zwingburgen. Erst nach der endgültigen Unterwerfung verloren sie diese Funktion. Auch die Burganlagen in Hessen waren nun nicht mehr erforderlich und wurden im 9. Jahrhundert aufgegeben. Nach der Eroberung Sachsens mußte das fränkische Königtum hingegen den Schutz der Grenzen gegen die Dänen und Slawen organisieren. Zu diesem Zwecke wurden zahlreiche Burgen errichtet.

Althessen im Frankenreich, hrsg. von Walter Schlesinger, Sigmaringen 1975 (= Nationes, Bd. 2).

Walter Schlesinger, Burgen und Burgbezirke. Beobachtungen im mitteldeutschen Osten. In: Ders., Mitteldeutsche Beiträge zur deutschen Verfassungsgeschichte des Mittelalters, Göttingen 1961, S. 158–187.

Michael Mitterauer, Burgbezirke und Burgwerksleistung in der babenbergischen Mark. In: Jb. f. Landeskunde Niederösterreichs NF 38, 1970, S. 217–231.

Die Burgen haben im Frankenreich als militärische Stützpunkte eine wichtige Rolle gespielt; einige andere besaßen eine Zeitlang offenbar auch verwaltungspolitische und kirchen- und missionsgeschichtliche Bedeutung. Die eigentlichen Brennpunkte des politischen Lebens aber waren in karolingischer Zeit die Pfalzen.

Günther Binding, Deutsche Königspfalzen. Von Karl dem Großen bis Friedrich II., Darmstadt 1996.

Der fränkische König regierte nicht von einer festen Residenz aus, sondern zog mit seinem Gefolge durch das Reich. Er regierte »vom Sattel aus«, wie man einprägsam, wenn auch nicht wortwörtlich zutreffend, gesagt hat. An den Orten, die häufiger aufgesucht wurden, traf man Vorbereitungen für Beherbergung und Gastung des

Herrschers und des Hofes. Die wichtigste Rolle spielten dabei in fränkischer Zeit die Pfalzen, doch konnten auch Bischofssitze und Klöster aufgesucht werden. Auf diese Weise wurde die Wirtschaftskraft der geistlichen Institutionen, die durch den Besuch des Königs Pfalzfunktion erhielten, in den Dienst des Reiches gestellt. Während die Merowinger einige westfränkische Städte offenbar so bevorzugten, daß man fast von Residenzen sprechen könnte (Soissons, Paris, Orléans, Reims, Chalon-sur-Saône, Köln, Metz), wuchs unter den Karolingern die Bedeutung der ländlichen Pfalzen, obwohl auch weiterhin die alten merowingischen Pfalzorte aufgesucht wurden. Die wichtigsten Pfalzen der Karolingerzeit waren neben Aachen wohl Quierzy, Compiègne, Herstal bei Lüttich, Diedenhofen, Nimwegen, Düren, Ingelheim, Frankfurt, Worms, Salz an der fränkischen Saale, Regensburg, Paderborn und in Italien Pavia, Mantua und Ravenna. Nach der Teilung des fränkischen Reiches traten im ostfränkischen Reich neben die alten Pfalzen wie Aachen, Frankfurt, Worms, Ingelheim und Regensburg neue Pfalzorte wie Trebur, Forchheim, Ulm und Bodman am Bodensee.

Die Verwendung des Begriffs *palatium* für den Aufenthaltsort des Königs ist vermutlich auch ein Indiz dafür, daß die Merowinger spätantike Palastanlagen weiter genutzt haben. Über das Aussehen der frühen ländlichen Pfalzen ist nichts bekannt; man wird sie sich vermutlich nur als etwas repräsentativere Höfe vorzustellen haben. Die Pfalzen der Karolingerzeit waren in ihrer baulichen Ausgestaltung ohne Zweifel sehr unterschiedlich, dürften aber wohl stets einen Hauptbau mit Wohnräumen und einem repräsentativen Saal besessen haben. Fast überall läßt sich eine Pfalzkapelle nachweisen, die dem König, der in der Regel von seiner Hofgeistlichkeit begleitet wurde, den regelmäßigen Besuch des Gottesdienstes ermöglichte. Auch Unterkünfte für die Dienerschaft und Stallungen dürften zur Grundausstattung einer Pfalz gehört haben, mit der wohl meist auch ein Wirtschaftshof verbunden war. Die karolingischen Pfalzen waren zunächst meist unbefestigt, denn sie dienten nicht kriegerischen, sondern administrativen, politischen, kulturellen und repräsentativen Zwecken.

Eine besondere bauliche Ausgestaltung erfuhr Aachen, das zu einem »neuen Rom« werden sollte, aber auch Ingelheim, Frankfurt, Paderborn und Regensburg waren offenbar sehr repräsentative Anlagen. Um die Gottesdienste in besonders feierlicher Form begehen zu können, wurden an wichtigen Pfalzen Kanonikerstifter gegründet.

Die Periode, in der man im Frankenreich Burgen nur in gefährdeten Grenzzonen benötigte und im Inneren mit unbefestigten Pfal-

zen auskam, ging rasch zu Ende. Um 800 begannen die Normannen die Küstenregionen des fränkischen Reiches heimzusuchen.
Die Bedrohung wuchs unter Ludwig dem Frommen und seinen
Nachfolgern rasch an. Nach 840 litt das gesamte westfränkische
Reich unter den Einfällen der Normannen, auch Lothringen und
die Provence wurden heimgesucht. Die Normannen plünderten
nicht nur das flache Land, sondern eroberten auch mühelos die
zum Teil noch von römischen Mauern umgebenen Städte. Die vorhandenen Kräfte reichten nicht aus, um derartig ausgedehnte, an
vielen Stellen in Verfall geratene Mauerringe wirksam zu verteidigen.

Das fränkische Königtum organisierte den Kampf gegen die Normannen mit konventionellen Mitteln. Die allgemeine Wehrpflicht
aller Freien wurde immer wieder eingeschärft, speziell die Verpflichtung zur Landesverteidigung, zur »Landwehr«. Wachdienste
wurden organisiert, aber die Hauptwaffe blieb der Heerbann, der
immer wieder mobilisiert und gegen die normannischen Scharen
ins Feld geführt wurde. Siege und Niederlagen wechselten, und
vielfach mußte sich das Königtum zu Tributzahlungen bereit-
finden.

Allmählich erkannte man den Wert von Burgen und Befestigungsanlagen. Zunächst waren es wohl in erster Linie die großen Klöster,
die sich durch den Bau von Befestigungsanlagen zu schützen suchten und damit einen kastellartigen Charakter erhielten. Auch einzelne Pfalzen, zum Beispiel Nimwegen, wurden befestigt. Vor allem aber begann man mit der Errichtung oder Wiederherstellung
von Stadtmauern, zum Beispiel in Le Mans, Tours, Orléans und
Langres. Am Ende des 9. Jahrhunderts konnten dann auch zahlreiche Städte erfolgreich gegen die Normannen verteidigt werden.

Kurt-Ulrich Jäschke, Burgenbau und Landesverteidigung um 900. Überlegungen zu Beispielen aus Deutschland, Frankreich und England, Sigmaringen 1975 (= Vorträge und Forschungen, Sonderband 16), S. 33 ff.

Das spätkarolingische Königtum hielt zwar einerseits an seinem
Befestigungsregal fest, konnte andererseits aber den Bau von Burgen durch weltliche und geistliche Große nicht verhindern. Der
König bestand allerdings darauf, daß Burgen und Befestigungen
nicht ohne seine ausdrückliche Erlaubnis errichtet werden durften,
und es gibt eine Reihe von Nachrichten dafür, daß tatsächlich um
diese Genehmigung nachgesucht wurde. Die Funktion derartiger
Burgen war der Schutz der Geistlichkeit und der Bevölkerung gegen einen äußeren Feind. Auch in anderen Gegenden, zum Beispiel
in den Küstenregionen Flanderns, sind derartige Fluchtburgen an-

gelegt worden. Dort finden sich Ringwälle, befestigt durch Erd-
wälle und Gräben, von ca. 200 m Durchmesser, die ins ausgehende
9. Jahrhundert datiert werden. Möglicherweise begann in dieser
Zeit bereits die Befestigung der Herrensitze durch die Errichtung
von Turmhügelburgen auf künstlich angelegten und von Wassergräben umgebenen Hügeln (»Motten«). Allerdings ist die Datierung dieser nur archäologisch faßbaren Anlagen, die sich im Kü-
stengebiet und am Niederrhein finden, noch unsicher (vgl. S. 101).
Das Königtum war an der Errichtung von Befestigungen gegen die
äußere Bedrohung interessiert, doch wurden derartige Anlagen offenbar rasch von ihren Inhabern benutzt, um die Bevölkerung zu
beherrschen. Daher ordnete Karl der Kahle 864 an, alle ohne königliche Erlaubnis errichteten Burgen, Befestigungen und Verhaue
(castella et firmitates et haias) wieder zu zerstören (Edictum Pistense MGH Capit. II S. 328). Die Begründung, *quia vicini et cir-
cummanentes exinde depraedationes et impedimenta sustinent,* läßt
erkennen, daß die Burg ein Instrument zur Unterdrückung und
Ausbeutung geworden war.

c) Das Burgenwesen der ottonisch-salischen Periode

Im ostfränkisch-deutschen Reich suchten die Könige aus ottoni-
schem Hause ihre Verpflichtungen zum Schutze des Landes gegen
äußere Feinde nach Kräften zu erfüllen. Heinrich I. und Otto der
Große organisierten erfolgreich die Abwehr der Ungarn. In der
Burgenpolitik setzte Heinrich I. zunächst die spätkarolingische
Tradition fort und förderte den Bau von festen Plätzen, in denen
die Bevölkerung Zuflucht finden konnte. Es wurden Befestigungsanlagen verschiedenen Typs geschaffen, deren Funktion wohl ausschließlich im Schutz größerer Menschengruppen bestand.
Die sog. »Burgenordnung« Heinrichs I., von der WIDUKIND VON
CORVEY (Res gestae Saxonicae I 35) berichtet, sollte eine wirksame,
auf Burgen gestützte Verteidigung des Reiches gegen die Einfälle
der Ungarn ermöglichen. Nach dem Bericht des Chronisten ließ
der König Tag und Nacht an der Errichtung von Burgen arbeiten
und wählte aus den »bäuerlichen Kriegern« *(agrarii milites)* jeden
neunten Mann aus, damit er auf die Burg ziehe und dort Gebäude
für die übrigen errichte. Sein Hof wurde von den anderen mitbe-
wirtschaftet. Außerdem sollte der dritte Teil des gesamten Ernteer-
trages als Proviant auf die Burgen gebracht werden. Die verschiedenen Zusammenkünfte der Bevölkerung wie Beratungen, Gerichts-
versammlungen und Feste *(concilia et omnes conventus atque con-*

vivia) sollten dort stattfinden, damit sich die Bevölkerung an das Aufsuchen der Burgen gewöhne.

Über die Verbreitung dieser Heinrichsburgen lassen sich nur Vermutungen äußern, da in der Überlieferung keine Namen genannt werden. Auch ein archäologischer Nachweis ist schwer zu führen. Schwerpunkte dürften Thüringen und das östliche Sachsen gewesen sein.

Die Bedeutung dieser Burgenordnung ist in der Forschung oft diskutiert worden, ohne daß Übereinstimmung erzielt worden wäre. Unbestritten sind die Maßnahmen Heinrichs I. zur Errichtung von Burgen, an deren Benutzung sich die Menschen allerdings erst gewöhnen mußten. Gesorgt wurde für Unterkünfte und Proviant, sowie für eine ständige Bewachung durch jeden Neunten der *agrarii milites.* Dieses Bewachungssystem erinnert an die »Gestellungsverbände« der Karolingerzeit, in denen die ärmeren wehrpflichtigen Freien zusammengefaßt wurden. Umstritten ist die soziale Stellung der *agrarii milites.* Die einen sehen darin bäuerlich lebende Freie, die anderen aber spezielle Königsleute (sog. »Königsfreie« oder auch eine Vorform der späteren Ministerialen). Der von Widukind von Corvey gebrauchte Terminus *agrarii milites* deutet auf heerbannpflichtige Bauernkrieger hin. Ein besonderes Abhängigkeitsverhältnis zum König ist nicht zu erkennen.

Josef Fleckenstein, Zum Problem der agrarii milites bei Widukind von Corvey. In: Beiträge zur niedersächsischen Landesgeschichte, hrsg. von Dieter Brosius und Martin Last (= Festschrift Hans Patze), Hildesheim 1984, S. 26—41.

Die »Heinrichsburgen«, »Klosterburgen« und versteckten Fluchtburgen verdankten ihre Errichtung der Bedrohung durch einen gefährlichen äußeren Feind. Die Ottonen setzten hier die Tendenzen der spätkarolingischen Zeit fort. In verstärktem Maße gilt das auch für die Pfalzen, die in zunehmendem Umfang befestigt wurden. Neue Impulse erhielt die weitere Entwicklung des Burgenwesens durch die offensive Politik der Ottonen an der Ostgrenze des Reiches. In diesen Kämpfen spielten die slawischen Burgen als Zentren des Widerstandes eine große, oft ausschlaggebende Rolle. Die Feldzüge wurden meist durch die Eroberung der Hauptburg des Stammes beendet. Die vom deutschen Königtum geschaffenen Markgrafschaften wurden mit einem System von Burgen überzogen, das der Grenzsicherung und der Niederhaltung der unterworfenen slawischen Bevölkerung diente. Heinrich I. hatte schon 929 am Hochufer der Elbe die Burg Meißen gegründet, und weitere deutsche Burgen in den Ostmarken folgten. Wahrscheinlich unter Otto dem Großen wurde eine Organisationsform geschaffen, die man als »Burgwardverfassung« bezeichnen kann.

Die Markengebiete wurden in Burgwardbezirke (*burgwardium*, auch *urbs* oder *civitas*) gegliedert, die ca. 10–20 Dörfer umfaßten. Mittelpunkt des Burgwards war jeweils eine Burg, meist einfacher Art (Holz-Erde-Konstruktion). Der Burgwardhauptort erhielt eine gewisse Zentralfunktion, denn im Rahmen des Burgwards wurden auch Tribute, Abgaben und Zehnten erhoben. Vielfach gehörte ein Wirtschaftshof dazu. Verteidigt wurde der Platz wahrscheinlich von einer ständigen Besatzung unter einem Kommandanten (*custos urbis, praefectus urbis*). Nach der Befriedigung des Gebietes und der Anerkennung der deutschen Herrschaft durch die Slawen fanden auch die slawischen Bewohner der Burgwarde dort Zuflucht. Dafür waren sie zur Unterstützung beim Bau und Instandhaltung der Burg verpflichtet und hatten Wachdienste zu leisten. Auch die Verpflichtung zu Abgaben (Burgkorn, Wachkorn) ist bezeugt.

In der Forschung wurden zwei Theorien über den Ursprung der Burgwardverfassung entwickelt. Die ältere Forschung leitete sie aus slawischen Burgbezirken ab, während in der neueren deutschen Forschung die Vorstellung vom deutschen Ursprung dominiert. Ein Zusammenhang mit karolingischen Burgbezirken ist zwar möglich, doch dürften auch slawische Institutionen bei der Entstehung der Burgwardverfassung eine Rolle gespielt haben.

Längeren Bestand hatte die Burgwardverfassung nur im sorbischen Bereich, da große Teile des ottonischen Markengebietes durch den Slawenaufstand des Jahres 983 wieder verloren gingen. Die Burgwardverfassung funktionierte nur in der zweiten Hälfte des 10. und im 11. Jahrhundert, dann hatte sich diese als Instrument der deutschen Expansionspolitik geschaffene Organisationsform überlebt. Die deutsche Ostsiedlungsbewegung, die Entstehung des Städtewesens im 12. Jahrhundert und die Ausbildung des Territorialfürstentums führten zur Entwicklung neuer und andersartiger Verwaltungsinstitutionen.

Hans K. Schulze, Artikel »Burgward, Burgwardverfassung«. In: Lexikon des Mittelalters II, Sp. 1101–1103 (mit weiterer Spezialliteratur).
Gerhard Billig, Die Burgwardorganisation im obersächsisch-meißnischen Raum. Archäologisch-archivalisch vergleichende Untersuchungen, Berlin 1989 (= Veröff. des Landesmuseums für Vorgeschichte Dresden, Bd. 20).

d) Slawische Burgen und Burgbezirke

Das schon im frühen Mittelalter weit entwickelte Burgenwesen bei den Slawen hat direkt oder indirekt auf die weitere Entwicklung der Burg eingewirkt, da beträchtliche Teile des slawischen Siedlungsraumes im Zuge der verschiedenen Phasen der deutschen Ostbewegung in das Reich einbezogen wurden. Die erste schriftliche Nachricht über eine slawische Burg stammt schon aus dem 7. Jahrhundert. Die noch immer nicht sicher zu lokalisierende *Wogastisburg* wurde das Ziel eines großen fränkischen Angriffs auf das böhmisch-mährische Slawenreich des Samo. Seit der zweiten Hälfte des 8. Jahrhunderts werden dann in den fränkischen Quellen Burgen als Sitze slawischer Stammesfürsten und als Zentren von Stammesgebieten erwähnt.

Eine Gliederung der slawischen Stammesgebiete in Burgbezirke *(civitates)* läßt sich aus den Angaben einer in ihrem Aussagewert und ihrer Datierung freilich nicht unumstrittenen Quelle aus dem 9. Jahrhundert, des sog. Baierischen Geographen, ablesen. Unter einer solchen *civitas* ist ein mehr oder weniger ausgedehntes Siedlungsgebiet zu verstehen, zu dem eine Burg gehörte. Sie diente als militärischer Rückhalt und bildete vermutlich zugleich den politischen und kultischen Mittelpunkt.

Wolfgang H. Fritze, Die Datierung des Geographus Bavarus und die Stammesverfassung der Abodriten. In: Zs. f. slav. Philologie 21, 1952, S. 326–342.

Heinrich Felix Schmid, Die Burgbezirksverfassung bei den slavischen Völkern in ihrer Bedeutung für die Geschichte ihrer Siedlung und ihrer staatlichen Organisation. In: Jb. f. Kultur und Geschichte d. Slaven, NF 2, 1926, S. 81–132.

Durch Ausgrabungen sind zahlreiche slawische Burganlagen nachgewiesen worden, besonders im Siedlungsgebiet der Elb- und Ostseeslawen. Sehr wichtige Ergebnisse wurden auf diesem Bereich durch den Aufschwung der archäologischen Slawenforschung in der DDR und in Polen erzielt.

Joachim Herrmann, Siedlung, Wirtschaft und gesellschaftliche Verhältnisse der slawischen Stämme zwischen Oder/Neiße und Elbe. Studien auf der Grundlage archäologischen Materials, Berlin 1968 (= Deutsche Akad. d. Wiss. zu Berlin, Schriften d. Sektion f. Vor- und Frühgeschichte, Bd. 23), besonders S. 146 ff.

Die Slawen in Deutschland. Geschichte und Kultur der slawischen Stämme westlich von Oder und Neiße vom 6. bis 12. Jahrhundert. Ein Handbuch, hrsg. von Joachim Herrmann, Neubearbeitung, Berlin 1985, besonders S. 153–251.

Nach ihrer Form werden die slawischen Burgen als »Rundwälle« oder »Burgwälle« bezeichnet. Allein auf dem Gebiet der DDR sind zwischen 600 und 700 Anlagen festzustellen. Sie stammen aus verschiedenen Zeiten und stellen formal und funktional verschiedene Typen dar. Im Einzelfall sind die Funktionen, sofern keine schriftlichen Quellen vorliegen, schwer zu bestimmen. Meist waren es nur die Hauptburgen der Stämme und Fürstensitze, über die in den Schriftquellen berichtet wird. Diejenigen Anlagen, die keine oder nur geringe Siedlungsspuren aufweisen, werden als Fluchtburgen gedeutet, kleinere ständig bewohnte Burgen als Wohnsitz des slawischen Adels. Mit slawischen Adelsburgen ist da zu rechnen, wo die gesellschaftliche Differenzierung bereits weiter fortgeschritten war. Schriftliche Nachrichten über einen burggesessenen slawischen Adel fehlen jedoch weitgehend. Die Angabe bei Thietmar von Merseburg (Chronicon II 38) über einen in Zwenkau sitzenden vornehmen Slawen Cuchawiz kann nicht ohne weiteres als Zeugnis für eine slawische Adelsburg gewertet werden, zumal das Gebiet damals bereits zum Reich gehörte.

Eine Sonderform war die »Tempel- oder Kultburg«, z. B. Rethra im Liutizenland, wo der Stammesgott Swarožyc verehrt wurde. Am Kap Arkona auf Rügen lag das Stammesheiligtum der Ranen. Bei den Hevellern in Brandenburg waren Burg und Tempel wenigstens benachbart. Die Burg lag in der Havelniederung, wo sie durch den Fluß und die Sümpfe geschützt wurde, während das Stammesheiligtum des Triglaw sich auf dem Harlungerberg, dem späteren Marienberg, erhob.

Ein wichtiger Unterschied zwischen dem slawischen und dem fränkisch-deutschen Burgenwesen lag darin, daß die Burg bei den Slawen schon früh als Herrscherresidenz diente. Burgen mit Residenzfunktion waren Prag für die böhmischen Přemyslidenherrscher, Alt-Lübeck für die Fürsten der Obodriten, Brandenburg für die der Heveller und Stettin für die Herzöge der Pomoranen.

Neben bedeutenderen Burgen erwuchsen auch nichtagrarische Siedlungen, Suburbien oder Burgstädte. Burgstädte sind vor allem im pomoranischen Küstenbereich und an der unteren Oder nachweisbar. Die Rolle dieser slawischen Siedlungsplätze frühstädtischen Charakters für die Entstehung der mittelalterlichen Rechtsstadt wird in der Forschung unterschiedlich bewertet.

Im Burgenbau dominierte in ottonisch-salischer Zeit zunächst das Königtum, das sich in seinen Pfalzen und Reichsburgen repräsentative und wehrhafte Zentren königlicher Machtentfaltung schuf. Eine Verbindung zwischen Burg und Pfalz bahnte sich schon im 10. Jahrhundert an. Unter den Herrschern aus sächsischem Hause (Ottonen oder Liudolfinger) erhielt das Reich im Harzraum und im östlichen Sachsen einen neuen Kernraum königlicher Macht. Die Ottonen knüpften im Reich und in Italien zwar überall an karolingische Traditionen an, wandten aber ihre Aufmerksamkeit verstärkt dem Grenzraum im Osten zu. Selbstverständlich verzichteten sie nicht auf die Benutzung der traditionsreichen Pfalzen der Karolinger, aber sie errichteten vor allem in Thüringen und in Sachsen auch neue Pfalzen und Königshöfe. Eine überragende Bedeutung erlangte unter Otto I. Magdeburg, aber auch Quedlinburg, Memleben, Merseburg, Werla, Pöhlde, Grone, Dornburg, Allstedt, Tilleda, Mühlhausen und Nordhausen sind zu nennen. Im Harz lagen die »Jagdhöfe« Bodfeld und Siptenfeld.

Das Ansehen mancher Pfalzorte wurde dadurch gesteigert, daß sie zu Mittelpunkten des religiösen Lebens gemacht wurden. In Magdeburg gründete Otto I. 937 das Moritzkloster als Missionszentrum für das Slawenland und wandelte es 968 sogar in ein Erzbistum um. In Merseburg wurde 968 ein Bischofssitz errichtet; Klöster entstanden u. a. in Memleben und Quedlinburg. Besondere Bedeutung erlangte das von Otto I. als Grablege für seinen Vater Heinrich I. gegründete Kanonissenstift St. Servatius in Quedlinburg. Es war liudolfingisches Hauskloster, dessen erste Äbtissinnen Angehörige der königlichen Familie waren.

Neben den Pfalzen suchte der deutsche König auf seinen Reisen häufig auch die Bischofssitze auf. An vielen Bischofssitzen waren Pfalzen vorhanden, etwa in Magdeburg, Merseburg, Köln, Paderborn und Regensburg, und in seiner eigenen Bistumsgründung Bamberg ließ Heinrich II. selbst eine Pfalz erbauen, aber sonst hatten die Bischöfe für Beherbergung und Gastung des Königs und seines Hofes zu sorgen. Diese Belastungen waren den kirchlichen Institutionen durchaus zuzumuten, denn Ottonen und Salier hatten viele Bistümer mit Grundbesitz, Einkünften und Herrschaftsrechten reich ausgestattet. Unter den Herrschern aus salischem Hause (1024–1125) wurde das System der Königspfalzen zwar weiter genutzt und ausgestaltet, aber es wurden nur wenige neue Pfalzen errichtet, nämlich Nürnberg und Kaiserswerth. Goslar, die Lieblingspfalz der Salier, erlebte eine Blütezeit. Das von Heinrich III. gegründete Pfalzstift St. Simon und Judas diente nicht nur kirchlichen Zwecken, sondern auch der Ausbildung derjenigen Geistlichen, die Spitzenfunktionen in der Königskanzlei und der Reichskirche übernehmen sollten. In der Pfalzkapelle St. Ulrich ruht das Herz Heinrichs III. Unter Heinrich III. und Heinrich IV. war Goslar zwar keine Residenz, wohl aber so etwas wie die Schaltstelle im Itinerar der Herrscher, jedenfalls bis zum sächsischen Aufstand.

Unter den Staufern (1138–1254) wurde das System der Pfalzen noch weiter ausgebaut, obgleich auch die Bischofsstädte häufig aufgesucht wurden. Einige alte Pfalzorte wie Frankfurt am Main und Ulm wurden repräsentativ ausgestaltet, neu hinzu kamen Wimpfen, Gelnhausen, Hagenau, Kaiserslautern, Altenburg und Eger. Es sind neben Goslar vor allem die romantischen Reste staufischer Bauwerke, die unsere Vorstellungen vom Aussehen einer mittelalterlichen Kaiserpfalz bestimmen.

Die Zeit der Staufer ist zugleich in Deutschland die Epoche der Entfaltung des mittelalterlichen Städtewesens. So ist es kein Zufall, daß es nunmehr zu einer engen Verbindung zwischen Königspfalz und Bürgerstadt kommt. Nicht wenige Pfalzen, die meist auch Mittelpunkte der Krongutverwaltung und kirchliche Zentren waren, wurden zu Kristallisationskernen für die Entstehung einer Stadt. Die städtische Entwicklung der Pfalzorte wurde vom Königtum tatkräftig gefördert. In einigen Fällen wurden Pfalz und Stadt offensichtlich planmäßig nebeneinander angelegt, zum Beispiel in Wimpfen und Gelnhausen.

Die Entwicklung der Pfalz in staufischer Zeit wird auch dadurch charakterisiert, daß die ursprünglich rein repräsentativ gestalteten königlichen Herrschaftszentren immer wehrhafter werden. Die älteren Pfalzen wurden befestigt und neue Pfalzen gleich als Burgen konzipiert. Schöne Beispiele sind das hochgelegene und stark befestigte Wimpfen und das ursprünglich als Wasserburg erbaute und mit einem mächtigen Bergfried versehene Gelnhausen.

Reichsburgen: Die Kombination von Burg und Pfalz hatte sich schon in ottonisch-salischer Zeit angebahnt. Spätestens unter König Heinrich IV. trat neben die befestigte Pfalz die Reichsburg, die nicht mehr in erster Linie dem Schutz des Reiches gegen äußere Feinde diente, sondern vor allem ein Stützpunkt der königlichen Macht im Reiche selbst war. Heinrich IV. hat besonders im thüringisch-sächsischen Raum eine regelrechte Burgenpolitik betrieben, ältere Burgen wiederhergestellt und neue errichtet. Diese Versuche, die königliche Herrschaft militärisch zu sichern, wurden vor allem in Sachsen mit Mißtrauen beobachtet, zumal die Bevölkerung in starkem Maße mit »Burgwerk« belastet wurde. Als etwas Unerhörtes wurde es wohl auch empfunden, daß in diese Reichsburgen Besatzungen aus landfremden Reichsministerialen hineingelegt wurden. In den Augen der Sachsen waren diese königlichen Befestigungen reine Zwingburgen.

Der Terminus »Reichsburg« ist nur mit Vorbehalt zu verwenden, da der Übergang von der befestigten Pfalz zur königlichen Burg fließend war. Während die Pfalz in erster Linie als Aufenthaltsort für den König, die königliche Familie und den Hof diente und außerdem der Platz war, an dem Reichsversammlungen stattfanden und wichtige Regierungshandlungen vorgenommen wurden, dominierte bei der Reichsburg der Wehrcharakter. Sie war in erster Linie militärischer Stützpunkt. Freilich konnten andere Aufgaben hinzutreten.

Fred Schwind, Zur Verfassung und Bedeutung der Reichsburgen, vornehmlich im 12. und 13. Jahrhundert. In: Die Burgen im deutschen Sprachraum, hrsg. von Hans Patze, Teil I, Sigmaringen 1976 (= Vorträge und Forschungen XIX), S. 85–122.

In der Stauferzeit wurden die Reichsburgen zu einem wichtigen Instrument der Politik des Königtums. Der Aufstieg weltlicher und geistlicher Würdenträger zur Landesherrschaft stellte das deutsche Königtum vor neue schwierige Aufgaben. Die Staufer haben ein System von Reichsburgen geschaffen, um auf diese Art königliche Rechte gegenüber den Territorialfürsten zu behaupten. Sie wurden zu Stützpunkten des Königtums und zu Verwaltungszentren für Reichsgut und Reichsrechte. Auf diese Weise schuf sich das staufische Königtum eine reale Basis für seine Herrschaft im Reich.

In enger Verbindung mit der Schaffung der Reichsburgen und der Reichsterritorien stand der Aufstieg der königlichen Dienstmannen, der Reichsministerialen. Sie spielten eine wichtige Rolle für den Aufbau, den Schutz und die Verwaltung der Bereiche unmittelbarer königlicher Herrschaft. Diese ritterlich lebenden Leute wurden vielfach mit Königsgut als »Dienstgut« ausgestattet und in der Umgebung der Reichsburgen angesiedelt. Daher waren manche Reichsburgen von zahlreichen befestigten Wohnsitzen der Reichsministerialen, die zur Burghut verpflichtet waren, umgeben.

Unter den Staufern haben Pfalzen und Reichsburgen als Instrumente der königlichen Herrschaftsausübung ihre Glanzzeit erlebt. Der rasche Zusammenbruch dieses Systems, der mit dem Interregnum (1254–1273) beginnt, läßt erkennen, daß diese Form der Herrschaftsausübung doch nicht mehr ganz den Erfordernissen der Zeit entsprach. Die landfremden Könige Wilhelm von Holland, Richard von Cornwall und Alfons von Kastilien haben im Reich keine wirkliche Herrschaft ausüben können, so daß die königlichen Rechte, die Pfalzen, Reichsburgen, Königshöfe und Krongüter dem Zugriff der aufstrebenden Partikulargewalten ausgeliefert waren. Auch Rudolf von Habsburg und seine Nachfolger haben die Verluste nicht wieder wettmachen können und mußten versuchen, die Königsherrschaft auf andere Grundlagen zu stellen. Für das deutsche Königtum beginnt die Epoche des »Hausmachtkönigtums«.

Dies war natürlich keine bewußte, planmäßige Änderung der Reichsstruktur, sondern ein allmählicher, von den Bedingungen diktierter Wandel. Die Könige haben auch in nachstaufischer Zeit versucht, die Pfalzen und Reichsburgen in der Hand zu behalten und zu Stützpunkten der königlichen Gewalt zu machen, doch waren sie mehr und mehr auf einen eigenen territorial-fürstlichen Bereich als Machtbasis angewiesen. Im Reich treten Pfalz und Reichsburg als Aufenthaltsort des Königs gegenüber den Reichsstädten zurück. Wenn in einer Stadt eine Pfalz oder eine königliche Burg vorhanden ist, bezieht der König zumeist dort auch Quartier. Nicht selten logiert er in städtischen Klöstern, wie zum Beispiel Rudolf von Habsburg im Baseler Dominikanerkloster, im Johanniterhof zu Colmar und im Erfurter Peterskloster. Im 15. Jahrhundert werden dann sogar die Häuser reicher Patrizier als Wohnung bevorzugt.

Die Spätphase des Pfalzen- und Reichsburgensystems ist noch nicht ausreichend erforscht.

Thomas Martin, Die Pfalzen im dreizehnten Jahrhundert. In: Herrschaft und Stand, hrsg. von Josef Fleckenstein, Göttingen 1977 (= Veröff. d. Max-Planck-Instituts f. Geschichte, Bd. 51), S. 277–301.

Die Erforschung der deutschen Königspfalzen erfolgt zur Zeit im großangelegten Rahmen eines vom Max-Planck-Institut für Geschichte in Göttingen betreuten Forschungsprojektes:

Die deutschen Königspfalzen. Repertorium der Pfalzen, Königshöfe und übrigen Aufenthaltsorte der Könige im deutschen Reich des Mittelalters, hrsg. vom Max-Planck-Institut für Geschichte Bd. I (Hessen), Göttingen 1983 ff., Bd. 2 (Thüringen), Göttingen 1984–2000, Bd. 3 (Baden-Württemberg), Göttingen 1988 ff.

Deutsche Königspfalzen. Beiträge zu ihrer historischen und archäologischen Erforschung. Bd. 1–4, Göttingen 1963–96 (= Veröff. d. Max-Planck-Instituts für Geschichte, Bd. 11/1–4).

Schon in spätkarolingisch-frühottonischer Zeit zeichneten sich auch im Burgenwesen die ersten Anfänge einer tiefgreifenden und folgenreichen neuen Entwicklung ab. Die Burgen wurden allmählich aus Stützpunkten für kriegerische Aktionen gegen äußere Feinde oder innere politische Gegner und aus Zufluchtsorten für die Bevölkerung im Falle der Gefahr zum Instrument der Herrschaftsausübung. Der Burgherr beherrschte auch in Friedenszeiten von der Burg aus das umliegende Land und seine Bewohner. Burg und Herrschaft wurden zu fast synonymen Begriffen. Die Burg begann Herrschende und Beherrschte zu scheiden. Sie wurde mehr und mehr zum Symbol adliger Machtausübung und Lebensführung.

Als Herrschaftsinstrument war die Burg im hohen und späten Mittelalter in höchst unterschiedliche machtpolitische, rechtliche und soziale Zusammenhänge eingeordnet. Sie hatte unterschiedliche Aufgaben zu erfüllen und erfuhr demzufolge auch eine unterschiedliche Ausgestaltung. Als Reichsburg, Dynastenburg, landesherrliche Burg oder Rittersitz war sie jedoch fast stets Zentrum und Herrschaftsinstrument für einen mehr oder weniger ausgedehnten Herrschaftsbereich

Die Burgen im deutschen Sprachraum. Ihre rechts- und verfassungsgeschichtliche Bedeutung, hrsg. von Hans Patze, 2 Teile, Sigmaringen 1976 (= Vorträge und Forschungen XIX).

In der späteren Karolingerzeit hat vermutlich die Bedrohung durch äußere Feinde dazu geführt, daß sich der Adel befestigte Wohnsitze zu schaffen begann. In den von den Normannen heimgesuchten Gebieten wurden Turmhügelburgen angelegt, die oft mit einem Wassergraben umgeben waren. Der hölzerne Turm der Frühzeit wurde später durch einen Steinbau ersetzt. Aus diesem Burgentypus entwickelte sich das Turmkastell, das besonders in der Normandie, Flandern und England für den Burgenbau der romanischen Periode charakteristisch ist. In der Bezeichnung »Donjon« für den zentralen Wohnturm kommt die Verbindung von Burg und Herrschaft *(dominatio)* besonders deutlich zum Ausdruck.

Walter Janssen, Sozial- und verfassungsgeschichtliche Probleme der Burgen vom Motten-Typus. Ein Diskussionsbeitrag aus historischer Sicht. In: Chateau Gaillard VI, 1973, S. 121–124.

Hermann Hinz, Motte und Donjon. Zur Frühgeschichte der mittelalterlichen Adelsburg, Köln 1981 (= ZArchMA Beiheft 1).

Dennoch scheint aber bis ins 11. Jahrhundert der Wohnsitz der

Herren in der Regel nicht die Burg, sondern der im Dorf gelegene Herrenhof gewesen zu sein. Es sind zunächst wohl nur die Angehörigen der Spitzenschicht des Adels, die seit der ausgehenden Karolingerzeit als Inhaber von Burgen in Erscheinung treten, hauptsächlich Herzöge, Markgrafen und Grafen. Frühe Belege für den hochadligen Burgenbesitz liefern die Babenberger, denen die Burgen Bamberg und Theres in Unterfranken gehörten. In Theres wurden sie 906 von Ludwig dem Kind und ihren Gegnern, den Konradinern, belagert. Auch für die im hessischen Raum begüterten Konradiner ist der Besitz von mehreren Burgen zu erschließen. Burgen in der Hand der führenden Adelsgeschlechter sind auch in der ottonischen Zeit nicht selten belegt. Da es bis in die zweite Hälfte des 11. Jahrhunderts offenbar nur gräfliche, markgräfliche oder herzogliche Geschlechter sind, die über Burgen verfügen, ist anzunehmen, daß ihnen das Recht dazu aus ihrem Amt zugeflossen ist.

Burgen der Salierzeit, hrsg. von Horst Wolfgang Böhme, Teil 1: in den nördlichen Landschaften des Reiches; Teil 2: in den südlichen Landschaften der Reiches, Sigmaringen 1991 (= Römisch-germanisches Zentralmuseum, Monographien Bd. 25 und 26).

Im Verlauf des 11. Jahrhunderts werden die Burgen des Adels mehr und mehr zu Herrschaftszentren. Die Herren werden vereinzelt schon im 11. und häufiger im 12. Jahrhundert nach ihren Wohnsitzen benannt, vor allem dann, wenn es sich um eine Burg handelte. Zunächst konnte diese Benennung durchaus wechseln, wenn ein Geschlecht über mehrere Wohnsitze verfügte, doch allmählich wurden aus Burgennamen Familiennamen. Die Rolle der Burg für die Ausübung von Herrschaft kommt auch darin zum Ausdruck, daß der Name einer wichtigen Burg auf den Amts- und Herrschaftsbereich übertragen werden konnte. Herzogtümer, Markgrafschaften, Grafschaften und Herrschaftsbezirke verschiedener Art wurden nach Burgen benannt: Herzogtum Braunschweig-Lüneburg, Herzogtum Mecklenburg, Markgrafschaft Meißen, Markgrafschaft Brandenburg, Grafschaft Luxemburg, Grafschaft Tirol, Burggrafschaft Nürnberg usw. Ältere Bezeichnungen wurden dabei nicht selten verdrängt, zum Beispiel »Nordmark« *(marchia septentrionalis)* durch »Mark Brandenburg« *(marchia Brandenburgensis).*

Dem Vorbild des Hochadels, der Dynasten und der geistlichen und weltlichen Fürsten folgten seit dem letzten Viertel des 12. Jahrhunderts auch kleinere Edelherren und die Angehörigen der aufstrebenden Schicht der Dienstmannen (Ministerialen). Bei diesen Burgen des niederen Adels handelte es sich meist um bescheidenere Anlagen, die mit den Burgen der Dynasten nicht konkurrieren konnten. Oft mußte man sich mit einem »festen Haus« begnügen oder mit einem durch Wall und Graben geschützten Wohnturm. Wie weit der Burgenbau und der Burgenbesitz gingen, hing vom Schicksal der einzelnen Familie ab. Nicht alle Familien des niederen Adels konnten ihren Hof im Dorf verlassen und eine wirkliche Burg beziehen.

Für die Erlangung eines eigenen Herrschaftsbereiches war der Besitz einer Burg sehr wichtig, da sie als Kristallisationskern für Besitz- und Herrschaftsrechte wirkte. In der Nähe der Burg befanden sich oft ein Wirtschaftshof, eine »Burgmühle« und ein »Burgwald«. Nicht selten kam es zur Entstehung eines Burgfleckens oder einer kleinen Stadt. Die Spitzengruppe der Ministerialen gelangte in den Besitz bedeutender Burgen, meist als Lehen. Die Burg konnte auch innerhalb der Adelsschicht zum Kriterium rechtlich-sozialer Differenzierung werden. Hervorragende Reichsministerialengeschlechter wie die Herren von Hagen-Münzenberg, von Bolanden oder von Colditz verfügten über repräsentative Burgen. In der Mark Brandenburg unterschied man innerhalb der märkischen Ritterschaft »schloßgesessene« und »unbeschloßte« Familien. Für die einzelnen Zweige eines Adelsgeschlechtes war es oft wichtig, Anteil an der »Stammburg« zu haben (Ganerbenburg vgl. unten S. 116 f.).

Die von der Burg ausgeübte Herrschaft entartete vor allem im späteren Mittelalter, denn die Burg wurde nicht selten zum Hort des Fehdewesens und des Raubrittertums.

Die Ritterfehde war aus der germanisch-frühmittelalterlichen Selbsthilfe hervorgegangen. Nach dieser archaischen Rechtsauffassung konnte ein in seinem Recht Verletzter mit Hilfe seiner Gesippen und Freunde selbst gegen einen Gegner vorgehen. Im späteren Mittelalter erlebte das Fehdewesen eine neue Blütezeit. Oft kam es aus nichtigen und vorgetäuschten Gründen zur Fehde, in deren Verlauf die Burgen des Gegners berannt, seine Dörfer geplündert und niedergebrannt, Felder, Weinberge und Gärten zerstört und das Vieh weggetrieben wurden. Besonders lukrativ konnte eine Fehde gegen eine Stadt sein, aus der der Ritter das Recht ableitete, die Bürger aufzugreifen und in das Burgverlies zu werfen. Raub von Handelswaren, Erpressung von Lösegeld und Wegtreiben der städtischen Viehherden waren oft der eigentliche Fehdegrund. Der Übergang von der »rechten Fehde« zum Straßenraub war fließend. Die Burg wurde oftmals zum Raubritternest. Manche Burg wurde daher von den städtischen Aufgeboten gebrochen, aber erst im 15. Jahrhundert gelang es dem Landesfürstentum, das Raubritterwesen wirksam zu bekämpfen, die schlimmsten Raubnester zu zerstören und das Fehdewesen zu beseitigen.

Im Prozeß der Entstehung der Landesherrschaft hat die Burgenpolitik eine wichtige Rolle gespielt. Der Aufstieg zur Landesherrschaft war zwar nicht de jure, wohl aber de facto vom Burgenbesitz abhängig. Die Burgen sicherten den werdenden Territorialstaat nach außen und waren Stützpunkte des Landesherrn nach innen. Es kam darauf an, nach innen das alleinige Befestigungsrecht durchzusetzen, das zu einem der wesentlichsten landesherrlichen Hoheitsrechte wurde. Die Mediatisierung rivalisierender Adelsgeschlechter erfolgte nicht selten dadurch, daß sie zur Anerkennung des Öffnungsrechts (vgl. S. 117 f.) gezwungen wurden. Der Burgenbau des landsässigen Adels wurde von der ausdrücklichen Zustimmung des Landesherrn abhängig gemacht. Die Ausdehnung des eigenen Machtbereiches erfolgte vielfach über den Erwerb fremder Burgen und der mit diesen verbundenen Herrschaftsrechten. Häufig errichteten die weltlichen Herren unter Ausnutzung ihrer Vogteirechte Burgen auf dem Grund und Boden von Klöstern und Stiftern, der dadurch leicht in den Machtbereich des Vogtes einbezogen werden konnte.

Die Bedeutung der Burg für die Festigung der Landesherrschaft schlägt sich auch in einer Reihe von programmatischen Burgennamen nieder, die wie Fürstenberg, Königstein, Landskron, Landsberg, Friedberg, Wartburg, Starkenburg die Rolle der Burg als Bollwerk der fürstlichen Macht und des Friedensschutzes zum Ausdruck bringen. Nach der Festigung der Territorien werden zahlreiche landesherrliche Burgen zum Sitz der Regionalverwaltung. Als Amtsburgen dienen sie Amtleuten, Vögten, Pflegern, Vitztumen usw. als Verwaltungssitz. Freilich spielte neben der Burg auch die Stadt eine Rolle in der Landesverwaltung.

Die Blütezeit des mittelalterlichen Burgenwesens waren das 11. bis 13. Jahrhundert. Die weitaus meisten Burgen gehen in diese Zeit zurück, wurden allerdings im Laufe der folgenden Jahrhunderte mehr oder weniger tiefgreifend umgestaltet und den veränderten Bedürfnissen angepaßt. Freilich wurden viele Burgen bereits im Mittelalter zerstört oder wieder aufgegeben. Manche wurden im späteren Mittelalter oder zu Beginn der Neuzeit in Schlösser oder in Festungen umgewandelt. Neue Burgen wurden zwischen dem 14. und 16. Jahrhundert nur noch selten erbaut. Zu diesen Ausnahmen gehören die Moritzburg in Halle, 1484−1517 von den Erzbischöfen von Magdeburg erbaut, und der Karlstein bei Prag, errichtet 1348−1357 von Kaiser Karl IV. Normalerweise knüpften die Burgen und Schlösser des Spätmittelalters an hochmittelalterliche Burganlagen an.

Die Wirksamkeit der Burg als Instrument der Expansion, der Herrschaftssicherung und der administrativen Durchdringung eines Landes erwies sich besonders bei der Eroberung des Prußenlandes und des Baltikums durch den Deutschen Ritterorden.

1225/26 erreichte den Deutschen Ritterorden ein Angebot des polnischen Herzogs Konrad von Masowien, der Hilfe gegen die heidnischen Prußen benötigte. Nachdem der Orden, der 1211–1225 im ungarischen Burzenland gegen die Kumanen gekämpft hatte, aber von dort von König Bela von Ungarn wieder vertrieben worden war, durch die Goldbulle von Rimini 1226 seine Rechtsposition vom Kaiser hatte sanktionieren lassen, begann er 1231 mit dem Kampf gegen die Prußen. Der Landmeister Hermann Balk überschritt die Weichsel und ließ als ersten befestigten Stützpunkt die Burg Thorn erbauen. 1232 folgte Kulm, 1233 Marienwerder, 1234 Rheden, 1237 Elbing, 1239 Balga am Frischen Haff. Durch die Vereinigung mit dem in Bedrängnis geratenen livländischen Schwertbrüderorden im Jahre 1237 wurden auch Livland, Lettland, Estland und Litauen in die Interessensphäre des Deutschen Ordens einbezogen. Die Eroberungspolitik stieß auf den erbitterten Widerstand der betroffenen Völker und ging nicht ohne schwere Rückschläge ab. 1242 erlitt das Ordensheer eine schwere Niederlage gegen den russischen Großfürsten Alexander Newsky in der Schlacht auf dem Eise des Peipus-Sees, 1260 schlugen die Litauer das Heer der Ordensritter bei Durben im Kurland. Stets waren es die Burgen, die dem Orden Rückhalt nach Niederlagen und Aufständen der Bevölkerung gaben. Von dort aus wurden alle Widerstandsbewegungen unterdrückt und das Land wieder unterworfen. Die gewaltigen steinernen Ordensburgen waren das Rückgrat der Herrschaft im Ordensland. Selbst nach der vernichtenden Niederlage 1410 in der Schlacht bei Tannenberg gegen Jagiello von Polen und Litauen erwies sich das Hauptschloß des Ordens, die Marienburg, als ein Bollwerk, vor dem der Polenkönig scheiterte, und das letztlich dem Ordensstaat das Überleben sicherte. Die Burg war für den Deutschen Orden nicht zuletzt deshalb von existenzieller Bedeutung, weil die Ordensbrüder stets nur eine kleine Minderheit waren. Zudem waren sie nicht einmal alle Ritter, denn neben den »Ritterbrüdern« gab es die »Priesterbrüder« und die »dienenden Brüder«. Expansionspolitik und Herrschaftssicherung waren nur dadurch möglich, daß die Burgen fast uneinnehmbare Bastionen darstellten. Die ersten Ordensburgen waren nur einfache Anlagen, die rasch und in Anpassung an das Gelände geschaffen wurden, oft an der

Stelle einer alten Burg der einheimischen Bevölkerung. Erst in der zweiten Hälfte des 13. Jahrhunderts wurde als besonderer Typus das Ordenskastell entwickelt. Es ist in der Forschung umstritten, wie weit eine ganz eigenständige Entwicklung vorliegt oder orientalisch-mittelmeerische Einflüsse wirksam wurden. Auf jeden Fall zeigen die Ordensburgen vielfach Verwandtschaft mit den Kastellen in Kleinasien und Süditalien, während sie in der mittel- und nordeuropäischen Burgenlandschaft eine Sonderstellung einnehmen.

Die Ordensburgen zeigen durchaus individuelle Züge, doch ist im allgemeinen für sie die Kastellform charakteristisch. Die Konventsgebäude waren um einen Innenhof gruppiert, um den sich kreuzgangartig Laubengänge zogen. Der Bergfried, der bei älteren Anlagen frei gestanden hatte, wurde bei dem jüngeren Typus in die Kastellform eingeordnet. Die Haupträume einer Ordensburg waren der Kapitelsaal, das Refektorium (»Remter«), das Dormitorium und die Kapelle. Die Ordenskastelle waren der inneren Verfassung des Ritterordens entsprechend Burg und Kloster zugleich und dienten als Rahmen für die strenge, fast klösterliche Lebensform der Ordensbrüder.

Der Konvent einer Burg, der zugleich den Kern der Burgbesatzung bildete, sollte im allgemeinen aus 12 Ritterbrüdern und einigen Priesterbrüdern und dienenden Brüdern bestehen. Aber dies war nur der Idealfall, denn in der Praxis waren die Burgen sehr verschieden besetzt. Zu den kleinsten Konventen gehörten nur zwei bis drei Ordensritter, während die Hauptburgen mit weitaus größeren Konventen besetzt waren. In Königsberg und auf der Marienburg lebten jeweils mehr als 80 Ritterbrüder. Die Burgbesatzungen bestanden natürlich nicht nur aus Ordensmitgliedern, sondern auch aus Kriegsleuten und Hilfspersonal anderer Art.

Im Kriegsfalle zog die Hälfte der Besatzung unter eigenem Banner dem Feldheer zu, verstärkt durch das Landesaufgebot der jeweiligen Komturei, den sog. »Diensten«. Den Troß des Feldheeres stellte die Dorfbevölkerung. Dem Schutz des Trosses dienten die berittenen waffenfähigen Dorfschulzen und die sog. »Wäppner«. Auch im Feldheer bildeten die Ordensritter also nur eine kleine Elitetruppe.

In militärischer Hinsicht hatten die Ordensburgen vielfältige Aufgaben. Sie boten den Ordensrittern und der Bevölkerung im Falle der Bedrohung Zuflucht, waren Grundlage der Wehrverfassung, Sammelplätze für die Truppen und dienten als Magazine und Zeughäuser. Gleichzeitig waren sie Stätten der »Rüstungsproduktion«. Auch die Bewegungen des Feldheeres fanden an den Burgen einen festen Rückhalt, wie ein im Danziger Komtureibuch überlieferter Feldzugs- und Aufmarschplan von 1405 erkennen läßt.

Die Burgen waren im Ordensstaat zugleich die Zentren der Landesverwaltung. Der Hochmeister hatte seit 1309 seinen Sitz auf der Marienburg an der Nogat, nachdem er nach dem Verlust Akkons 1291 vorübergehend in Venedig residiert hatte. Auf der Marienburg saßen auch zwei der fünf »Großgebietiger«, der »Großkomtur« als Stellvertreter des Hochmeisters und der »Treßler« als Schatzmeister. Der »Marschall«, der in Abwesenheit des Hochmeisters das Ordensheer führte, hatte seinen Sitz in Königsberg, der »Trapier«, eine Art von »Generalfeldzeugmeister«, in Christburg, der »Spittler« (Spitalmeister) in Elbing. Das Ordensland war in Komtureien gegliedert. Die Komture hatten ihren Sitz in der Hauptburg ihres Verwaltungsbezirkes. Sie befehligten das Aufgebot, hielten Gericht, zogen die Abgaben ein und hatten vielfältige Verwaltungsaufgaben zu erfüllen. Auch bei der Besiedlung des Ordenslandes haben sie eine wesentliche Rolle gespielt.

Die Ordensburgen waren der monumentale Ausdruck einer Verbindung von mönchisch-asketischer und ritterlich-herrschaftlicher Gesinnung.

Friedrich Benninghoven, Die Burgen als Grundpfeiler des spätmittelalterlichen Wehrwesens im preußisch-livländischen Deutschordensstaat. In: Die Burgen im deutschen Sprachraum (wie S. 99), Bd. I, S. 565–601.

3. Rechts- und verfassungsgeschichtliche Elemente

Die Burg war in ein kompliziertes System von rechts- und verfassungsgeschichtlichen Beziehungen eingegliedert. Wegen der regionalen Vielfalt und der höchst unterschiedlichen inneren Struktur der einzelnen Territorialstaaten und Herrschaftsbereiche ist eine generalisierende und systematisierende Darstellung nur schwer möglich. Die bisher vorliegenden Untersuchungen berücksichtigen daher jeweils die Verhältnisse in mehr oder weniger ausgedehnten Teilgebieten.

Herwig Ebner, Die Burg als Forschungsproblem mittelalterlicher Verfassungsgeschichte. In: Die Burgen im deutschen Sprachraum I, 1976, S. 11–82.
Hans Patze, Rechts- und verfassungsgeschichtliche Bedeutung der Burgen in Niedersachsen. Ebda. I, S. 515–564.

Hans-Martin Maurer, Rechtsverhältnisse der hochmittelalterlichen Adelsburg vornehmlich in Südwestdeutschland. Ebda. II, S. 77–190.
Michael Mitterauer, Adel und Burg in den österreichischen Ländern. Ebda. II., S. 353–385.

a) Das Befestigungsrecht

Seit der spätkarolingischen Zeit gehörte das Befestigungsrecht zu den Hoheitsrechten des Königs. Wahrscheinlich gab es bereits in frühkarolingischer Zeit ein königliches Burgenregal, denn alle Burgen dieser Zeit, deren Inhaber bekannt sind, gehörten entweder dem König selbst oder unterstanden königlichen Amtsträgern.

Der Anspruch des fränkischen Königtums auf die Handhabung des Burgenregals wird zum ersten Mal in ganz eindeutiger Form im Edictum Pistense von 864 dokumentiert. Karl der Kahle bestimmte für den Bereich des westlichen Frankenreiches, daß alle Befestigungsanlagen, die ohne königliche Erlaubnis erbaut worden waren, wieder zerstört werden sollten. Falls sich jemand weigerte, hatte der zuständige Graf die Zerstörung vorzunehmen. Erhob jemand Einspruch, sollte dies vor den König gebracht werden. Als Grund für das scharfe Vorgehen des Königs wird angegeben, daß die festen Plätze der Ausplünderung und Unterdrückung der Bevölkerung dienten. Die Burgherren tyrannisierten die Umgebung, und der König sah sich als Wahrer der Rechtsordnung zum Eingreifen veranlaßt.

Ohne Zweifel war es auch eine Frage der Macht, wie weit das Königtum seinen Anspruch auf die Befestigungshoheit wirklich durchsetzen und den eigenmächtigen Burgenbau des Adels verhindern konnte. Das war sicher nicht immer der Fall, und in Perioden der Schwäche der königlichen Macht wird manche Burg ohne ausdrückliche königliche Zustimmung erbaut worden sein. Dennoch lassen die Quellen kein autogenes Recht des Adels auf die Errichtung von Burgen erkennen. Möglicherweise hatten Herzöge, Markgrafen und Grafen schon im frühen Mittelalter kraft ihres Amtes Teil am königlichen Befestigungsrecht. Bis in die Stauferzeit hat das deutsche Königtum versucht, das Befestigungsregal zu behaupten, und es hat auch niemals ausdrücklich darauf verzichtet.

Es gibt einige Belege dafür, daß wenigstens in der frühen Stauferzeit die königliche Genehmigung zum Burgenbau eingeholt wurde. Zum Beispiel ließ sich 1145 Graf Gottfried von Arnsberg von König Konrad III. das Recht verleihen, sowohl auf seinem Allodialbesitz als auch auf seinen Lehngütern Burgen zu errichten (*castrum aedificare in patrimonio suo aut in beneficio suo* DK III 138). Außerdem hat sich das Königtum vor allem im Zusammenhang mit der Landfriedensbewegung um die Bekämpfung »landschädlicher« Burgen bemüht. Eine solche Burg, die auf Grund eines richterlichen Urteils zerstört worden war, durfte nur mit ausdrücklicher königlicher Genehmigung wieder aufgebaut werden.

Seit dem späten 12. Jahrhundert gibt es Zeugnisse dafür, daß für die Errichtung einer Burg die Erlaubnis des Grafen eingeholt werden mußte. Nach Meinung des Sachsenspiegels galt das nicht nur für den Burgenbau, sondern auch für die Befestigung einer Stadt: *Man en muz ouch keine burg bowen noch stat vestenen mit planken noch mit muren noch berg noch werder noch turme binnen dorfe ane des landes richteres orlop* (Ssp. Ldr. III 169). Daß dies nicht nur Theorie war, wird durch einige Sprüche des königlichen Hofgerichts aus der zweiten Hälfte des 13. Jahrhunderts belegt. Bis ins 14. Jahrhundert wurde in manchen Fällen die Zustimmung des Grafen zur Erbauung einer neuen Burg tatsächlich eingeholt.

Es ist möglich, daß das staufische Königtum versucht hat, den Burgenbau der Kontrolle der Grafen zu unterwerfen. Das galt nicht für die geistlichen und weltlichen Reichsfürsten, die zu Beginn des 13. Jahrhunderts das Befestigungsrecht ausübten. Nach einem Reichsspruch von 1231 hatten alle Bischöfe und Reichsfürsten das Recht, ihre Städte zu befestigen (MGH Const. II, S. 421 Nr. 306), und das galt nach anderen Zeugnissen auch für den Burgenbau. Auch die großen Städte erlangten in dieser Periode vielfach das Befestigungsrecht.

Ein besonderes Problem war der Burgenbau der Vögte auf den Besitzungen der bevogteten Kirchen. Im 12. und 13. Jahrhundert war dieser Mißbrauch der Vogteigewalt weit verbreitet. Den geistlichen Reichsfürsten wurde schon 1220 in der Confoederatio cum principibus ecclesiasticis zugesichert, daß auf ihren Gütern niemand unter Berufung auf die Vogteigewalt Burgen oder Städte gründen dürfe (MGH Const. II, S. 89 ff. Nr. 73). Diese Bestimmung, die den geistlichen Reichsfürsten zumindest ein Zustimmungsrecht gewährte, wurde 1232 in das Statutum in favorem principum aufgenommen (MGH Const. II, S. 211 ff. Nr. 171). Darin verzichtete auch der König auf die Errichtung von Burgen und Städten auf Kirchengut. Trotzdem kam es auch später immer wieder vor, daß Vögte im Gebiet der bevogteten Kirche Städte und Burgen erbauten.

Mit der Entstehung des Reichsfürstenstandes und der Ausbildung der Landesherrschaft ging das Befestigungsrecht auf die Landesherren über, die es gegenüber dem landsässigen Adel zur Geltung zu bringen suchten. Der Landesherr machte die Errichtung neuer Burgen von seiner ausdrücklichen Zustimmung abhängig. Bereits bestehende Burgen wurden über die Lehnsauftragung oder das Öffnungsrecht in den Territorialstaat einbezogen und dem Zugriff der

Landesherrschaft unterworfen. Gewiß war es auch auf dieser Ebene eine Frage der Macht, wie weit der Landesherr die Befestigungshoheit durchsetzen konnte. In räumlich geschlossenen Territorien unter starker Landesherrschaft kann man von einem Befestigungsmonopol sprechen, während dies in territorial zersplitterten Gebieten mit unterschiedlich weit entwickelter landesherrlicher Gewalt nicht der Fall war.

Konnte der Landesherr das Befestigungsregal durchsetzen, so blieb dem Adel nur die Errichtung eines »festen Hauses«, das keine Burg im Sinne des Befestigungsrechtes war. In hochmittelalterlichen Rechtsbüchern und landesherrlichen Verordnungen wurden entsprechende Definitionen angestrebt.

Im österreichischen Landrecht des 13. Jahrhunderts wurde der Bau von Burgen ohne landesherrliche Genehmigung strikt untersagt. Genehmigungsfrei waren Häuser bis zur Höhe von zwei Gaden (Stockwerken), die von einem nicht sehr tiefen Graben umgeben waren, aber weder Ringmauer noch Zinnen besitzen durften. Ein solcher Adelssitz war damit nicht viel mehr als ein leicht befestigter Hof. Eine ähnliche Verfügung erließ Karl IV. als Regent der Markgrafschaft Brandenburg, wo er sehr energisch dem markgräflichen Befestigungsrecht wieder Geltung zu verschaffen suchte. Alle ohne landesherrliche Erlaubnis erbauten Burgen sollten gebrochen werden. Neubauten wurden untersagt, abgesehen von *wonunghen oder bergfried . . . uf schlechter erden von holtze und leyme . . . vier und swentzig schue hoch und nicht mer, ane allerley umbelauf, fredwere und ane grosse ufgeschossene erker . . .*

Erich Schrader, Das Befestigungsrecht in Deutschland von den Anfängen bis zum Beginn des 14. Jahrhunderts, Göttingen 1909.

b) Burgwerk und Burgbann

Unter Burgwerk *(burchwerc, borchwere, opus urbanum, aedificatio castrorum, servicium quod borchwerk dicitur)* versteht man die Verpflichtung zur Mithilfe bei der Erbauung und Instandhaltung von Wehranlagen. Im frühen Mittelalter entsprach der Verpflichtung der Bevölkerung zur Leistung des Burgwerkes ihr Recht auf Zuflucht in der Burg.

Während Burgwerk ein relativ eindeutiger Begriff ist, hat das Wort Burgbann mehrere Bedeutungen, die allerdings eng miteinander verbunden sind. Es bedeutet 1. das Recht, die Bevölkerung eines bestimmten Bereiches zur Errichtung und Bewachung einer Befestigung aufzubieten, 2. den zur Burg gehörenden Bezirk selbst, über den sich die Banngewalt erstreckt, 3. die Ausübung einer richterlichen Gewalt innerhalb der Burg (Burggericht, Burgding), 4. den Gerichtsbezirk der Burg oder seltener einer Stadt *(iurisdictio, que dicitur burchban)*.

Im frühen Mittelalter konnte das Königtum kraft seiner Banngewalt die freien Männer nicht nur zur Heerfahrt aufbieten (»Heerbann«), sondern auch andere Leistungen zum Nutzen des Reiches von ihnen fordern. Zu den älteren Verpflichtungen wie der Mithilfe beim Bau und der Instandhaltung von Wegen und Brücken und dem Wachtdienst trat das Burgwerk, das wohl im Verlaufe des 9. Jahrhunderts ausgebildet wurde. Das Burgwerk ist 864 bereits an die Spitze der dem Königtum schuldigen Arbeiten gerückt, und seine Bedeutung dürfte sich in den Wirren am Ende der Karolingerzeit noch weiter gesteigert haben. Die betroffene Bevölkerung dürfte im eigenen Interesse bereit gewesen sein, sich am Bau von Burgen zu beteiligen, in denen sie bei Gefahr auch Zuflucht finden konnte.

In diesen Zusammenhang gehört eine Urkunde König Arnulfs aus dem Jahre 888, die Einblick in die rechtlichen Modalitäten des Burgenbaues in der bayerischen Ostmark ermöglicht (DArn. 32). Der König verlieh Heimo, dem Sohn des Grafen Witigowo, weitgehende Immunitätsrechte über seinen Allodialbesitz. Um die Sicherheit der Mark durch diese Exemtion jedoch nicht zu gefährden, wird bestimmt, daß Heimos Leute zusammen mit dem Markgrafen Aribo eine Burg erbauen sollten. Sie mußten außerdem die Bewachung und Verteidigung dieser Burg übernehmen, in der sie aber auch mit ihrer Habe Zuflucht finden konnten. Gefordert wurde also der Bau einer Burg an einer Stelle, die von dem militärisch natürlich besonders erfahrenen Markgrafen ausgesucht werden sollte. Diese Befestigung war keine Adelsburg als Herrschaftszentrum wie im hohen Mittelalter, sondern eine Fluchtburg für die gesamte Bevökerung in dem gefährdeten Grenzgebiet. Wichtig ist, daß die Bewohner des neu geschaffenen Immunitätsbezirkes weiterhin zu Burgwerk, Wachtdiensten und Burghut verpflichtet blieben.

Für den Burgbann liegt ein wichtiges Zeugnis aus der ottonischen Zeit vor. Otto I. verlieh 940 dem Abt des Klosters Corvey die Banngewalt über die Leute aus drei Grafschaften, die in dem befestigten Klosterbezirk Zuflucht zu suchen pflegten und dort zum Burgwerk verpflichtet waren (DO I 27). In der Urkunde ist von der *potestas ullius banni, quem burgban vocant* die Rede. Die Handhabung des Burgbannes dürfte bis dahin den Grafen zugestanden haben.

Das Burgwerk war in ottonisch-salischer Zeit auch im Rahmen der Burgwardverfassung des Ostens zu leisten. Der Burgward war in diesem Sinne ebenfalls ein Bannbezirk.

Auch im hohen und späten Mittelalter wurde das Burgwerk von Teilen der Bevölkerung gefordert. Vom 12. Jahrhundert an finden sich zahlreiche Belege dafür in den Quellen. Allerdings hatten keineswegs alle Burgherren Anspruch auf die Leistung des Burgwerkes, sondern wohl nur die Landesherren und Teile des Hochadels. Wahrscheinlich war das Burgwerk zusammen mit dem Befestigungsrecht im 12. Jahrhundert in die Hände der Landesherren übergegangen. In einigen Territorien, zum Beispiel in der Mark Brandenburg und dem Erzbistum Magdeburg, gehörte das Burgwerk zu den allgemeinen öffentlichen Lasten, von dem die Neusiedler gelegentlich befreit wurden. Durch die Veränderungen in der Funktion der Burgen, die nicht mehr der Aufnahme der zum Burgwerk verpflichteten Bevölkerung, sondern nur noch als Wohnsitz des Burgherrn diente, wurden das Burgwerk und die Wachtdienste der Bevölkerung zur reinen Last, zur »Burgfron«.

Die meisten Burgherren konnten ohnehin nicht auf Burgwerk zurückgreifen, sondern mußten ihre Burgen auf eigene Kosten erbauen und instandhalten. Selbstverständlich hatten sie die Möglichkeit, die von ihnen abhängige Bevökerung zu Dienstleistungen verschiedener Art auf der Burg heranzuziehen. Es handelt sich bei diesen Burgfronen, die in den Quellen seit dem 15. Jahrhundert besonders häufig entgegentreten, im allgemeinen aber nicht um das Burgwerk, sondern um Forderungen auf Grund gerichts-, grund- oder leibherrlicher Herrschaftsansprüche.

c) Burghut, Burgmannen und Burglehen

Über die Organisation der Burghut im frühen Mittelalter sind fundierte Aussagen kaum zu machen. Die ausgedehnten Burganlagen konnten nur durch eine sehr beträchtliche Zahl von Kriegern verteidigt werden, und so ist anzunehmen, daß die Verteidigung zu den Aufgaben der Bevölkerung gehörte, die darin Schutz suchte. Das gleiche gilt auch für die Bewachung der Burgen in Friedenszeiten. Die Quellen für diese Fragen fließen nur spärlich, und einigermaßen präzise Angaben enthalten eigentlich nur das Edictum Pistense und die Urkunde Arnulfs für Heimo (vgl. S. 92). Archäologische Untersuchungen haben für den Christenberg und die Büraburg Hinweise darauf ergeben, daß die Burgen ständig bewohnt waren. Ob an eine ständige oder eine wechselnde Besatzung zu denken ist, bleibt natürlich offen, und auch die Frage, aus welcher Schicht sich eine ständige Burgbesatzung rekrutiert haben sollte, läßt sich kaum beantworten.

In ottonischer Zeit ist durch Heinrich I. der Versuch gemacht worden, die Burgen durch eine ständige Besatzung stets verteidigungsbereit zu halten (vgl S. 92f.). Mit der Ausdehnung des Reiches nach Osten ergab sich zweifelsohne die Notwendigkeit, die Burgwarde durch Besatzungen abzusichern. Dies war nur durch ein Berufskriegertum möglich. Für die Hauptburgen der Markgrafschaften ist ein Wechsel in der Burghut belegt. Markgrafen, Erzbischöfe und Bischöfe hatten für einen genau festgelegten Zeitraum mit ihren Leuten die Burg zu bewachen. Spätestens im 12. Jahrhundert wurde diese Form jedoch durch die Einsetzung von Burggrafen als ständigen Befehlshabern ersetzt.

Mit der Entstehung der hochmittelalterlichen Adelsburg veränderten sich auch die Formen der Wehrverfassung, und seit dem Beginn des 13. Jahrhunderts tauchen in den Quellen auch die Bezeichnungen »Burghut«, »Burgmannen« und »Burglehen« immer häufiger auf.

Unter »Burghut« *(borghute, borgwehre, castri custodia que burghude vulgariter dicitur)* versteht man die Verpflichtung bestimmter Personen oder Personengruppen zur Bewachung und Verteidigung einer bestimmten Burg. In ihrer voll ausgebildeten Form beinhaltete sie die ständige Anwesenheit auf der Burg, doch gab es mancherlei Abstufungen hinsichtlich der Residenzpflicht. Generell waren es die »Burgmannen«, die zur Burghut verpflichtet waren, doch kam es auch vor, daß die Bürger einer Stadt die Bewachung der stadtherrlichen Burg zu übernehmen hatten.

Die Verteidigung der Burgen der geistlichen und weltlichen Fürsten und Landesherren war in der Regel den Burgmannen *(castrenses, castellani, borchmanne, borgere, burgenses, borchsete* usw.) anvertraut, und auch viele Reichsburgen hatten eine Besatzung aus Burgmannen. Die Burgmannen bildeten nach Herkunft und Stand keine homogene Schicht, sondern rekrutierten sich aus der Ministerialität und dem freien Adel, obgleich der weitaus überwiegende Teil ministerialischen Standes war. Die Bewachung von Burgen scheint eine der ursprünglichen Aufgaben der Dienstmannen und einer der Hebel ihres rechtlich-sozialen Aufstieges gewesen zu sein. Die Burgmannen auf den königlichen Burgen gehörten wohl größtenteils der Reichsministerialität an.

Die Hauptverpflichtung der Burgmannen bestand in der Burghut, die sie zuerst in eigener Person auszuüben hatten. Daher waren sie zu ständiger Anwesenheit auf der Burg verpflichtet. Die »Residenzpflicht« ist in den Quellen bezeugt und wird in den Lehnrechtsbüchern als Regelfall vorausgesetzt. Der Burgherr konnte einen Burgmannen, der die Burg eigenmächtig verlassen hatte, zur Rückkehr binnen einer bestimmten Frist auffordern. Kam er dieser Aufforderung nicht nach, verlor er sein Burglehen. Schon gegen

Ende des 13. Jahrhunderts begann sich die Verpflichtung zur Burghut zu lockern. Die Residenzpflicht wurde vielfach auf einen bestimmten Zeitraum reduziert. Es mußte dem Herrn genügen, wenn jeweils wenigstens ein Burgmann mit seinen Knechten auf der Burg saß, während die übrigen nur in Krisenzeiten dort ihren Dienst verrichteten.

Als Gegenleistung für ihre Dienste erhielten die Burgmannen in der Regel ein »Burglehen« *(feudum castrense)*, das in Einkünften oder Besitzungen bestand. Burglehen waren sehr oft Rentenlehen. Meist gehörte auch ein Wohnsitz auf der Burg oder in ihrer unmittelbaren Nachbarschaft zum Burglehen, den der Burgmanne mit seinen Knechten bezog, wenn er seiner Residenzpflicht Genüge leistete. Diese Burgmannenkurien *(borchsedele, borchseze, mansiones, curiae)* konnten in der Form eines Wohnturmes, einer Kemnate oder eines kleinen Wohnkomplexes innerhalb der Burg selbst liegen, aber auch in einer Siedlung vor der Burg. Vielfach findet sich eine solche Burgmannensiedlung als »Freiheit« oder »Rittergasse« vor dem Bereich einer landesherrlichen Burg als besonderer Bezirk innerhalb einer Stadt. Die Entgegennahme eines Burglehens war unter Umständen auch für Angehörige des Hochadels von Vorteil, so daß auch Grafen und Edelherren formal Burgmannen wurden. Ihre Residenzpflicht konnte dann gegebenenfalls von einem Ersatzmann übernommen werden, der aber seinerseits Ritter sein mußte. Nur im Kriegsfalle hatte der Belehnte in eigener Person die Burghut zu übernehmen.

Die Stärke einer Burgmannschaft ist nur in besonderen Fällen genauer festzustellen. Im allgemeinen dürften 5 bis 10 Burgmannen zu einer Burg gehört haben, auf bedeutenderen Anlagen einige mehr. Auf der Marksburg bei Braubach verfügten die Grafen von Katzenelnbogen um 1400 über 15 Burgmannen, die Erzbischöfe von Trier 1235 auf der Burg Montabaur über 28. Für die große Reichsburg Friedberg rechnet man für das 13. Jahrhundert mit 20 bis 30 Burgmannen, deren Zahl sich bis zum 15. Jahrhundert auf ca. 100 erhöhte. Allerdings dürfte es sich bei Friedberg um eine absolute Ausnahme gehandelt haben. Auf wichtigen Burgen kam es zum Zusammenschluß der Burgmannschaft zu einem rechtsfähigen Verband, zum Beispiel auf der Reichsburg Friedberg und der niedersächsischen Burg Vechta. Derartige Burgmannschaften konnten sogar eigene Siegel führen.

Die Besatzung einer größeren Burg bestand wohl meist nicht nur aus den ritterlichen Burgmannen und ihren reisigen Knechten, die kraft Burglehnrechte zur Burghut verpflichtet waren, sondern auch aus einigen einfachen Burgleuten wie Wächtern *(custodes)*, Torwächtern *(portenarii)* und Türmern, die für ihre Dienste entlohnt wurden. Auf den Burgen, die dem Burgherrn und seiner Familie als

Wohnsitz dienten, gab es im allgemeinen keine Burgmannen. Sie wurden vom Burgherrn und seinen Knechten selbst verteidigt. Der militärische Wert dieser vielen Kleinburgen dürfte in der Regel nur gering gewesen sein.

Im späteren Mittelalter ließ die Bedeutung der ritterlichen Burgmannen für die Wehrbereitschaft der Burgen nach. Die Burglehen wurden vielfach zu einem nutzbaren Recht und konnten daher auch an Bürger vergeben werden. Den Schutz und die Verwaltung der Burg übernahm ein landesherrlicher Beamter oder ein adliger Burgkommandant *(praefectus, comes urbis, castellanus)*, dem eine aus Söldnern bestehende Burgbesatzung unterstellt war.

d) Die Burg als Rechts- und Friedensbereich

Die Burg bildete einen Rechts- und Friedensbereich und war wie Haus und Hof gegen unbefugtes Eindringen (Hausfriedensbruch, Heimsuchung) geschützt. Selbst bei der Verfolgung von Übeltätern durfte niemand in die Burg eindringen, sondern hatte sich in einem rechtsförmlichen Verfahren um die Auslieferung des Gesuchten zu bemühen. Allerdings waren der Burgherr oder die Besatzung verpflichtet, Räuber und Friedensbrecher auf Verlangen auszuliefern. Dieser Schutz, den jedes Haus einem Verfolgten gewährte, war bei manchen Burgen zu einem weitgehenden Asylrecht ausgestaltet worden. Andererseits haftete der Burgherr aber auch prinzipiell für die Taten, die von der Burg aus begangen wurden. Der Schutz, den eine Burg durch ihre Wehrhaftigkeit bot, war in den Zeiten des extensiven Fehdewesens und des Raubrittertums natürlich ein besonderes Hindernis bei der Wahrung von Recht und Frieden im Lande. In den Landfriedensordnungen und Rechtsbüchern mußte man sich daher immer wieder mit diesem Problem auseinandersetzen.

Hans Patze, Rechts- und verfassungsgeschichtliche Bedeutung der Burgen in Niedersachsen. In: Die Burgen im deutschen Sprachraum I, 1976, S. 518 ff.

Hans-Martin Maurer, Rechtsverhältnisse der hochmittelalterlichen Adelsburg vornehmlich in Südwestdeutschland. Ebda., II, S. 104 ff.

Innerhalb der Burg übte der Burgherr eine richterliche Gewalt aus, deren Kompetenz allerdings noch weiterer Untersuchungen bedarf. Geahndet wurden die Delikte mit erhöhten Bußsätzen. Gegenüber den Burgmannen besaß der Burgherr Gerichtsrechte nach »Burgrecht«. Das Gericht trat in der Burg zusammen und urteilte über Delikte wie Untreue gegenüber dem Herrn, widerrechtliches Verlassen der Burg, Vernachlässigung der Verteidigungspflicht und Klagen der Burgmannen gegeneinander um Burglehen. Auch Beleidigung und Körperverletzung, manchmal sogar Totschlag gehörten vor das Burggericht, wenn sie im Burgfriedensbereich geschehen waren.

Das Wort »Burgfrieden« bezeichnet nicht nur generell den speziellen Friedensbereich einer Burg, sondern wurde auch für den Friedensbereich einer Stadt angewandt (*pax urbana que burcfriede dicitur* 1266 für Augsburg). Dieser Wortgebrauch stammt wie das Wort »Bürger« noch aus der Zeit, in der man auch die Stadt als »Burg« klassifizierte.

Die Notwendigkeit, Frieden und Recht innerhalb einer Burg zu wahren, ergab sich besonders bei den Burgen, die sich im gemeinsamen Besitz mehrerer Adelsfamilien befanden, den sog. »Ganerbenburgen«. Die darüber zwischen den Berechtigten abgeschlossenen Verträge werden seit dem ausgehenden 13. Jahrhundert als »Burgfrieden« (*pax que vulgariter borchvrede nuncupatur* 1296 MGH Const. III, S. 519 nr. 551) bezeichnet.

e) Die Ganerbenburg

Eine in rechtlicher, oft aber auch in baulicher Hinsicht besondere Form der Burg war die »Ganerbenburg«, die in der Regel dadurch entstand, daß die verschiedenen Zweige einer Adelsfamilie bei einer Erbteilung eine Burg im gemeinsamen Besitz behielten. Das Wort »Ganerben« (mhd. *geanerben, ganerben,* mlat. *coheredes*) bezeichnet Personen, die aufgrund erbrechtlicher Ansprüche eine Sache gemeinsam in Besitz haben und nutzen. Ganerbschaften gab es daher nicht nur im adligen, sondern auch im bürgerlichen und bäuerlichen Rechtsbereich. Im engeren Sinne versteht man unter einer Ganerbschaft eine Personengruppe adligen Standes, die alle Anteile an einer Burg besaßen. In der Regel waren sie mehr oder weniger eng miteinander verwandt oder verschwägert.

Verbreitet waren die Ganerbschaften vor allem im niederen Adel, da sich die einzelnen Zweige einer kleineren Adelssippe nur unter besonders günstigen Umständen eigene Burgen errichten konnten. Sie legten daher Wert darauf, wenigstens einen Anteil an der Stammburg zu erhalten. Eine vollständige Teilung einer Burg war kaum möglich, deshalb erhielt in der Regel jeder Erbberechtigte zwar einen Wohnbereich zur Sondernutzung zugewiesen, aber andere Teile blieben der gemeinsamen Nutzung vorbehalten, etwa der Bergfried, die Burgkapelle, der Burgbrunnen, der Backofen und anderes. Vor allem mußten die Zugänge und Verteidigungsanlagen gemeinsam instandgehalten werden.

Ganerbenburgen sind oft bereits am Baubestand erkennbar, denn die einzelnen Familien haben sich bemüht, möglichst komfortabel, aber auch voneinander abgegrenzt zu wohnen. Ein besonders schönes Beispiel bietet die Burg Eltz im Eltztal, einem Seitental der Mosel, auf der seit dem 12. Jahrhundert die Herren von Eltz sitzen. Nach der Teilung in verschiedene Linien im 13. Jahrhundert wurden dort vier Wohntürme für die einzelnen Familienzweige erbaut.

Das Zusammenleben auf engstem Raum bedurfte natürlich besonderer Regelungen, und so wurden meist gleich bei der Teilung entsprechende Verträge (Ganerben- oder Burgfriedensverträge) abgeschlossen. In den oft sehr ausführlichen Dokumenten werden nicht nur die Modalitäten der Teilung geregelt, sondern auch die gegenseitigen Verpflichtungen zur Instandhaltung und Verteidigung der Wehrbauten, die Nutzung der gemeinsamen Teile der Burg und die Verproviantierung und Bewaffnung. Innerhalb der Burg sollte stets absoluter Friede herrschen, und jede Art von Fehde und Gewalt war streng untersagt. Daher war es wichtig, den Geltungsbereich des Burgfriedens abzustecken, der in manchen Fällen weit über den eigentlichen Burgkomplex hinausreichte und als eine Art von »neutraler Zone« diente. Dazu kamen Bestimmungen über die Abhaltung des Burggerichts, über Fragen der Verwaltung, der Veräußerung von Anteilen, der Rechtsstellung von Gästen usw. Das höchst komplizierte System von Rechtsbeziehungen der verschiedensten Art bedurfte jedenfalls eingehender Regelungen. Nicht alle Burganlagen, an denen mehrere Herren Rechte geltend machen konnten, waren »echte« Ganerbenburgen. Ein Kondominium konnte auch auf andere Art entstehen. Ein Kondominium wie auf der alten Reichsburg Meißen zwischen dem Bischof, dem Markgrafen und dem Burggrafen hatte nichts mit der Rechtsfigur der Ganerbschaft zu tun. Auch die Burgmannen auf der Reichsburg Friedberg waren keine Ganerben. In manchen anderen Fällen gab es gewisse Übergänge zwischen einem Kondominium, einer Burgmannen- und Ganerbenburg.

Friedrich Karl Alsdorf, Untersuchungen zur Rechtsgestalt und Teilung deutscher Ganerbenburgen. Frankfurt am Main 1980 (= Rechtshistorische Reihe, Bd. 9).

Die Form der Ganerbenburg war nach den bisher vorliegenden Untersuchungen in Franken, Hessen, Baden-Württemberg, dem

Elsaß, der Pfalz und Niedersachsen verbreitet, seltener in Bayern, Thüringen und Sachsen. Sonst kam sie in Ostmittel- und Ostdeutschland nicht vor.

f) Das Öffnungsrecht

Unter »Öffnungsrecht« *(ius aperturae)* versteht man die Verpflichtung eines Burgherrn, dem Inhaber dieses Rechtes seine Burg »zu öffnen«, d. h. entweder ihn und sein Gefolge aufzunehmen oder eine Besatzung hineinlegen zu lassen. In der Regel hatte derjenige, der von dem Öffnungsrecht Gebrauch machte, alle Kosten zu tragen. Er hatte nicht nur für die Verteidigung der Burg zu sorgen und die Kosten für die Verpflegung und Besoldung der Kriegsknechte zu übernehmen, sondern haftete auch für alle Schäden, die dem Burgherrn aus dem Öffnungsrecht erwuchsen. Vor allem war er zur Beseitigung von Schäden an der Burg und zum Wiederaufbau einer im Krieg zerstörten Anlage verpflichtet.

Der großen Bedeutung der Burg im hohen und späten Mittelalter entsprechend, spielte das Öffnungsrecht in dieser Zeit eine große Rolle, nicht nur in militärischer, sondern auch in territorialpolitischer, verfassungsrechtlicher und finanzieller Hinsicht. Der Ursprung der Institution ist nicht klar zu erkennen; möglicherweise bot das königlich-landesherrliche Befestigungsrecht einen ersten Ansatzpunkt. Der Landesherr beanspruchte das Öffnungsrecht an den innerhalb seines Territoriums gelegenen Burgen und leitete andererseits aus dem Besitz des Öffnungsrechtes an einer Burg deren Zugehörigkeit zum Bereich seiner Landesherrschaft ab. Wie weit sich derartige Ansprüche durchsetzen ließen, hing von der jeweiligen machtpolitischen Situation ab, aber auf jeden Fall gehörte das Öffnungsrecht zum Instrumentarium der landesherrlichen Burgenpolitik.

Das Öffnungsrecht wurde aber nicht nur aufgrund der Landeshoheit beansprucht, sondern auch aufgrund der Lehnsherrlichkeit. Der Lehnsherr forderte es für die Burgen, die von ihm lehnrechtlich abhängig waren. Allerdings reichte das Lehnrecht oft nicht aus, um die Öffnung zu erzwingen, so daß der Abschluß von »Offenhausverträgen« notwendig war. In diesen Verträgen wurden die Modalitäten oft bis ins einzelne geregelt; sie konnten für einen längeren oder kürzeren Zeitraum abgeschlossen werden. Nicht selten waren Offenhausverträge mit Dienstverträgen gekoppelt, durch die der Burgherr gleichzeitig in den Dienst des Vertragspartners trat. Landes- und Lehnsherren waren nicht selten gezwungen, sich das

Öffnungsrecht durch hohe Geldzahlungen zu sichern, so daß landsässiger Adel und Vasallen aus dem Burgenbesitz finanziellen Nutzen ziehen konnten. Größte Bedeutung hatten die Offenhausverträge im 14. Jahrhundert. Auch mächtige Städte benutzten das Öffnungsrecht, um durch entsprechende Verträge das Umfeld der Stadt und ihrer Handelswege zu sichern.

4. Die Burg als Bauwerk und Lebensbereich

Die Burg als Bauwerk und Lebensbereich erfüllte im Laufe ihrer Geschichte unterschiedliche Funktionen, die ihren Niederschlag auch im äußeren Bilde gefunden haben. Natürlich war die äußere Erscheinung einer Burg auch vom Stande der Bautechnik, der Entwicklung des Kriegswesens und der Waffensysteme, dem Zeitgeschmack, der Höhe der Kultur und nicht zuletzt von den finanziellen Möglichkeiten des Erbauers und Burgherrn abhängig.

Unternimmt man den Versuch eines systematischen Überblicks über die verschiedenen Burgentypen, so lassen sich – abgesehen von der rein formalen, zumeist geographisch bedingten Unterscheidung von Höhen- und Niederungsburgen – mehrere Grundformen feststellen:

1. Die Burg des frühen Mittelalters präsentiert sich vorzugsweise als eine Großburg in natürlicher Schutzlage. Neben einfachen Befestigungen mit Holz-Erde-Konstruktionen gab es bereits stark befestigte Burgen mit steinernen Mauern, Türmen und aufwendigen Toranlagen. Sie waren zum Teil so groß, daß Missionskirchen und Bischofskirchen innerhalb des Mauerringes errichtet werden konnten. Wohnbauten fehlten zwar nicht, waren aber offenbar nur sehr bescheiden.

2. Der slawische Burgwall des Früh- und beginnenden Hochmittelalters war durch Wall und Palisaden, nach Möglichkeit auch durch einen Wassergraben geschützt. Bevorzugt wurden natürliche Schutzlagen auf Inseln, Halbinseln oder in Sumpfgebieten. Die Burgen, die von recht unterschiedlicher Größe und innerer Gliederung sein konnten, waren generell Holz-Erde-Konstruktionen.

3. Als einfachste Form einer Herrenburg gilt die Turmburg. Der mehrgeschossige Wohnturm (Donjon, auch Kemnate) war als Kern der Anlage Wohn- und Wehrbau zugleich. Er steht meist auf einem künstlich angeschütteten Hügel, geschützt durch

einen Graben und eine Mauer oder auch nur eine Palisaden-wand. Im Niederungsgebiet wurde die Turmburg gern als Was-serburg auf einer »Motte« angelegt. Die Turmburgen waren zu-nächst Holzbauten. Erst allmählich setzte sich der steinerne Wohnturm durch.

4. Eine verwandte Form, allerdings in einem andersartigen Um-feld, zeigen die Stadttürme, die in Italien stark verbreitet waren, aber auch nördlich der Alpen nicht fehlten. In Regensburg konnte die Existenz von etwa 60 Wohntürmen nachgewiesen werden. An den Wohnturm, der eine Eingangshalle, eine Haus-kapelle und einen Festsaal aufweist, schließt sich oft noch ein spezieller Wohntrakt an. Vorbild für diese auch von reichen Bürgern bewohnten Stadttürme waren wohl die Stadthöfe des Adels.

5. Einen besonderen Typus stellte das Ordenskastell dar, dessen Kern der kastellartige Konventsbau bildete. Das Ordenskastell war nicht nur eine spezielle Bauform, sondern in seiner Verbin-dung von Burg und geistlicher Gemeinschaft auch ein spezifi-scher Funktionstypus.

6. Die Adelsburgen des Hoch- und Spätmittelalters waren zumeist mehrgliedrige Anlagen aus Hauptburg und Vorburg. Die ver-schiedenen Bauteile, die oft aus verschiedenen Jahrhunderten stammten, dienten nicht nur der Wehrhaftigkeit, sondern auch dem Wohnen, Wirtschaften und der Repräsentation.

Eine idealtypische Beschreibung einer hoch- und spätmittelalter-lichen Herrenburg läßt die Verbindung von Bauwerk, Lebens- und Wirtschaftsformen erkennen. Der Bergfried, der Hauptturm, stand entweder frei im Burghof oder war in die Mauer eingebunden, wo er auch Verteidigungsaufgaben erfüllen konnte. Der Eingang lag in der Regel in beträchtlicher Höhe und wurde mit Hilfe einer Leiter erreicht. Manchmal gab es eine Verbindung vom Palas zum Berg-fried, die aber im Falle der Gefahr beseitigt werden konnte. Der Bergfried war die letzte Zuflucht für die Burgbewohner, wenn der Feind in die Burg eingedrungen war. Der Unterbau war deshalb fensterlos und diente oft als Burgverlies, in das die Gefangenen vom Inneren des Turmes aus durch ein Loch am Seil hinabgelassen wurden. Die oberen Geschosse waren zum vorübergehenden Woh-nen eingerichtet oder dienten als Waffen- und Vorratskammern. Soweit der Bergfried zugleich als Wachtturm genutzt wurde, ent-hielt er eine Kammer für den Türmer, der das Nahen von Freund und Feind ankündigte, Feuersnot anmeldete und am Morgen den Weckruf erschallen ließ.

Der Palas *(palatium)* war das Wohngebäude für den Burgherrn und seine Angehörigen. Im Untergeschoß findet sich meist die Burgküche mit dem riesigen Küchenkamin, die allerdings auch separat liegen konnte. Darüber liegt der Rittersaal, der Prunkraum jeder Burg für festliche Anlässe. Die flache Balkendecke wird bei größerer Breite von einer Säulenreihe in der Mitte getragen, der Fußboden ist mit Fliesen aus gebranntem Ton oder aus Marmor ausgelegt, die Wände mit Fresken ausgemalt und mit Wandteppichen und Fellen behängt. Durch die schmuckvollen säulenreichen Fensterbögen geht der Blick weit über das Land. Die breiten Fensteröffnungen waren nur selten verglast, meist konnten sie nur mit hölzernen Fensterladen verschlossen werden. Zur Erwärmung diente meist ein offener Kamin, seltener ein Kachelofen. Bessere Formen der Heizung gab es nur ausnahmsweise, etwa Fußbodenheizungen in der Kaiserpfalz zu Goslar und in der Marienburg, der Residenz des Hochmeisters des Deutschen Ordens. Zugänglich war der Saal oft über eine Freitreppe vom Hofe aus. Vor dem Saal lag manchmal eine offene Laube als Vorhalle oder als Söller *(solarium)*.

Die eigentlichen Wohnräume waren meist klein, leichter heizbar und gemütlich, besonders die Kemnate, das Frauengemach. Als Kemnate *(caminata* = heizbarer Raum) konnte auch der gesamte Wohntrakt bezeichnet werden. Auf manchen Burgen hieß auch der starke Wohnturm, der die Funktionen von Palas und Bergfried in sich vereinte, Kemnate.

Zur Adelsburg gehörte eine Kapelle, denn der tägliche Besuch der Messe galt als eine der Pflichten des christlichen Ritters. Der Burgkaplan verrichtete auch das nötigste Schreibwerk und war wohl auch als Sekretär, Notar und Hauslehrer tätig. Der Kapellenraum lag oft über dem Haupttor, denn die Kapelle war im Unterschied zu vielen anderen Gebäuden regelmäßig aus Stein. Außerdem konnte man durch diese exponierte Lage über dem Zugang auf den wirkungsvollen Beistand der Heiligen hoffen, denn der feindliche Angriff mußte sich so unmittelbar auch gegen den Patron der Burgkapelle selbst richten.

Auf Reichsburgen und Fürstensitzen ist die Form der Doppelkapelle anzutreffen, die in ihrer architektonischen Gestaltung den großen sozialen Abstand zwischen der Herrschaft und der Dienerschaft auch im Gottesdienst zum Ausdruck brachte. Das Untergeschoß der Kapelle war als »Leutkapelle« *(capella publica)* für die reisigen Knechte, Dienerschaft und Gesinde bestimmt, das Obergeschoß diente dem Burgherrn, seiner Familie und vornehmen Gästen *(capella privata)*. Die reicher ausgestaltete obere Kapelle war unmittelbar von den Wohnräumen der Burgherrschaft aus zugänglich. Die Messe wurde normalerweise am Altar der Unterkapelle zelebriert, aber da die beiden Räume durch eine weite Öffnung verbunden waren, konnte die Herrschaft immer am Gottesdienst teilnehmen. Wollte sie kommunizieren, las der Kaplan die Messe am Altar der Oberkapelle.

Gerhard Streich, Burg und Kirche während des deutschen Mittelalters. Untersuchungen zur Sakraltopographie von Pfalzen, Burgen und Herrensitzen, 2 Bde., Sigmaringen 1984 (= Vorträge und Forschungen, Sonderband 29).

Ein besonderes Aussehen konnten Burgen dadurch gewinnen, daß sie von mehreren Adelsfamilien oder Burgmannengeschlechtern bewohnt wurden (Ganerben- oder Burgmannenburgen), die jeweils einen eigenen, mehr oder weniger abgeschlossenen Wohnbereich errichteten und so kleine Burgen in der Burg schufen. Interessante Beispiele sind die Ganerbenburg Eltz und die Burgmannenburg Salzburg bei Neustadt in Franken.

Die Stärke und Art der Befestigungsanlagen richteten sich nach dem Typus der Burg und natürlich nach den geographischen Gegebenheiten. Die Ausnutzung des Geländes spielte beim Burgenbau eine hervorragende Rolle. Bei einer Wasserburg war es wichtig, daß die Mauern möglichst nahe am Wasser standen, um dem Gegner keine Möglichkeit zu geben, Fuß zu fassen und einen »Brückenkopf« zu bilden. Bei Höhenburgen war bis zum Aufkommen der Feuerwaffen die Beherrschung des Angreifers von oben der stärkste Trumpf. Die Mauern waren entweder mit Zinnen bewehrt oder trugen einen gedeckten Wehrgang. Mauertürme boten zusätzlichen Schutz. Sie waren manchmal nach innen offen, um bei einem feindlichen Einbruch dem Gegner die Möglichkeit zu nehmen, sich darin festzusetzen. An besonders gefährdeter Stelle konnte die Burg auch durch eine mächtige Mauer, die Schildmauer, geschützt werden.

Die verletzlichste Stelle einer Burg war der Zugang, der durch einen Torturm oder auch zwei flankierende Türme gesichert wurde. Aufwendigere Burgen erhielten ein Doppeltor oder eine Barbakane *(propugnaculum)* vorgelegt. Nicht nur zur Verzierung des Tores diente ein Gußerker, eine »Pechnase«. Einen bereits in den Torbau eingedrungenen Feind suchte man durch das Fallgitter einzuschließen und von oben her zu bekämpfen. Häufiger wurden dem Haupttor noch ein vorgeschobener Mauerring mit einem äußeren Tor vorgelegt, so daß ein »Zwinger« entstand.

Die Eroberung einer Burg war bis zur Entwicklung durchschlagender Geschütze ein schwieriges Unternehmen, und man suchte die Besatzung lieber durch eine Belagerung in die Knie zu zwingen. Für die Belagerten war bei Höhenburgen oft die Wasserversorgung ein großes Problem, denn nicht immer war die Anlage eines Brunnens möglich, so daß man sich mit einer Zisterne begnügen mußte. Die heute noch auf manchen Burgen vorhandenen Brunnen von erstaunlicher Tiefe stammen meist erst aus der frühen Neuzeit.

Zur Erholung der Bewohner diente der Burggarten, der meist außerhalb der Wehranlagen lag. Er war mit einem Zaun oder einer Hecke umgeben und hieß deshalb der »Hag«; bisweilen gab es einen Tiergarten oder einen Bärenzwinger zur Belustigung der Burgbewohner und ihrer Gäste.

Die hygienischen Verhältnisse auf einer Burg waren eher bescheiden. Besonders im Winter dürfte der Besuch des Aborterkers über dem Burggraben beschwerlich gewesen sein. Besser ausgerüstet waren die Ordensburgen, wo diesem Zweck der »Dansker« (Danziger) diente, ein Turm, der über einem Wasserlauf errichtet war und durch einen Gang mit der Burg in Verbindung stand. Bei der Morgentoilette schüttete ein Diener dem Herrn etwas Wasser über die Hände und reichte ihm ein Handtuch; dasselbe erfolgte vor und nach den Mahlzeiten, bei denen man sich ungeniert auch der Hände bediente. Die herrlichen romanischen Aquamanile sind zwar zu einem großen Teil als liturgische Geräte zu betrachten (für den Priester zur Handwaschung während der Messe), doch dürften wenigstens einige für den profanen Gebrauch bestimme gewesen sein. Gebadet wurde in hölzernen Zubern.

Burg und Schloß als Lebensorte in Mittelalter und Renaissance, Hrsg. von Wilhelm G. Busse, Düsseldorf 1995 (= Studia humanoria, Band 26). – Kulturgeschichtliche und literaturwissenschaftliche Untersuchungen, darunter von Günther Binding, Wohnbauten in staufischen Pfalzen und Burgen, S. 83–107 (mit Abbildungen).

Das glanzvolle ritterliche Leben, das sich zuzeiten auf den großen Burgen abspielte, wenn dort Gäste empfangen, Feste gefeiert und Turniere abgehalten wurden, ist durch mancherlei Unbequemlichkeiten des täglichen Lebens getrübt worden. Als im späten Mittelalter die Ansprüche an die Wohnkultur stiegen, wurden die Burgen gleichzeitig wegen der Weiterentwicklung der Belagerungstechnik immer fester und enger. Die Wehranlagen beanspruchten immer mehr Raum, denn nun wurden auch auf der Burg Kanonen in Stellung gebracht. Die Kernburg mußte durch Außenwerke geschützt werden, um die feindliche Artillerie möglichst fernzuhalten. Die Burg wurde vielfach zur Festung.

Für den Burgenbau waren im hohen und späten Mittelalter gut ausgebildete Baumeister, Steinmetzen und andere Bauhandwerker erforderlich. Die Errichtung und Instandhaltung einer Burg waren dementsprechend teuer, obgleich die Burgherren nach Möglichkeit auch ihre Untertanen zu Baufronen herangezogen haben. Sie waren allerdings im allgemeinen nur für Erdarbeiten, Transpore von Baumaterialien und andere Hilfsarbeiten einzusetzen. Jedenfalls erforderte der Bau einer Burg nicht nur beträchtliche Kapitalien, sondern auch ein gerüttelt Maß an Planung und Organisation.

Alexander Antonow, Planung und Bau von Burgen im süddeutschen Raum, Frankfurt am Main 1983.

5. Zusammenfassung

Wie andere Phänomene des geschichtlichen Lebens auch waren Burg und Pfalz stets in die gesamtgesellschaftliche Entwicklung eingeordnet und typologisch und funktional eng mit vielen anderen Bereichen verknüpft. Erscheinungsbild und Aufgaben entsprachen daher der jeweiligen Stufe der wirtschaftlichen, rechtlichen, sozialen, staatlich-politischen, waffentechnischen und kulturellen Entwicklung. In diesem Sinne war die Burg, aber auch die Pfalz und der Königshof, »Ausdruck konkreter sozialer Beziehungen« (Hansjürgen BRACHMANN, Zum Ursprung und zur Entwicklung des feudalen Befestigungsbaues. In: Zs. f. Archäologie 16, 1982, S. 165). Der vielschichtige und komplexe Zusammenhang von Burg und Pfalz mit der Wirtschaftsweise und der Sozialstruktur, der Heeresverfassung, mit Königtum und Adel, mit Herrschaft und Schutz, mit Dorf und Stadt ist eines der wichtigsten Themen der mittelalterlichen Geschichte.

»Adel, Burg und Herrschaft« erscheinen in der neueren deutschen Geschichtsforschung als fester Dreiklang, als die Kombination, die nicht nur dem Mittelalter, sondern auch der germanischen Frühzeit das Gepräge gab. Die These von Heinrich DANNENBAUER, daß Adel, Burg und Herrschaft bereits in germanischer Zeit untrennbar miteinander verbunden waren, beruht jedoch auf einer nicht unumstrittenen Prämisse, nämlich der Annahme von gleichsam naturbedingten und ethnisch vorgegebenen Verfassungsformen. Adelsherrschaft ist nach DANNENBAUER ein den germanischen Völkern eigener Wesenszug, und zur Adelsherrschaft gehört auch die Burg. Die Vermutung liegt nahe, daß diese These letztlich eine Reprojizierung hochmittelalterlicher Zustände in die germanische Frühzeit darstellt. Die Verbindung von Adel, Burg und Herrschaft kennzeichnet erst die gesellschaftlichen Verhältnisse im Hochmittelalter und zu Beginn des Spätmittelalters. In der Periode zwischen dem 11. und dem 14. Jahrhundert war die Burg dann in der Tat Kristallisationskern, Mittelpunkt und Rückhalt der adligen Herrschafts- und Gewaltausübung.

Die Stellung der hoch- und spätmittelalterlichen Adelsburg im wirtschafts-, rechts- und sozialgeschichtlichen Kontext ist relativ klar deutbar; sie ist Produkt einer berufsständisch gegliederten, arbeitsteiligen Gesellschaft. Das Waffenhandwerk, Krieg und Fehde, werden nur noch von wenigen ausgeübt. Der Ritter (im weitesten Sinne dieses Begriffes) hat sich deutlich vom Bauern und Landarbeiter, vom Kaufmann und Händler, vom Handwerker und Tagelöhner abgesetzt. Sein Lebensbereich ist die Burg geworden oder der Adelssitz, der auch dann, wenn er in einem Dorfe oder einer Stadt liegt, sich topographisch isoliert hat. Die Burg ist nicht mehr Zuflucht für größere Bevölkerungsgruppen, sondern exklusiver Wohn-, Zuflucht- und Repräsentationsbereich der adligen Herrenschicht. Sie scheidet Herrschende und Beherrschte.

Rechtlich gesehen ist die Burg eine spezifische Ausprägung des adligen Hauses. Sie wird zum Substrat der neuen Adelsgeschlechter und vielfach zum namengebenden Element. Die Sippe wird nicht mehr wie einst Merowinger oder Agilolfinger nach dem »Spitzenahn« benannt, sondern nach einer Burg. Die Keimzelle der Adelsburg ist daher auch nicht die Großburg des Frühmittelalters, die auf einem ganz andersartigen gesellschaftlichen Gesamtgefüge beruht.

Als archaischster Typus der Burg tritt in der Geschichte die Fluchtburg entgegen. Flucht- oder Volksburgen mußten die Bewohner der Umgebung aufnehmen. Sie erforderten wegen ihrer Ausdehnung eine große Anzahl von Kriegern zur Verteidigung. Sie entsprachen einer Gesellschaftsordnung, in der es noch eine große Zahl von freien Kriegern gab. Die Schutzfunktion stand noch ganz eindeutig im Vordergrund, obgleich gewisse Aufgaben als Stammeszentrum oder Kultmittelpunkt mit der »Gau-, Volks- oder Stammesburg« verbunden sein konnten. Die Wirkungen, die von diesen frühmittelalterlichen Burgen auf die Herrschaftsstruktur und den wirtschaftlich-sozialen und den rechtlichen Bereich ausgingen, waren aber noch gering. Das gilt wohl sogar noch für die Karolingerzeit, in der der Burgenbau auch in qualitativer Hinsicht einen ersten Höhepunkt erlebte.

Das fränkische Königtum herrschte nicht von Burgen aus, sondern besaß in den Pfalzen und Königshöfen andersartige Stützpunkte seines Herrschaftssystems. Die Institution der Pfalz, auf dem das »Reisekönigtum« des frühen und auch noch des hohen Mittelalters vorrangig beruhte, stammte aus einer Zeit vorherrschender Naturalwirtschaft. Mit den Pfalzen und später den Reichsburgen waren

Königshöfe verbunden, die ihrer Versorgung dienten. Dieses System tritt noch im Hochmittelalter deutlich in Erscheinung. Die archaische Herrschaftsform, deren Mittelpunkt die Pfalz war, brach in der zweiten Hälfte des 13. Jahrhunderts zusammen. Schuld waren nicht allein die politisch bedingte Schwäche des Königtums in nachstaufischer Zeit und der Aufstieg des Territorialfürstentums, sondern auch tiefgreifende wirtschaftlich-soziale Wandlungsprozesse. Durch den Zusammenbruch der königlichen Grundherrschaft wurden die naturalwirtschaftlichen Fundamente des Systems zerstört. Das Aufblühen des Städtewesens und die Intensivierung der Geldwirtschaft boten dem Königtum andere Möglichkeiten finanzieller Art. Es forderte insbesondere von den Reichs- und Bischofsstädten Steuern und verwendete die Einkünfte aus der eigenen Hausmacht.

Eine wichtige Rolle spielte auch der Druck, der sowohl von den Territorialherren als auch von den mächtigen Städten auf Pfalzen, Reichsburgen und Krongütern ausgeübt wurde. Sie empfanden diese Stützpunkte der unmittelbaren königlichen Machtausübung als störende Fremdkörper, die es zu beseitigen galt. Das Königtum hatte vor allem dann wenig Chancen, seine Position zu behaupten, wenn es sich um isolierte Stützpunkte handelt. Der verfassungsmäßige und topographische Dualismus von Burg und Stadt, der für die Geschichte des mittelalterlichen Städtewesens von so fundamentaler Bedeutung ist (vgl. S. 201), wurde überwiegend zugunsten der Stadt überwunden.

IV. Die Stadt

Bibliographie zur deutschen historischen Städteforschung, bearb. von Brigitte Schröder und Heinz Stoob, Teil I, Köln/Wien 1986, Teil II Köln/Weimar/Wien 1996 (= Städteforschung, Reihe B, Bd. 1/I/II).

1. Begriffsbestimmung

a) Die Diskussion um den Stadtbegriff

In der Geschichte der Menschheit war die Erreichung höherer Kulturstufen stets mit der Entwicklung von Städten verbunden. Die Stadt ist ohne Zweifel ein universalhistorisches Phänomen, das jedoch in den verschiedenen Epochen und Kulturräumen in sehr verschiedenen Ausprägungen in Erscheinung getreten ist. Daher ist es nicht leicht, die Wesensmerkmale der Stadt zu beschreiben, und die Diskussion um den Inhalt eines universalhistorischen Stadtbegriffes ist noch längst nicht abgeschlossen. Sie wird nicht so sehr von den Historikern als von Nationalökonomen und Soziologen geführt.

Max Weber, Die Stadt. Eine soziologische Untersuchung. In: Archiv für Sozialwissenschaft und Sozialpolitik 47, 1921, S. 621−772. Wiederabdruck des begriffsgeschichtlichen Teiles unter dem Titel: Die Stadt. Begriff und Kategorien. In: Die Stadt des Mittelalters, hrsg. von Carl Haase, Darmstadt 1978 (= Wege der Forschung 243), Bd. I, S. 41−66.

Der Historiker wird sich bei der Definition eines allgemeingültigen Stadtbegriffs auf einige wenige Wesensmerkmale beschränken müssen. So setzt die Entwicklung von Städten erstens einen gewissen Grad an gesellschaftlicher Arbeitsteilung und sozialer Differenzierung voraus. Zweitens ist die Stadt der bevorzugte Ort der handwerklichen und gewerblichen Produktion und des Warenaustausches. Zwei weitere Merkmale sind Siedlungskonzentration und Zentralität. Die Stadt ist stets eine größere Ansiedlung mit zentralen Funktionen wirtschaftlicher, politisch-administrativer, militärischer, kultischer oder kultureller Natur. Fülle und Komplexität des Erscheinungsbildes der Stadt in der Geschichte zwingen den Historiker, den Begriff »Stadt« räumlich und zeitlich zu differenzieren, um auf diesem Wege zu Definitionen zu gelangen, die der geschichtlichen Wirklichkeit möglichst nahekommen.

Carl Haase, Stadtbegriff und Stadtentstehungsschichten in Westfalen. Überlegungen zu einer Karte der Stadtentstehungsschichten. In: Westfäl. Forsch. 11, 1958, S. 16–32. Wiederabdruck: Die Stadt des Mittelalters I, S. 60–94.

Heinz Stoob, Minderstädte. Formen der Stadtentstehung im Spätmittelalter. In: VSWG 46, 1959, S. 1–28. Wiederabdruck: Ders., Forschungen zum Städtewesen in Europa, Köln/Wien 1970, Bd. I, S. 225–245.

Karlheinz Blaschke, Qualität, Quantität und Raumfunktion als Wesensmerkmale der Stadt vom Mittelalter bis zur Gegenwart. In: Jb. f. Regionalgeschichte 3, 1968, S. 34–50.

Meinrad Schaab, Städtlein, Burg-, Amts- und Marktflecken Südwestdeutschlands in Spätmittelalter und früher Neuzeit. In: Zentralität als Problem der mittelalterlichen Stadtgeschichtsforschung, hrsg. von Emil Meynen, Köln/Wien 1979 (= Städteforschung Reihe A, Bd. 8), S. 219–271.

b) Aspekte des mittelalterlichen Stadtbegriffs

In der Geschichte der europäischen Stadt nimmt das Mittelalter einen hervorragenden Platz ein, denn in diese Periode fallen die Anfänge und die erste Blüte des europäischen Städtewesens. Da das neuzeitliche Städtewesen auf dem spätmittelalterlichen aufbaut, wird man seine Entwicklung besser verstehen können, wenn man sie mit der der mittelalterlichen Stadt vergleichen kann. Die deutsche Stadt ist in der Mitte des 13. Jahrhunderts so weit entwickelt, daß sie als Grundlage für eine idealtypische Charakterisierung benutzt werden kann. Die voll entwickelte Stadt des Mittelalters wird durch besondere Merkmale wirtschaftlicher, rechtlicher, sozialer, zentralörtlicher und topographischer Art gekennzeichnet. Selbstverständlich sind diese verschiedenen Aspekte in dem komplexen Sozialgebilde »Stadt« innig miteinander verbunden.

1. *Wirtschaftlicher Aspekt:* Das Wirtschaftsleben der mittelalterlichen Stadt wird durch Handel und gewerbliche Produktion charakterisiert. Der überwiegende Teil des Warenaustausches vollzieht sich auf dem städtischen Markt, der als Jahrmarkt und Messe dem Fernhandel, als Nahmarkt (täglicher Markt und Wochenmarkt) der Versorgung mit Dingen des täglichen Bedarfes dient. Für den Fernhandel besitzt der städtische Markt Verteilerfunktion, d. h. die über größere Entfernungen transportierten Güter werden an den Endverbraucher verkauft. Der Warenaustausch zwischen den Erzeug-

nissen des städtischen Handwerks und der Landwirtschaft vollzieht sich größtenteils in der Stadt, die die Handelstätigkeit in ihre Mauern zu ziehen sucht. Sie nimmt den größten Teil der Überschüsse der landwirtschaftlichen Produktion ab und hat dadurch eine wichtige wirtschaftliche Funktion als Konsument.

Die Stadt war Zentrum der handwerklichen und gewerblichen Produktion, in der ein großer Teil der Stadtbewohner tätig war. Auch auf diesem Sektor strebten die Städte nach einer Monopolstellung. Die qualifizierte handwerkliche Arbeit wurde in die Stadt gezogen und zunehmend verbessert und spezialisiert, während auf dem Dorf im allgemeinen nur die Handwerker geduldet wurden, die wie Schmiede, Stellmacher oder Böttcher für die örtliche bäuerliche Wirtschaftsführung unbedingt erforderlich waren. Die gesellschaftliche Arbeitsteilung, auf der die Existenz der mittelalterlichen Stadt beruhte, war vor allem für das Bürgertum von Vorteil. Die ökonomische Überlegenheit der Stadt wurde vielfach zur politischen Vorrangstellung ausgebaut. In der Realität war die Arbeitsteilung zwischen Stadt und Land keineswegs überall verwirklicht. Während das Land in Handel und Gewerbe nur eine geringe Rolle spielte, beruhte das Wirtschaftsleben vieler Städte nicht ausschließlich auf Handel und Handwerk, sondern zum Teil oder sogar überwiegend auf landwirtschaftlicher Betätigung (»Ackerbürgertum«).

2. *Rechts- und verfassungsgeschichtlicher Aspekt:* Die Stadt bildete einen besonderen Rechtsbereich. Dadurch hob sie sich aus ihrer von feudalen Gewalten beherrschten Umgebung heraus. Der städtische Rechtsbereich, der zugleich ein eigener Friedensbereich war, umfaßte primär den Raum innerhalb des städtischen Mauerringes. Er war gekennzeichnet durch die Geltung des Stadtrechtes und die Zuständigkeit des Stadtgerichtes. Das Stadtrecht war zwar nicht rein personenbezogenes Recht, aber die Bürger einer Stadt bildeten in ihrer Gesamtheit eine Rechtsgemeinschaft, die *universitas civium*, die Bürgerschaft. Ihr gehörten nicht alle Bewohner einer Stadt an, sondern nur diejenigen, die durch die Leistung des Bürgereides das Bürgerrecht erworben hatten. Mit dem Status eines Bürgers *(civis)* waren bestimmte Rechte und Pflichten verbunden (vgl. S. 172 ff.).

Die Stadt war in der Regel eine selbständige Körperschaft mit einem eigenen Verwaltungsapparat und einer besonderen Stadtverwaltung. Der Grad ihrer Autonomie war von Fall zu Fall verschieden, denn jede Stadt hatte einen Stadtherrn, in dessen Herrschaftsbereich sie mehr oder weniger intensiv eingefügt war. Die deutsche

Stadt des Mittelalters war zwar vielfach autonom, aber nie souverän.

An der Spitze der städtischen Selbstverwaltungsorganisation stand der Rat, der auch für die politischen und militärischen Belange der Stadt zuständig war. Auch die Gerichtsbarkeit gehörte nicht selten in den Kompetenzbereich des Rates, falls sie nicht in den Händen eines besonderen Stadtrichters oder eines Schöffenkollegiums lag.

Gerhard Dilcher, Rechtshistorische Aspekte des Stadtbegriffs. In: Vor- und Frühformen der europäischen Stadt im Mittelalter, Göttingen 1975 (= Abh. d. Akad. d. Wiss. in Göttingen, Phil.-Hist. Kl., 3. Folge, Nr. 83), Bd. I, S. 12–32.

Die Stadt als Körperschaft besaß besondere Privilegien wie Markt-, Münz- und Zollrechte, Stapel- und Niederlagsrecht, Handelsprivilegien, Bannmeilenrecht, Braurecht, Finanzhoheit, Gerichtsrechte, Wehrhoheit und Befestigungsrecht. Es waren vom Stadtherrn verliehene oder erkämpfte Vorrechte.

3. *Sozialgeschichtlicher Aspekt:* Im sozialen Gefüge der mittelalterlichen Gesellschaft nahm der Bürger eine Sonderstellung ein. Das Bürgertum gehörte zu den privilegierten Ständen. Ein wichtiges Merkmal war die persönliche Freiheit, die den Bewohner einer Stadt auszeichnete, während große Teile der ländlichen Bevölkerung noch in verschiedenen Formen der persönlichen Abhängigkeit verharrten. Viele Städte versuchten, ihre Bewohner unter Berufung auf den Rechtssatz »Freiheit nach Jahr und Tag« aus leibherrlichen Abhängigkeitsverhältnissen herauszulösen.

Die gesellschaftliche Schichtung der Stadt war vielfältiger als die des flachen Landes. Eine differenzierte Sozialstruktur war Kennzeichen der mittelalterlichen Stadt. Kaufleute, Handwerker, Händler und Gewerbetreibende stellten in den mittleren und größeren Städten den Kern der Bevölkerung, in den kleineren konnte das Ackerbürgertum dominieren. Je größer eine Stadt war, desto vielfältiger pflegte ihre soziale Struktur zu sein.

In der gesellschaftlichen Ordnung der Stadt spielte das genossenschaftliche Prinzip eine größere Rolle als im überwiegend herrschaftlich strukturierten ländlichen Bereich. Genossenschaft und freie Einung hatten wesentlichen Anteil an der Entwicklung der mittelalterlichen Bürgergemeinde und blieben auch dann noch wichtige Gesellungsformen, als die politische Bürgergemeinde bereits zum Zwangsverband geworden war.

4. *Zentralörtlicher Aspekt:* Der Begriff »Zentralität« ist in der

Wirtschafts- und Siedlungsgeographie entwickelt und von der Geschichtswissenschaft übernommen worden. Die Erfüllung zentralörtlicher Funktionen gehört ohne Zweifel zu den Wesensmerkmalen der mittelalterlichen Stadt. Schon für die Entstehung einer Stadt war in der Regel nicht allein die Lage im Verkehrssystem des betreffenden Raumes wesentlich, sondern auch die Struktur ihres »Umlandes«. Daher ist die Erforschung der Beziehungen zwischen Stadt und Umland ein wichtiges Anliegen der modernen Stadtgeschichtsforschung.

Zentralität als Problem der mittelalterlichen Stadtgeschichtsforschung, hrsg. von Emil Meynen, Köln/Wien 1979 (= Städteforschung, Reihe A, Bd. 8).

Die wirtschaftliche Verflechtung zwischen Stadt und Land verleihen der Stadt eine zentrale Funktion als Markt und als bevorzugter Sitz von Handwerk und Gewerbe. Der Grad der wirtschaftlichen Zentralität ist natürlich bei den einzelnen Städten sehr unterschiedlich. Die Funktion als Nahmarkt für einen kleineren Wirtschaftsraum ist fast stets gegeben. Zur ökonomischen Primärfunktion der Stadt treten weitere Aufgaben, die die Stadt mit ihrem Umland verbinden können. Die meisten mittelalterlichen Städte hatten eine negative Bevölkerungsbilanz, so daß sie auf ständigen Zuzug von außen her angewiesen waren. Die Neubürger rekrutierten sich zum größten Teil aus der nächsten Umgebung. Auch auf kulturellem und bildungspolitischem Gebiet nahm die Stadt wichtige Funktionen wahr. Städtische Kunsthandwerker und Künstler arbeiteten auch im Umkreis der Stadt, bürgerlicher Geschmack und bürgerlicher Lebensstil strahlten in die Umgebung aus, und schulische Bildung war fast ausschließlich in der Stadt zu erwerben.
Zentralörtliche Funktionen erlangten manche Städte dadurch, daß sie zu territorialherrlichen Herrschafts- und Verwaltungszentren wurden. Die Stadt war in diesen Fällen die Residenz eines geistlichen oder weltlichen Feudalherrn oder auch nur der Sitz landesherrlicher Verwaltungsbehörden. Dabei war es nicht entscheidend, daß das Herrschafts- und Verwaltungszentrum verfassungsrechtlich nicht zur Stadt selbst gehörte, sondern einen eigenen Rechtsbereich darstellte. Erlangte eine Stadt selbst Herrschaftsrechte in ihrem agrarischen Umfeld oder begründete sogar eine eigene Territorialherrschaft wie manche Reichsstädte, so wurde der Rat zur »Obrigkeit« und die Stadt selbst unmittelbar zum Herrschafts- und Verwaltungszentrum. Eine Stadt wurde auch zum kirchlichen Zentrum, wenn sie Sitz eines Bischofs oder anderer kirchlicher Zentralbehörden war. Auch bedeutende Klöster und Stifter, Domschulen

und Wallfahrtskirchen konnten eine Stadt zum Mittelpunkt kirchlichen Lebens machen.

5. *Siedlungsgeschichtlich-topographischer Aspekt:* Hinsichtlich des äußeren Umfanges und der Einwohnerzahlen wiesen die Städte im Mittelalter außerordentliche Unterschiede auf. Im allgemeinen bildete die Stadt einen in sich geschlossenen Raumkörper, der durch eine Konzentration von Bauten verschiedener Art auf engstem Raum charakterisiert wird. Die äußere Gestalt wird durch die wirtschaftlichen Funktionen, aber auch durch militärische, religiöse und gesellschaftliche Erfordernisse bestimmt. Die Geschlossenheit des mittelalterlichen Stadtbildes wird vor allem durch die Stadtbefestigung hervorgerufen. Stadttor und Stadtmauer erhalten Symbolcharakter und werden auf zahlreichen Stadtsiegeln dargestellt. Die wirtschaftliche und soziale, kirchliche und kulturelle Entwicklung einer Stadt findet im Grundriß und im äußeren Erscheinungsbild ihren Niederschlag, so daß sich über Topographie, Kunst- und Baugeschichte auch ein Zugang zur städtischen Sozialgeschichte eröffnet (»Sozialtopographie«). Das Stadtbild ist jedoch keineswegs nur die Widerspiegelung eines rein funktionalen Systems, sondern enthält auch ideologische Komponenten, die am deutlichsten in dem Streben nach bürgerlicher und kommunaler Repräsentation zum Ausdruck kommen.

c) Mittelalterliche Städtetypen

Im Laufe des Mittelalters sind nach groben Schätzungen in Deutschland etwa 4000 Städte entstanden. Jede davon besitzt einen eigenen Namen, hat eine eigene Geschichte erlebt und kann individuelle Züge aufweisen. Um diese Fülle und Mannigfaltigkeit des Städtewesens dennoch zu erfassen und darzustellen, bedient sich die Stadtgeschichtsforschung des Hilfsmittels der Typenbildung. Städte mit gemeinsamen strukturellen Merkmalen werden zu Gruppen zusammengefaßt, indem jeweils ein einzelnes spezifisches Kriterium oder auch ein Bündel von Kriterien herausgegriffen und zum dominanten Kennzeichen erhoben wird. Es hängt von der jeweiligen wissenschaftlichen Fragestellung ab, welche Merkmale für eine Typenbildung benutzt werden, so daß man in der stadtgeschichtlichen Literatur auf eine Vielzahl von Begriffen typologischer Art stößt. Einer stadtgeschichtlichen Typologie lassen sich sehr unterschiedliche Kriterien zugrunde legen, so daß sich mehrere mögliche Schemata ergeben. Die einzelne Stadt kann unter wechselnden Aspekten verschiedenen Städtetypen zugeordnet werden.

Bei der neuzeitlichen Stadt werden Großstadt, Mittelstadt und Kleinstadt unterschieden, wobei die Einwohnerzahl unter Umständen Auswirkungen auf die rechtliche und verwaltungsmäßige Stellung der Stadt haben kann. Im Mittelalter war das nicht der Fall, doch hatten Größe und Bevölkerungszahl beträchtliche Auswirkungen auf alle Lebensbereiche einer Stadt, so daß eine Klassifizierung nach diesen Kriterien nicht unwichtig ist. Eine Stadt mit mehr als 10000 Einwohnern war nach mittelalterlichen Maßstäben sicher bereits eine Großstadt, während man Orte mit 2000 bis 10000 Bewohnern als Mittelstädte betrachten darf. Darunter lagen die Kleinstädte, von denen wiederum ein großer Prozentsatz Zwergstädte mit weniger als 500 Einwohnern war. Mittelalterliche »Weltstädte« kann man mit 50000 und mehr Einwohnern ansetzen. Eine allgemein akzeptierte Skala ist das freilich nicht, denn auch bei einer quantifizierenden Typologie sind andere Einteilungen möglich.

Hektor Ammann, Wie groß war die mittelalterliche Stadt? In: Die Stadt des Mittelalters (wie S. 127), Bd. I, S. 414–422.

Unter dem entwicklungsgeschichtlichen Aspekt ist zu fragen, ob und wann ein Ort ein Stadium erreicht hat, das eine Klassifizierung als »Stadt« rechtfertigt. In einer historisch-genetischen Typenreihe wird man die Vorstufen und Frühformen der Stadt ebenso berücksichtigen wie die spätmittelalterlichen Kümmerformen. Selbstverständlich handelt es sich dabei nicht um Entwicklungsstadien in einem quasi biologischen Sinne, die von jeder einzelnen Stadt durchlaufen werden mußten. Ein entwicklungsgeschichtlicher Gesichtspunkt liegt auch der Unterscheidung zwischen der »gewachsenen Stadt« und der »Gründungsstadt« zugrunde. Die »gewachsene Stadt« hat sich von einem oder mehreren Siedlungskernen aus allmählich entwickelt und weist daher einen unregelmäßigen und komplizierten Stadtgrundriß auf, während die »Gründungsstadt« planmäßig angelegt wurde und demzufolge einen sehr regelmäßigen Grundriß besitzt. Die Verwendung dieser Begriffe ist nicht unproblematisch, denn in gewachsenen Städten gibt es manchmal planmäßig angelegte Siedlungskomplexe, und auch Gründungsstädte konnten an Vorsiedlungen anknüpfen, so daß Mischtypen entstanden.

Das Wirtschaftsleben der Stadt wird von Handel, Handwerk, Gewerbe und auch von der Landwirtschaft bestimmt. Vielfach sind alle Sektoren vorhanden, doch gibt es bei vielen Städten einen dominierenden Faktor. Daher lassen sich generalisierend drei Haupttypen unterscheiden: *Fernhandelsstadt, Gewerbestadt* und *Acker-bürgerstadt*. In der Handelsstadt spielt oft die handwerkliche Produktion für den Fernhandel eine Rolle, so daß man von einer Exportgewerbe- und Handelsstadt sprechen kann. Als spezielle wirtschaftliche Städtetypen kommen noch Bergbaustadt, Salzstadt und Messestadt hinzu.

Neben den zahlreichen Klein- und Zwergstädten gab es viele Orte, in denen die für eine Stadt charakteristischen Institutionen und Funktionen so wenig ausgeprägt waren, daß sie mit der voll entwickelten Stadt im Rechtssinne nicht auf eine Stufe gestellt werden können. Diese Flecken oder Städtchen stellen einen eigenen variantenreichen Typus dar, für den sich in der Stadtgeschichtsforschung der von Heinz STOOB geprägte Ausdruck »Minderstadt« eingebürgert hat (vgl. die Literaturangaben S. 128). Die Übergänge von der Stadt im Rechtssinne zur Minderstadt und von der Minderstadt zum Dorf sind dabei ziemlich fließend.

Alle deutschen Städte waren in das politisch-administrative Herrschaftssystem des Reiches eingeordnet, das daher ebenfalls einer Typenbildung zugrunde gelegt werden kann. Der Rang des Stadtherrn hatte Auswirkungen auf die politische und verfassungsrechtliche Stellung der jeweiligen Stadt und damit vielfach auch auf den Grad ihrer Autonomie. Etwa 80 Städte, weit überwiegend im Süden und Westen gelegen, hatten den Rang einer Reichsstadt. Sie waren keinem Landesherrn, sondern dem König als Reichsoberhaupt unterstellt und wurden als reichsunmittelbare Städte seit der zweiten Hälfte des 13. Jahrhunderts auch zu den Reichstagen geladen. Die Masse der Städte war »landsässig«, d. h. mittelbar oder unmittelbar einer Landeshoheit unterworfen. Eine »Immediatstadt« unterstand unmittelbar dem jeweiligen Landesherrn, eine »Mediatstadt« einem landesherrlichen Amtmann (»amtssässige Stadt«) oder einem landsässigen Prälaten oder adligen Herrn.

Die Struktur vieler Städte wurde auch durch einen verfassungsrechtlichen und topographischen Dualismus zwischen einem Herrschaftssitz und dem bürgerlichen Bereich bestimmt. Der Sitz der Herrschaft konnte eine Burg, eine Pfalz, eine Domimmunität, ein Kloster oder später ein Residenzschloß sein. Vor allem die Städte, in deren Mauern sich eine Kathedralkirche erhob, wurden dadurch so geprägt, daß man vom Typus der Bischofsstadt sprechen kann. Andere Benennungen wie Pfalzstadt und Klosterstadt werden seltener gebraucht; Residenzstadt, Festungsstadt und Exulantenstadt (Flüchtlingsstadt) sind im wesentlichen frühneuzeitliche Städtetypen. Unumgänglich ist bei stadtgeschichtlichen Forschungen die Beachtung regionaler Besonderheiten, so daß man auch von regional bestimmten Städtetypen sprechen kann. Eine solche regionale Typologie ist vor allem bei einer großräumigen Betrachtungsweise von Nutzen.

Edith Ennen, Les différents types de formation des villes européennes. In: Dies., Gesammelte Abhandlungen zum europäischen Städtewesen und zur rheinischen Geschichte, Bonn 1977, S. 134–142.

2. Vorstufen und Frühformen

a) Antikes Erbe im deutschen Städtewesen

Nördlich der Alpen schied die Grenze des Römischen Reiches den Raum der mittelmeerischen Stadtkultur von dem städtelosen Siedlungsgebiet der germanischen Stämme. Innerhalb der Reichsgrenzen hatte sich überall das Städtewesen entfaltet, auch in Gallien, im Alpenraum und nicht zuletzt in den Grenzprovinzen an Rhein und Donau. Die Grenzlage war der Entstehung von Städten nicht einmal hinderlich, denn die starke militärische Präsenz wirkte belebend auf das Wirtschaftsleben, und Legionslager und Kastelle wurden zu Kristallisationskernen für die Entstehung von Zivilsiedlungen *(canabae, vici)*, die in den Rang einer Stadt *(colonia, municipium, civitas)* aufsteigen konnten. Römische Städte erwuchsen nicht nur in Anlehnung an Militärsiedlungen, sondern konnten auch aus Stammesmittelpunkten keltischer oder germanischer Völkerschaften hervorgehen.

In den ersten nachchristlichen Jahrhunderten erwächst gerade im Rhein-Donau-Raum ein vielfältiges Städtewesen. Wichtige Städte waren Noviomagus (Nimwegen), Colonia Ulpia Traiana (Xanten), Colonia Claudia Ara Agrippinensis (Köln), Augusta Treverorum (Trier), Mogontiacum (Mainz), Borbetomagus (Worms), Argentorate (Straßburg), Augusta Raurica (bei Basel), Cambodunum (Kempten), Augusta Vindelicorum (Augsburg), Curia (Chur), Iuvavum (Salzburg) und Vindobona (Wien). Sie boten das typische Bild der antiken Stadt mit einem rechtwinkligen Straßensystem und dem Forum als dem zentralen Bereich. Am Forum standen die Tempel und die öffentlichen Gebäude, die Basilika für das Gerichtswesen, die Curia als Versammlungsgebäude für den Stadtrat. Öffentliche Bäder, die Thermen, Theater und Amphitheater durften nicht fehlen. Für bestimmte Waren gab es gesonderte Marktplätze, und die an einem Fluß gelegenen Städte besaßen einen Hafen *(portus)*. Nach der Christianisierung traten Kirchen und Oratorien an die Stelle der Tempel und heidnischen Kultstätten. Manche Stadt wurde bereits im 1. nachchristlichen Jahrhundert befestigt, andere erhielten ihren Mauerring erst in den Stürmen der Völkerwanderungszeit. Legionslager und Kastelle waren natürlich von Anfang an befestigt.

Die Stadt im eigentlichen Sinne war jeweils das Zentrum eines Landbezirkes *(territorium)*. Stadt und Land waren also nicht wie im Mittelalter streng geschieden. Die Stadt *(colonia* oder *municipium)* bildete zusammen mit ihrem Territorium eine Einheit *(civitas)*. Seit dem 3. nachchristlichen Jahrhundert wird die Bezeichnung *civitas* auch für die Stadt selbst verwendet. Mit dem Ausbau der Kirchenorganisation in spätrömischer Zeit wurde die Stadt auch zum Sitz des Bischofs, dessen Diözese in der Regel den ganzen Civitas-Bezirk umfaßte. Die antike Stadt hatte eine sehr differenzierte soziale Struktur. Die freien römischen Bürger *(cives)* gehörten entweder zur privilegierten Oberschicht *(honestiores)* oder zur breiten Schicht der *humiliores*. Die Gewerbetreibenden wurden in der spätrömischen Zeit in Zwangskorporationen *(collegia)* zusammengeschlossen, um die Versorgung der Stadt und das Steueraufkommen zu sichern. Die Masse der Bevölkerung bestand aus Freigelassenen und Sklaven, die sich jedoch in sehr unterschiedlicher wirtschaftlich-sozialer Position befanden. Freigelassene konnten zu großem Reichtum gelangen. Die städtische Selbstverwaltung lag in den Händen von Ratsherren, den Dekurionen und Kurialen. Sie waren verpflichtet, die städtischen Ämter zu übernehmen und hafteten dem Staat gegenüber für das Steueraufkommen. Die Zugehörigkeit zum Rat *(curia)* wurde allmählich zu einer drückenden Last. Die Civitas besaß die niedere Gerichtsbarkeit und die Polizeigewalt, doch unterlag die städtische Selbstverwaltung in der Spätantike immer stärkeren staatlichen Reglementierungen.

Friedrich Vittinghoff, Die Struktur der spätantiken Stadt. In: Vor- und Frühformen der europäischen Stadt im Mittelalter, 2 Bde., hrsg. von H. Jankuhn, W. Schlesinger und H. Steuer, Göttingen 1973/74 (= Abhh. d. Akad. d. Wiss. in Göttingen, Phil Hist. Kl., 3. Folge, Nr. 83/84), Bd. I, S. 92–101.

Fernand Vercauteren, Die spätantike Civitas im frühen Mittelalter. In: Bll. f. dt. LG 98, 1962, S. 12–25. Wiederabdruck: Die Stadt des Mittelalters (wie S. 127), Bd. I, S. 129–145.

Frank Kolb, Die Stadt im Altertum, München 1984, speziell S. 222–238.

Die Krisen, die das Römische Reich aus äußeren und inneren Ursachen seit dem 3. Jahrhundert heimsuchten, haben auch das städtische Leben in Mitleidenschaft gezogen. Zwar kann man nicht von einem allgemeinen Verfall des Städtewesens in der Spätantike sprechen, denn die meisten Städte erholten sich wieder von Plünderungen und Zerstörungen und manche erlebten im 4. Jahrhundert sogar eine neue Blütezeit, aber insgesamt trat doch eine Verminderung der Lebenskraft ein. Das Vordringen germanischer Stämme und der Zusammenbruch der römischen Herrschaft im Raum nördlich der Alpen hatten für einzelne Städte und ganze Provinzen zwar katastrophale Folgen, bedeuteten aber keine schlagartige Vernichtung der spätantiken Stadtkultur. Die Überlebenschancen der Städte waren allerdings sehr unterschiedlich. Je früher ein Gebiet von den Germanen erobert und besiedelt wurde, desto gründlicher haben sie die römischen Siedlungen und Kastelle geplündert, zerstört und ihrer Bewohner beraubt. Hart traf es die Grenzprovinzen, das Dekumatland, Germania inferior und superior, Rätien, Norikum und Pannonien. Weit größer waren die Überlebenschancen der Städte in den Gebieten, in denen keine bäuerliche Landnahme durch die Germanen stattfand. Die spätantiken Lebens- und Wirtschaftsformen blieben dort in Grundzügen erhalten. Vor allem im südlichen und westlichen Gallien, in Burgund und der Provence überstanden die meisten Städte die fränkische Eroberung und Reichsgründung. Die Frage nach den Verbindungen zwischen dem antiken und dem mittelalterlichen Städtewesen kann also nicht generell, sondern nur aufgrund regionaler Untersuchungen beantwortet werden.

Verbindungen zwischen der urbanen Welt der spätantiken Zeit und dem Städtewesen des Mittelalters fehlten ohne Zweifel auch auf dem Boden der ehemaligen römischen Grenzprovinzen Germania inferior und superior, Rätien und Norikum nicht ganz. Darauf deutet schon die Tatsache hin, daß zahlreiche Städte dieses Raumes noch heute Namen römischen Ursprungs tragen. Es ist daher zu fragen, welcher Art diese Verbindungslinien zwischen Spätantike und Frühmittelalter waren und ob es gerechtfertigt ist, von »Kontinuität« zu sprechen.

Die auffälligste Erscheinung ist die Kontinuität des Namengutes, das zu einem beträchtlichen Teil den Zusammenbruch der römischen Herrschaft überdauerte und germanisiert oder romanisiert wurde. Colonia wurde zu Köln, Confluentes zu Koblenz, Mogontiacum zu Mainz, Borbetomagus zu Worms, Augusta Treverorum zu Trier, Constantia zu Konstanz, Turicum zu Zürich, Cambodunum zu Kempten, Curia Raetorum zu Chur. Die Beispiele ließen sich beliebig vermehren. Da die römischen Städte und Kastelle in den Augen der Germanen den Charakter von Burgen hatten, erfuhren manche Namen eine entsprechende Veränderung. Aus Lopodunum wurde Ladenburg, aus Augusta Vindelicorum Augsburg, aus Regino Regensburg; einen neuen Namen erhielten Argentorate, das zu Straßburg wurde, und Iuvavum, das heutige Salzburg. Zu Übersetzungen wie im Falle von Aquae, das zu Baden-Baden wurde, kam es offenbar nur sehr selten. Ob das Weiterleben des Namens eine Kontinuität der Besiedlung oder nur der Ruinen anzeigt, muß in jedem Einzelfalle untersucht werden. Die völlige Zerstörung einer Stadt konnte auch zum Untergang des Namens führen, zum Beispiel im Fall von Colonia Ulpia Traiana (Xanten) oder der drei norischen Städte Virunum, Aguntum und Teurnia.

In der Regel ist jedoch eine siedlungsgeschichtliche Kontinuität zu erweisen oder wenigstens zu vermuten. Die Stadt- und Kastellmauern boten stets einen gewissen Schutz, und auch öffentliche Gebäude und Kirchen überstanden nicht selten den Zusammenbruch der römischen Herrschaft. Allerdings schrumpfte die Bevölkerung, die zunächst wohl fast ausschließlich provinzialrömischer Herkunft war, so stark zusammen, daß nur noch einzelne Viertel innerhalb des spätantiken Mauerringes bestehenblieben. Daher blieben vom römischen Straßennetz auch nur die Hauptstraßenzüge in ihren Grundlinien erhalten. Mehr Schutz boten die Kastelle, die kleiner und leichter zu verteidigen waren. Das Kastell Bodobriga (Boppard), dessen Mauern noch heute gut erhalten sind, war augenscheinlich kontinuierlich bewohnt. Auch an anderen Plätzen schlossen sich die mittelalterlichen Stadtmauern mehr oder weniger an die spätantiken Befestigungslinien an, so daß man von einer Kontinuität der Stadt- und Kastellmauern sprechen könnte.

Am deutlichsten zeichnet sich die Verbindung zwischen Antike und Mittelalter in der Kontinuität der Kultstätten ab. Viele frühmittelalterliche Kirchen führten altchristliche Traditionen weiter und knüpften an spätantike Vorgängerbauten an. Von herausragender Bedeutung für die Erhaltung christlicher Gemeinden und den Wiederaufbau einer kirchlichen Organisation waren die Bischöfe. Sie hatten bereits in spätrömischer Zeit an Besitz, Macht und Einfluß gewonnen. In den Wirren der Völkerwanderungszeit wuchs ihre Autorität, denn sie benutzten offenbar nicht selten die Wirtschafts- und Finanzkraft ihrer Kirche, um die ärgste Not der ärmeren Bevölkerung ihrer Diözese zu lindern. Während die staatliche Administration mehr und mehr versagte, übernahmen sie öffentliche Aufgaben wie die Unterhaltung öffentlicher Gebäude, die Errichtung oder Wiederherstellung von Befestigungsanlagen und Bau und Instandhaltung von Straßen und Brücken. Sie durften ihre Gemeinde und ihr Bistum nicht im Stich lassen und wurden daher nach der Flucht der weltlichen Amtsträger beim Einbruch der Germanen unter Umständen zur letzten Autorität in ihrer Stadt. Der Grad der kirchlichen Kontinuität war in den einzelnen Provinzen natürlich sehr unterschiedlich. Viele Bistümer gingen zugrunde, andere mußten an sichere Plätze verlegt werden, aber nicht nur in Gallien, sondern auch im rheinischen Raum ist in einigen Fällen mit einer Kontinuität des Bischofssitzes zu rechnen. In Köln, Trier, Mainz, Worms, Speyer und Straßburg erfuhren die Bischofsreihen höchstens kurze Unterbrechungen.

Die christliche Kirche war in ihren ersten Jahrhunderten eine Kirche der Märtyrer. Die Grabstätten christlicher Blutzeugen gewannen in der Spätantike als Kult- und Versammlungsstätten besonderes Ansehen. In der heidnisch-germanischen Umwelt scharten sich die Christen um die Märtyrergräber, von denen einige sogar zur Keimzelle für neue nichtagrarische Siedlungen wurden.

Das mittelalterliche Xanten erwuchs in Anlehnung an eine Memorialkirche auf einem spätantiken Gräberfeld, während die römische Stadt Colonia Ulpia Traiana vom Erdboden verschwand. Der Name Xanten, entstanden aus *ad sanctos* = bei den Heiligen, spiegelt diesen Ursprung wider. In diese Tradition gehört auch St. Quirin in Neuß, das auf einem römischen Gräberfeld in der Nähe des ehemaligen Legionslagers Novaesium liegt. In Bonn knüpft das Münster an eine altchristliche Märtyrerkirche an, und in Köln gilt das für St. Severin, St. Gereon und St. Ursula.

In Teilen des fränkischen Reiches haben die ehemaligen Römerstädte sogar eine Rolle als zentrale Orte spielen können. In Aquitanien, Burgund und dem südlichen Teil Neustriens entstand in Anlehnung an die Gliederung des Landes in Civitas-Bezirke eine neue Verwaltungsorganisation, die Grafschaftsverfassung. Der Graf *(comes)* hatte meist seinen Sitz in der Stadt selbst, so daß es zu einer Konkurrenz zwischen ihm und dem Bischof um den Einfluß in der Civitas kam. Im nördlichen Gallien und in den Gebieten östlich des Rheins beruhte die Grafschaftsverfassung auf den Gauen. Bei den Gauen handelt es sich ihrem Ursprung nach um naturräumliche Siedlungslandschaften, doch sind nicht wenige Gaue nach Römerstädten und Kastellen benannt (Zülpichgau, Jülichgau, Bonngau, Lobdengau, Wormsgau, Breisgau, Zürichgau u. a.). In welcher Form diese Plätze als »Gauvororte« gedient haben, ist nicht erkennbar. Neue zentrale Funktionen gewannen einige Civitates dadurch, daß sie den fränkischen Königen als Residenzen dienten. Unter den Merowingern treten Tournai, Soissons, Paris, Metz, Zülpich und Köln hervor. Antike Bauwerke wurden dabei offenbar weiter genutzt, zum Beispiel das Prätorium in Köln oder die Aula Palatina in Trier. Auch andere Städte wurden von den merowingischen Herrschern aufgesucht, während die karolingischen Könige dann ländliche Pfalzen bevorzugten. Unter Karl dem Großen gewannen Worms und vor allem Aachen als Königspfalzen eine überragende Bedeutung, doch wird man dies nicht unter dem Aspekt einer Kontinuität zentraler Funktionen sehen können.

Regensburg, das ehemalige Legionslager Regino, wurde erst im 7. Jahrhundert zum Zentralort des bayerischen Herzogtums, nachdem die Herzöge sich innerhalb der gut erhaltenen Römermauern niedergelassen hatten. Als Herzogspfalz diente wahrscheinlich das

Prätorium. Die frühmittelalterliche Pfalz- und Residenzfunktion stand daher keineswegs in einer älteren Tradition.

Nur in einem geringen Grad ist im Rhein- und Donauraum mit einer Kontinuität städtischer Funktionen in Handel und Gewerbe zu rechnen. An einzelnen Plätzen wie Trier und Köln scheint es Handwerker gegeben zu haben, die Schmuck, Glaswaren, Töpferwaren und Metallerzeugnisse herstellten und antike Fertigkeiten und Formen dem Mittelalter überlieferten. Für Trier gibt es auch Hinweise auf eine Beteiligung am Handel des Frühmittelalters. In einem gewissen Umfang blieb das spätrömische Verkehrsnetz erhalten, in das die Städte eingebunden waren. Römerstraßen und Brücken wurden weiter benutzt, und auch die Flußschiffahrt spielte weiterhin eine Rolle. Das fränkische Königtum scheint sogar die Institution der römischen Staatspost in rudimentärer Form weitergeführt zu haben.

Harald von Petrikovits, Das Fortleben römischer Städte an Rhein und Donau. In: Studien zu den Anfängen des europäischen Städtewesens, Lindau/Konstanz 1958 (= Vorträge und Forschungen IV), S. 63–76.

Hans Schönberger, Das Ende oder das Fortleben spätrömischer Städte an Rhein und Donau. In: Vor- und Frühformen der europäischen Stadt (wie S. 136), Bd. I, S. 102–109.

Otto Doppelfeld, Köln von der Spätantike bis zur Karolingerzeit. Ebda. S. 110–129.

Reinhard Schindler, Trier in merowingischer Zeit. Ebda. S. 130–151.

b) Kaufmannswik und Markt im frühen Mittelalter

Trotz einer unbestreitbaren Tendenz zur »Agrarisierung« entwickelte sich das Wirtschaftsleben des Frühmittelalters nicht einseitig in Richtung auf eine reine Naturalwirtschaft, denn Warenaustausch und Geldverkehr, Fernhandel und Handwerk kamen keineswegs ganz zum Erliegen. Selbstverständlich müssen die starken regionalen Unterschiede beachtet werden, die das Wirtschaftsleben selbst innerhalb des fränkischen Reiches aufwies. In den Gebieten mit stärkerer römischer Tradition behielten die Städte auch wirtschaftliche Funktionen, während in den nördlichen und östlichen Teilen die handwerkliche und gewerbliche Produktion auf das Land verlagert wurde. Der organisatorische Rahmen, in dem die oft unfreien Handwerker ihre Tätigkeit ausübten, waren wohl überwiegend die großen Grundherrschaften. Der Mittelmeerraum blieb auch nach dem Zusammenbruch des Römischen Reiches der wichtigste, Orient und Okzident miteinander verbindende Handelsraum. Der

Warenaustausch im Mittelmeerraum zeigt zwischen dem 5. und 8. Jahrhundert eine insgesamt rückläufige Tendenz mit einem Tiefpunkt in der Zeit um 700. Das Vordringen der Araber blieb gewiß nicht ohne Auswirkungen auf den mittelmeerischen Wirtschaftsraum, doch dürfte Henri PIRENNE die negativen Folgen überschätzt haben.

Dietrich Claude, Der Handel im westlichen Mittelmeer während des Frühmittelalters, Göttingen 1985 (= Untersuchungen zu Handel und Verkehr der vor- und frühgeschichtlichen Zeit in Mittel- und Nordeuropa, Teil II. Abhh. d. Akad. d. Wiss. in Göttingen, Phil.-Hist. Kl., 3. Folge, Nr. 144).

Während der Mittelmeerhandel zwischen dem 5. und 8. Jahrhundert starke Einbußen erlitt, entwickelte sich am Ende dieser Periode ein neuer Handelsraum, der seine Zentren im Schelde-Maas-Rhein-Gebiet und in den Küstenregionen von Nord- und Ostsee hatte. Die Intensivierung der Handelstätigkeit in diesem Raum begann wohl bereits im Verlaufe des 7. Jahrhunderts und setzte sich im 8. und frühen 9. Jahrhundert fort. Größere Bedeutung gewann der Seehandel, der das Frankenreich mit England und Skandinavien verband, aber auch die größeren Flüsse treten als Handelswege in Erscheinung. Die vielleicht wichtigste Route führte von der Rheinmündung über See zur Eider, dann über die Jütische Halbinsel nach Haithabu (bei Schleswig) und von dort weiter in den Ostseeraum nach Norwegen, Schweden und ins Baltikum. Der nordfranzösisch-niederrheinische Raum, der auch im politischen Leben des Frankenreiches eine große Rolle spielte, erlebte einen beachtlichen wirtschaftlichen Aufschwung, nicht nur im Handel, sondern auch in der Produktion (Töpferei, Glaserzeugung, Metallverarbeitung, Tuchproduktion, Münzprägungen). Dieser Aufschwung hängt vermutlich auch damit zusammen, daß über Rhein und Rhône Handelsbeziehungen zum Mittelmeerraum hergestellt werden konnten. Als Stützpunkte für den Nord- und Ostseehandel dienten die Handelsniederlassungen, die seit dem 7. Jahrhundert in diesem Raum als *vicus, portus* oder *emporium* bezeugt sind. In der wissenschaftlichen Terminologie werden für diesen Siedlungstypus, der zu den Vorformen der mittelalterlichen Stadt gehört, meist die Bezeichnungen »Wik« oder »Kaufmannswik« verwendet.
Charakteristisch für die frühmittelalterliche Kaufmannswik ist die Lage im Küstenbereich oder an einem schiffbaren Fluß, meist in Mündungsnähe. Wichtige Orte dieser Art waren Dorestad am Niederrhein, Quentowik, Tiel, Emden, Bremen, Hamburg, Haithabu bei Schleswig, Birka im schwedischen Mälarsee, Lillö, Grobin und

Kaupang. Einige Wiken werden in der schriftlichen Überlieferung erwähnt, andere sind nur archäologisch faßbar.

Die Kaufmannswiken sind von der älteren Forschung vor allem deshalb als besonderer präurbaner Siedlungstypus betrachtet worden, weil sie annahm, daß es sich um reine »Händlertreffpunkte« gehandelt habe, an denen die umherziehenden Kaufleute nur periodisch zusammengekommen seien, um ihre Waren auszutauschen. Diese »Wiktheorie« ist durch neuere Forschungen überholt, denn es konnte gezeigt werden, daß die sog. Wiken Dauersiedlungen waren, in denen sowohl »wiksässige« Kaufleute als auch Handwerker verschiedener Art gelebt haben. Zum Beispiel war Dorestad nicht nur Handelsplatz, sondern auch Münz- und Zollstätte. Der Ort hatte eine Burg und eine Kirche, so daß man ihn durchaus als eine der typischen Frühformen der mittelalterlichen Stadt betrachten kann. Die Kaufmannswiken innerhalb des Frankenreiches waren offenbar regelmäßig einem königlichen Beamten, dem »Wikgrafen«, unterstellt *(praefectus emporii, praepositus negotiatorum)*, der die Abgaben für den König einzog, den Handelsverkehr kontrollierte, die Gerichtsbarkeit ausübte und die Verteidigung übernahm. Die Blütezeit der Kaufmannswiken waren das 8. und frühe 9. Jahrhundert. Nur wenige von ihnen haben sich zu Städten weiterentwickeln können, die meisten wurden wie Dorestad, Quentowik, Domburg, Haithabu, Birka im 9./10. Jahrhundert zerstört und aufgegeben.

Unter den Karolingern wird ein allgemeiner wirtschaftlicher Aufschwung im fränkischen Reich spürbar. Das System der See- und Flußhandelsplätze im Nord- und Ostseeraum wurde durch die Entstehung von zahlreichen Marktsiedlungen im Binnenland ergänzt. Im Unterschied zur Kaufmannswik erwuchsen sie stets in enger Anlehnung an ältere Siedlungskerne wie ehemalige Römerstädte, Bischofssitze, Klöster, Königspfalzen oder Burgen. Sie waren daher nicht nur Umschlagplätze für den Fernhandel wie manche Kaufmannswik, sondern hatten auch eine Verteilerfunktion, da sie unmittelbar am Sitz wichtiger Konsumentengruppen lagen. Nicht zu unterschätzen ist auch der Handel mit Gütern des täglichen Bedarfs, der sich auf diesen Märkten abspielte. Charakteristisch für die meisten dieser präurbanen Siedlungskomplexe ist der »topographische Dualismus« zwischen einem Herrschaftszentrum und der Niederlassung der Kaufleute, Händler und Handwerker. Orte dieses Typs gab es besonders häufig in Nordfrankreich, Flandern und am Niederrhein. Daher sah die stadtgeschichtliche Forschung im Rhein-Maas-Gebiet lange Zeit die »Wiege« der mitteleuropäischen Stadt. Die große Rolle dieses Raumes für die Entstehung dieses Städtetypus soll nicht bestritten werden, doch sind ähnliche Frühformen städtischen Lebens auch in anderen Teilen des Frankenreiches entstanden, im Rhein-Main-Gebiet, in Alemannien, Bayern, Ostfranken, Thüringen und Sachsen. Von besonderer handelspolitischer Bedeutung waren offenbar einige Plätze an der Ostgrenze des Reiches, die 805 im Diedenhofener Kapitular Karls des Großen im Zusammenhang mit einem Waffenembargo genannt werden (MGH Capit. I 44 c. 7). Sie dienten dem Warenaustausch mit den Slawen und zugleich der Kontrolle dieses Handels. Wenigstens an den wichtigsten dieser Handelsplätze, etwa in Bardowick, Magdeburg, Erfurt und Regensburg, dürften bereits um 800 ständig Kaufleute und Handwerker gewohnt haben.

Zu diesen Marktsiedlungen, die sich im Anschluß an ältere Siedlungskomplexe allmählich entwickelt hatten, kamen im 9. Jahrhundert neue Märkte, die bewußt als Wirtschaftszentren geschaffen und privilegiert wurden. Diese *Periode der Marktgründungen und Marktrechtsverleihungen* erreichte ihren Höhepunkt in Deutschland unter den Ottonen und setzte sich auch noch unter den Saliern fort. Das Königtum war seit der ersten Hälfte des 9. Jahrhunderts im Besitz des »Marktregals«, d. h. die Schaffung eines neuen Marktes bedurfte der Privilegierung durch den König. In der Praxis waren es zum großen Teil die geistlichen und weltlichen Feudalherren, die Marktsiedlungen gründeten, nachdem sie in der Regel vom König die erforderlichen Markt-, Münz- und Zollprivilegien erlangt hatten. Ebensowenig wie alle Kaufmannswiken haben sich alle frühen Marktsiedlungen zu Städten entwickeln können. Es gab eine Reihe von Fehlgründungen. Dennoch haben die frühen Marktsiedlungen bei der Entstehung des Städtewesens gerade im deutschen Raum eine wichtige Rolle gespielt.

Walter Schlesinger, Der Markt als Frühform der deutschen Stadt. In: Vor- und Frühformen der europäischen Stadt (wie S. 136), Bd. I, S. 262–293.

Bei einer stark vereinfachenden Betrachtung sind drei verschiedene Vorstufen und Frühformen der mittelalterlichen Stadt erkennbar, zwischen denen es natürlich fließende Übergänge und Mischformen gab. Erstens die ehemaligen Römerorte mit einer gewissen, im Einzelfall recht unterschiedlichen Kontinuität hinsichtlich des Siedlungsplatzes, der Bevölkerung und der wirtschaftlichen, kirchlichen und zentralörtlichen Funktionen, zweitens die See- und Flußhandelsplätze (Kaufmannswiken) im Nord- und Ostseeraum und drittens die Marktorte im Binnenland.

3. Entstehung und Ausbreitung

a) Stadtentstehungstheorien

In dem allmählichen Prozeß, in dem die Stadt des Mittelalters entstand, hat der Zusammenschluß der Stadtbewohner zu einem rechtsfähigen Verband eine ganz entscheidende Rolle gespielt. Die Stadtgemeinde, die aus der ursprünglich freiwilligen genossenschaftlichen Vereinigung verschiedener städtischer Bevölkerungsgruppen hervorging, gehört zu den konstitutiven Merkmalen der europäischen Stadt des Mittelalters. Um die Ursachen für die Entstehung dieser neuen Sozialordnung und die Rechtsgrundlagen, auf denen sie beruht, zu erklären, sind in der Forschung verschiedene Theorien entwickelt worden.

Georg von BELOW, einer der führenden deutschen Historiker seiner Zeit, betrachtete die Stadtgemeinde als eine Analogie zur Landgemeinde (»Landgemeindetheorie«). Er bekämpfte die ältere »Hofrechtstheorie«, deren Vertreter den Ursprung der städtischen Gemeinde in den Fronhofverbänden der Grundherrschaften suchten. Nach dieser Lehre, deren Hauptvertreter Karl Wilhelm NITZSCH war, führte der Weg vom grundherrlichen Hofrecht über stadtsässige, aber hofrechtlich organisierte Handwerkerverbände zur Stadtgemeinde. Die Landgemeindetheorie und die Hofrechtstheorie gelten in der neueren stadtgeschichtlichen Forschung als überholt.

Beachtenswerte Gedanken enthält die »Marktrechtstheorie«, die namentlich von Aloys SCHULTE, Eberhard GOTHEIN und Rudolf SOHM begründet wurde. Sie sahen im Marktrecht die Vorform des Stadtrechts und in der »Marktgemeinde« die der Stadtgemeinde. In der Marktrechtstheorie wird der herrschaftliche Einfluß auf die Entstehung der Stadtverfassung berücksichtigt, denn das Marktrecht gehörte zu den Regalien und wurde vom König verliehen. Einwände gegen die Marktrechtstheorie wurden vor allem von Forschern vorgebracht, die Spezialisten für das nordwesteuropäische Städtewesen sind, da in diesem Bereich der Fernhändler die dominierende Figur war. Sie sahen daher nicht in der Marktsiedlung, sondern in der Kaufmannsniederlassung die Keimzelle der Stadt. Demgegenüber haben Heinrich BÜTTNER und Walter SCHLESINGER wieder verstärkt auf Markt und Marktrecht als wichtige Faktoren für die Entstehung der Stadtgemeinde hingewiesen, ohne damit jedoch die reine Marktrechtstheorie wiederbeleben zu wollen.

Untersuchungen im nordfranzösisch-niederrheinischen Raum haben die Rolle der Kaufleute und ihrer genossenschaftlichen Organisationsformen hervortreten lassen. Es stellt sich also die Frage, welche Funktionen die Kaufmannsgilde im Prozeß der Entstehung der Bürgergemeinde und der Stadtverfassung zu erfüllen hatte. Nach Auffassung führender Historiker wie Fritz Rörig, Henri Pirenne, Hans Planitz und Edith Ennen haben Kaufmannsrecht und Kaufmannsgilde dabei eine große Rolle gespielt. Vor allem Planitz betrachtet die Bildung einer Eidgenossenschaft *(coniuratio)* als den entscheidenden Wendepunkt. Durch Eidesleistung schlossen sich nach dieser »Coniuratio-Theorie« die Bewohner eines Ortes unter Führung der Kaufmannschaft zu einem rechtsfähigen Verband zusammen, aus dem dann allmählich die Stadtgemeinde hervorging. Dieser Schwurverband war ein Schutz- und Friedensverband, der jedoch nicht selten eine antifeudale Tendenz hatte und sich mehr oder weniger gegen den Stadtherrn richtete.

Hans Planitz, Kaufmannsgilde und städtische Eidgenossenschaft in niederfränkischen Städten im 11. und 12. Jahrhundert. In: ZSRG GA 60, 1940, S. 1–116. Ders., Frühgeschichte der deutschen Stadt. In: ZSRG GA 63, 1943, S. 1–91.

Monokausale Erklärungsmodelle werden in der modernen stadtgeschichtlichen Forschung im allgemeinen nicht mehr vorgetragen. Auch die Entstehung der Stadtgemeinde kann durch eine einzelne Theorie nicht hinreichend erklärt werden.

Edith Ennen, Frühgeschichte der europäischen Stadt – wie ich sie heute sehe. In: Dies., Gesammelte Abhandlungen zum europäischen Städtewesen und zur rheinischen Geschichte, Bonn 1977, S. 259–284.

b) Vom Markt zur Stadt

In der modernen Stadtgeschichtsforschung wird die Rolle des Marktes im komplizierten Stadtwerdungsprozeß wieder stärker hervorgehoben, sicher zu Recht, denn die Vermittlung des Warenaustausches gehörte zu den Hauptfunktionen der mittelalterlichen Stadt. Marktverkehr gab es bereits im Frühmittelalter an Bischofssitzen, Klöstern, Pfalzen und natürlich in den Kaufmannswiken. Hohe kirchliche Festtage boten Gelegenheit zu »Handel und Wandel«. Markt und Messe wurden fast zu Synonymen (Dionysiusmarkt, Peter- und Pauls-Messe). Von besonderer Bedeutung für die weitere Entwicklung wurde die Herausbildung des »Marktregals« in der späten Karolingerzeit. Bereits Karl der Große hatte den Schutz und die Kontrolle des Handelsverkehrs übernommen. Die reisenden Kaufleute standen unter dem Schutz des Herrschers, und es lag nahe, auch den Markt selbst unter Königsschutz zu stellen. Wer einen Markt aufsuchte, genoß dort den vom König garantierten *Marktfrieden*. Der Bruch dieses Marktfriedens wurde mit dem »Königsbann«, der hohen Buße von sechzig Schillingen, gebüßt. Auch derjenige, der einen Markt aufsuchte oder von einem Marktbesuch zurückkehrte, sollte besonderen Schutz genießen. Aus seiner allgemeinen Schutzfunktion leitete das Königtum das Marktregal ab, d. h. die Errichtung neuer Märkte und die Privilegierung bereits bestehender bedurften der königlichen Genehmigung.

Der Einhaltung des Marktfriedens diente die *Marktgerichtsbarkeit*. Der Markt wurde aus der allgemeinen Gerichtsbarkeit herausgelöst und einem besonderen Marktrichter unterstellt. Im Auftrag des Marktherrn wurden vor seinem Gericht alle Streitfälle behandelt, die den Markt betrafen. Im Marktgericht wurde rascher entschieden als vor dem Landgericht, dessen Regelungen für eine kriegerisch-bäuerliche Gesellschaft geeignet waren, nicht aber für den Marktverkehr. Als Urteilsfinder dürften dem herrschaftlichen Marktrichter von Anfang an rechtskundige Kaufleute zur Seite gestanden haben, denn es bildete sich gewohnheitsmäßig ein Kaufmanns- und Marktrecht heraus. Dieses »Schöffenkollegium« war in manchen Städten ein wichtiger Faktor für die Entstehung der städtischen Selbstverwaltung.

In engem Zusammenhang mit dem königlichen Marktregal standen das Münz- und Zollrecht. Der Markthandel war schon in karolingischer Zeit kein Tauschhandel, sondern vollzog sich mehr oder weniger auf der Basis des Geldverkehrs. Daher wurden an vielen Marktorten auch Münzen geprägt. Der König überließ das Münzregal vielfach dem Marktherrn. Durch die Münzprägung stand ein anerkanntes und vom jeweiligen Münzherrn garantiertes Zahlungsmittel zur Verfügung. Da die Münzen vielfach alljährlich umgeprägt wurden, war eine Münzstätte für den Besitzer eine lukrative Institution. Für 12 alte (»verrufene«) Pfennige erhielt man nämlich im allgemeinen nur 9 neue. Die Münzen hatten in der Regel nur einen räumlich begrenzten Geltungsbereich, so daß fremdes Geld erst beim Geldwechsler in die auf dem betreffenden Markt gültige Währung eingewechselt werden mußte. Der Münzmeister und die Münzer bildeten eine einflußreiche Personengruppe innerhalb der Bewohner der Marktsiedlung.

Der Markt war zwischen dem 10. und 12. Jahrhundert noch sehr stark in herrschaftliche Strukturen eingeordnet, sowohl topographisch als auch rechtlich. Neben dem König treten geistliche und weltliche Feudalherren als Marktherren in Erscheinung. Sie sind es, die vom König die Markt-, Münz- und Zollrechte erhalten. Auch dann, wenn vom König Verfügungen zugunsten der Kaufleute und Marktbewohner getroffen werden, war der Empfänger der Urkunde der jeweilige Feudalherr. Erst allmählich entsteht eine »Marktgemeinde«, die selbst Privilegien empfangen kann. Vereinzelt, wie 965 in Magdeburg, kam das bereits in der zweiten Hälfte des 10. Jahrhunderts vor. Topographisch lehnten sich die Marktsiedlungen fast immer an Herrschaftszentren und kirchliche Mittelpunkte an (»topographischer Dualismus«). Die Nähe zu herrschaftlichen Gewalten war keineswegs stets von Nachteil, denn nur sie konnten letztlich Schutz bieten, Recht und Frieden garantieren. Die von Kaufleuten und Handwerkern bewohnte Marktsiedlung war an wichtigen Orten, besonders an den Bischofssitzen, nur Teil eines umfassenderen, aus heterogenen Elementen bestehenden Siedlungskomplexes. Sie war jedoch in der Regel der für die weitere Entwicklung ausschlaggebende dynamische Faktor.

Der Übergang vom Marktort zur Stadt im Rechtssinne vollzog sich in einem allmählichen Prozeß, sowohl im rechtlichen als auch im topographischen Bereich. Aus den verschiedenen Bevölkerungsgruppen formierte sich die Bürgerschaft, vor allem aus Kaufleuten, Händlern, Handwerkern und Gewerbetreibenden.

c) Die Entstehung der Stadtgemeinde

In der Kölner Königschronik wird zum Jahr 1112 berichtet: *Coniuratio Coloniae facta est pro libertate* (MGH SS in us. schol., 1880, S. 52). Der Satz »In Köln wurde eine Eidgenossenschaft für die Freiheit beschworen«, hat lange Zeit die Richtung der stadtgeschichtlichen Forschung bestimmt, denn man interpretierte die *coniuratio* als einen Schwurverband der Kölner Bürger, beschworen in der Absicht, dem erzbischöflichen Stadtherrn Rechte und Freiheiten abzuringen. Die Begriffe *libertas* (»bürgerliche Freiheit«) und *coniuratio* (»Eidgenossenschaft«) gewannen aus dieser Sicht zentrale Bedeutung. Durch die Eidverbrüderung, die alle Schichten vereinte, wurde erst die Stadt im Rechtssinne begründet, und aus ihr gingen die Organe der städtischen Selbstverwaltung hervor. Die Bildung einer Eidgenossenschaft war ein revolutionärer Akt.

Edith Ennen, Erzbischof und Stadtgemeinde in Köln bis zur Schlacht bei

Worringen (1288). In Bischofs- und Kathedralstädte des Mittelalters und der frühen Neuzeit, Köln/Wien 1976 (= Städteforschung, Reihe A, Bd. 1), S. 28–46.
Hermann Jakobs, Verfassungstopographische Studien zur Kölner Stadtgeschichte des 10.–12. Jahrhunderts. In: Köln, das Reich und Europa, 1971, S. 49–124.

Die Autonomiebestrebungen der Stadtbevölkerung, die in den letzten Jahrzehnten des 11. Jahrhunderts in verschiedenen Städten zu beobachten sind, waren ohne Zweifel der Ausdruck der Wirtschaftskraft und des wachsenden bürgerlichen Selbstbewußtseins. Die sogenannte kommunale Bewegung wurde offensichtlich aber auch durch den Investiturstreit angeregt, der die »herrschende Klasse« der Feudalgesellschaft im Reich in zwei Lager spaltete. Die Bürger stellten sich in dem Konflikt überwiegend auf die Seite des Königs. Es ist auch kein Zufall, daß der Eintritt des deutschen Bürgers in die politische Geschichte gerade in einigen großen Bischofsstädten erfolgte. Eine ausgeprägte Stadtherrschaft durch den Bischof stieß hier mit einer wirtschaftlich starken und selbstbewußten Kaufmannsschaft zusammen, und in dem Augenblick, in dem es zu Spannungen zwischen dem Stadtherrn und dem Reichsoberhaupt kam, konnten die Bürger das Zünglein an der Waage sein. So haben sich in dieser Zeit Aufstände gegen die bischöflichen Stadtherren in Köln, Worms, Trier, Speyer, Mainz und in dem damals zum Reich gehörenden Cambrai abgespielt. Mit Privilegien wurden die Bürger vom König für ihre Unterstützung belohnt. Auch wenn die Auseinandersetzungen nicht immer mit einem Erfolg der Bürger endeten, so wurden sie doch stets vom König oder ihrem Stadtherrn als politische Kraft anerkannt. Der Zusammenschluß der verschiedenen Bevölkerungsgruppen erfolgte wohl nicht selten durch Begründung eines Schwurverbandes.

Knut Schulz, »Denn sie lieben die Freiheit so sehr…« Kommunale Aufstände und Entstehung des europäischen Bürgertums im Hochmittelalter, Darmstadt 1992. – Untersucht werden städtische Freiheitsbewegungen in Italien (Mailand, Rom, Lombardei), Frankreich (Laon, Cambrai, Marseille), Deutschland (Köln, Worms, Trier, Mainz), Flandern (Brügge, Gent, St. Omer) und England (London).

Es waren die spektakulären Revolten in Trier und Mainz, in Speyer und Cambrai, vor allem aber in Worms und Köln, die die Aufmerksamkeit der Chronisten erregt hatten, und so entsteht der Eindruck, als habe sich die Bildung der Stadtgemeinde stets in einem revolutionären Akt vollzogen, sei Aufruhr und Empörung gegen den Stadtherrn gewesen. Die kommunale Emanzipationsbewegung des 11. und frühen 12. Jahrhunderts konnte jedoch auch einen relativ friedlichen Verlauf nehmen. In Magdeburg und Halberstadt läßt sich dies an Hand der überlieferten Privilegien reche gut verfolgen.

Erika Uitz, Der Kampf um kommunale Autonomie in Magdeburg bis zur Stadtverfassung von 1330. In Stadt und Bürgertum in der deutschen Geschichte des 13. Jahrhunderts, hrsg. von Bernhard Töpfer, Berlin 1976 (= Forschungen zur mittelalterlichen Geschichte, Bd. 24) S. 288–323.
Berent Schwineköper, Königtum und Städte bis zum Ende des Investiturstreits. Die Politik der Ottonen und Salier gegenüber den werdenden Städten im östlichen Sachsen und in Nordthüringen, Sigmaringen 1977 (= Vorträge und Forschungen, Sonderband 11).

Die stadtgeschichtlichen Forschungen der letzten Jahrzehnte haben ergeben, daß sich die Entstehung der Stadtgemeinde nicht monokausal durch eine einheitliche »Stadtentstehungstheorie« erklären läßt. Wichtig war der Zusammenschluß der verschiedenen Bevölkerungsgruppen zu einem rechtsfähigen Verband. Die führende Rolle haben dabei ohne Zweifel die Kaufleute gespielt, doch wäre der von ihnen initiierte Prozeß sicher nicht erfolgreich gewesen, wenn sie nicht Unterstützung bei anderen sozialen Schichten gefunden hätten. Nicht nur Handwerker und niedere Bevölkerungsgruppen haben sich an der kommunalen Bewegung beteiligt, sondern in manchen Fällen auch stadtherrliche Dienstmannen, die darin eine Chance zur Vergrößerung ihrer Unabhängigkeit von ihrem Herrn sahen. Die Autonomiebestrebungen der Stadtbevölkerung stießen allerdings immer wieder an die Schranken, die ihnen der Stadtherr zog. Sie hatten daher stets eine antistadtherrliche Komponente.

Die Entstehung der Stadtgemeinde vollzog sich keineswegs stets in einem revolutionären Prozeß, sondern nahm wohl viel häufiger einen im wesentlichen friedlichen Verlauf. Die Bürger nutzten Schwächeperioden ihres Stadtherrn, um ihre Ziele zu verwirklichen. Auch Geldzahlungen dürften eine größere Rolle gespielt haben, als dies die Überlieferung erkennen läßt. Es wäre auch falsch, das Verhältnis von Bürgerschaft und Stadtherrschaft nur unter dem Aspekt des Gegensatzes zu sehen. Beide hatten viele gemeinsame Aufgaben und Interessen, und manche Stadtherren haben ihre Städte nach Kräften gefördert. Die kommunale Bewegung des Mittelalters darf auch nicht idealisiert und zur Vorkämpferin für »Freiheit, Gleichheit und Brüderlichkeit« gemacht werden. Die Stadtbewohner strebten nach Privilegien für den eigenen Stand, und die einzelnen sozialen Schichten erhielten höchst ungleiche Anteile an den rechtlichen, wirtschaftlichen und politischen Errungenschaften. Antifeudal war die kommunale Bewegung nur partiell, nicht prinzipiell. Es ging nicht um die vollständige Beseitigung der herrschaftlichen Strukturen, sondern um die größtmögliche Autonomie innerhalb des gegebenen Rahmens.

d) Die Ausbreitung des Städtewesens

Im 11. und 12. Jahrhundert gewann die Stadt des Mittelalters als besonderer Typus ihre charakteristische Gestalt. Auf die Jahrhunderte der allmählichen Entwicklung von Städten im Rechtssinne aus den verschiedenartigsten Vorstufen und Frühformen folgte eine *Periode der Stadtgründungen*. Das Königtum, geistliche und weltliche Fürsten, geistliche und weltliche Herren verschiedenen Ranges gründeten planmäßig neue Städte oder verliehen an bereits bestehende Orte städtische Rechte. Ökonomische und territorialpolitische Motive standen hinter dieser Förderung des Städtewesens durch die Feudalgewalten. In dieser Periode wurde das Städtenetz in Altdeutschland rasch verdichtet. Gleichzeitig wurde die Stadt als Institution in die von der deutschen Ostbewegung erfaßten Gebiete im Osten übertragen, wo sie auf die Frühformen des slawischen Städtewesens traf.

Frühe Stadtgründungen erfolgten in Freiburg im Breisgau (um 1120), Lübeck (1143/1159), München (1158), Stendal (zwischen 1160 und 1170) und Leipzig (zwischen 1161 und 1170). Im 12. Jahrhundert befindet sich die »Technik« der Stadtgründung noch im »Versuchsstadium«, doch entwikkeln sich rasch die typischen Formen, in denen sich dieser Prozeß vollzog. Generalisierend lassen sich die Merkmale einer »Gründungsstadt« folgendermaßen zusammenfassen:
1. Die Initiative zur Stadtgründung wird in den Quellen dem jeweiligen Feudalherrn zugeschrieben, doch dürften auch Kaufleute eine Rolle gespielt haben, ohne daß man gleich an ein »Gründungsunternehmerkonsortium« (Fritz RÖRIG) denken darf. Der Stadtherr verfolgte mit der Gründung wirtschafts- und finanzpolitische, territorialpolitische und nicht selten auch militärische Ziele.
2. Hauptanliegen war die Schaffung eines wirtschaftlichen Mittelpunktes, dessen Bewohner von Handel, Handwerk und Gewerbe leben sollten. Deshalb wurde das städtische Wirtschaftsleben durch entsprechende Privilegien (Marktrecht, Zollbefreiungen, Münzrecht, Jahrmärkte, Bannmeile usw.) gefördert. Die älteren Gründungsstädte erhielten deshalb auch nur kleine Stadtgemarkungen, die nicht dem Ackerbau, sondern den Bedürfnissen der Stadtwirtschaft (Holzversorgung, Wassernutzung für Handwerk und Gewerbe, Weide für Zugtiere, Schlachtvieh und Viehhandel) dienen sollten. Da sich jedoch bald herausstellte, daß sich nicht in allen Neugründungen ein städtisches Wirtschaftsleben in der angestrebten Form entfaltete, wurden jüngere Städte mit größeren Feldmarken ausgestattet, so daß ein Teil der Bewohner als Ackerbürger leben konnte.

3. Charakteristisch für die Gründungsstadt war das Bestreben, die Rechtsverhältnisse sofort und umfassend zu regeln. Die Rechte und Freiheiten, die sich die gewachsenen Städte erst allmählich erkämpft hatten, wurden den neuen Städten auf einmal verliehen. Ihre Realisierung und Ausgestaltung waren freilich von der weiteren Entwicklung abhängig. Die Verleihung städtischer Rechte erfolgte vielfach in Anlehnung an das Recht einer älteren angesehenen Stadt. Die Gründungsstadt übernahm ein fertiges Stadtrecht. Da man in schwierigen Fällen in der Rechtsmutterstadt um Rechtsbelehrungen nachsuchte, entstanden oft Stadtrechtsfamilien aus Rechtsmutterstädten und zahlreichen Tochterstädten (vgl. S. 167ff.). Typisches Besitzrecht an Grund und Boden war in den Gründungsstädten die freie städtische Erbzinsleihe (vgl. S. 159).

4. Eine Gründungsstadt hat im allgemeinen einen wesentlich regelmäßigeren Grundriß als eine allmählich gewachsene Stadt. Im Idealfall war sie eine Gründung »auf wilder Wurzel«, d.h. eine planmäßige Anlage ohne Anknüpfung an eine ältere Siedlung. Meist erfolgte die Stadtgründung jedoch in Anlehnung an eine Burg oder ein Kloster, so daß sich ebenfalls ein topographischer Dualismus zwischen einem Herrschaftszentrum und der Bürgerstadt ergab. In manchen Fällen ist auch die Überlagerung und Eingliederung einer Vorsiedlung agrarischer oder nichtagrarischer Art in die Gründungsstadt zu beobachten.

5. Die Gründung einer Stadt war ein Wechsel auf die Zukunft. In zahlreichen Fällen hat der im Mittelalter abgegrenzte Raum für Jahrhunderte ausgereicht, und die betreffenden Städte haben erst im 18. oder 19. Jahrhundert den mittelalterlichen Mauerring gesprengt. In anderen Fällen war das Wachstum stärker als geplant, so daß mehrfach Stadterweiterungen vorgenommen oder eine Neustadt angelegt werden mußten. Die »Neustadt« wurde nicht immer Teil der ursprünglichen Stadt, sondern bildete oftmals ein topographisch und verfassungsrechtlich selbständiges Gemeinwesen, das manchmal erst in der Neuzeit mit der Altstadt vereinigt werden konnte. Andererseits glückte nicht jede Stadtgründung im ersten Anlauf. Kriegerische Ereignisse, politische Rivalitäten und wirtschaftliche Schwierigkeiten konnten eine gedeihliche Entwicklung verzögern oder sogar verhindern. Manchmal mußte die Stadtgründung wiederholt werden, und zahlreiche Orte blieben trotz Planung und umfangreicher Privilegierung auf einer sehr niedrigen Stufe städtischen Lebens stehen. Absolute Fehlgründungen, die von allen Bewohnern wieder geräumt wurden (»Stadtwüstungen«), sind aber recht selten.

6. Die rasche Ausbreitung des mittelalterlichen Städtewesens wurde nicht nur durch die Aktivitäten der Stadtherren und die starke Mobilität des Bürgertums, sondern auch durch die Übertragung von fertigen Rechts-, Wirtschafts- und Sozialformen ermöglicht. Der Transfer von städtischen Strukturelementen förderte die Ausbreitung der Stadt, ließ aber durchaus Raum für eigenständige Entwicklungen.

Im hohen und späten Mittelalter wurden auch Ostmitteleuropa und Teile Südosteuropas in den von Westeuropa ausgehenden allgemeinen Urbanisierungsprozeß einbezogen. Im Siedlungsgebiet der elb- und ostseeslawischen Stämme, in Polen, im Baltikum, in Böhmen und Mähren sowie in Ungarn standen die Stadtgründungen vielfach in engstem Zusammenhang mit der deutschen Ostsiedlungsbewegung. In den Gebieten östlich von Elbe und Saale, die allmählich zu deutschen Ländern geworden sind, wurden Hunderte von Städten gegründet, darunter so hervorragende wie Leipzig, Dresden, Berlin, Greifswald, Rostock, Stralsund, Stettin, Breslau, Danzig und Königsberg. Auch außerhalb dieses Raumes wurden viele Städte von deutschen Bürgern angelegt oder wenigstens mit deutschem Stadtrecht bewidmet.

Die Städte dieses Raumes waren ihrem Typus nach überwiegend »Gründungsstädte«. Da sie im Zusammenhang mit der deutschen Ostkolonisation entstanden sind, werden sie auch als »Kolonialstädte« bezeichnet. Sie waren jedoch keineswegs alle Gründungen auf wilder Wurzel, sondern entstanden wenigstens zum Teil in Anknüpfung an ältere nichtagrarische Siedlungen. Damit stellt sich die Frage nach dem Verhältnis zwischen den älteren slawischen Wirtschaftszentren und den jüngeren deutschen oder deutschrechtlichen Städten.

Dieses Kontinuitätsproblem wird in der deutschen und der polnischen Forschung seit langem diskutiert. In der deutschen Ostforschung wird die große Rolle der deutschen Ostsiedlung betont, durch die die Stadt westlicher Prägung nach Osten übertragen worden sei (»Kolonisationstheorie«). Dagegen dominiert in der polnischen Geschichtsschreibung die »Evolutionstheorie«. Die Anhänger dieser Theorie rechnen mit der kontinuierlichen Weiterentwicklung eines bodenständigen slawischen Städtewesens und messen der Übertragung westlicher urbaner Rechts- und Verfassungsformen nur geringes Gewicht zu. Inzwischen werden eher vermittelnde Positionen vertreten.

Ohne Zweifel gab es im slawischen Bereich bereits vor dem Einsetzen der deutschen Ostsiedlungsbewegung an verschiedenen Stellen nichtagrarische Siedlungen, die von Händlern und Handwerkern bewohnt wurden und an denen Marktverkehr stattfand. Sie hatten sich in der Regel im Anschluß an Burgen entwickelt, die seit dem frühen Mittelalter bei den Slawen eine wichtige Rolle gespielt haben. Sie werden daher in der Forschung oft als »Burgstädte« oder »Suburbien« bezeichnet. Siedlungen frühstädtischen Charakters gab es in Pommern, Polen, Schlesien und Böhmen, während in anderen slawischen Gebieten offenbar nur erste Ansätze eines autogenen Städtewesens vorhanden waren.

Burg – Burgstadt – Stadt. Zur Genese mittelalterlicher nichtagrarischer Zentren in Ostmitteleuropa, hrsg. von Hansjürgen Brachmann, Berlin

1995 (= Forschungen zur Geschichte und Kultur des östlichen Mitteleuropa). – Historische, archäologische und sprachwissenschaftliche Untersuchungen zu den Anfängen des Städtewesen in Ostdeutschland, Polen, dem Baltikum, Böhmen, Mähren und Ungarn. Ein zentrales Problem ist die Frage nach dem Verhältnis der slawischen Frühstädte zur voll entwickelten Stadt der Zeit der deutschen Ostkonolisation.

Die weitere Entwicklung vollzog sich unter dem Einfluß der deutsch-rechtlichen Stadt. Diese Form wurde als fertige Institution nach Osten übertragen und überlagerte die dort vorhandenen Ansätze. Die Verleihung des deutschen Stadtrechts leitete auch da, wo bereits präurbane Siedlungen bestanden, eine neue Etappe der städtischen Entwicklung ein. Sie brachte neue Elemente: Stadtrecht, städtische Selbstverwaltung, persönliche Freiheit der Bürger, Konstituierung eines Bürgerstandes aus Kaufleuten und Handwerkern, Trennung von Stadt und Land. Diese Elemente förderten die wirtschaftliche Entwicklung und führten zu einer raschen Ausbreitung der deutschrechtlichen Stadt im östlichen Mitteleuropa. Die Träger dieser Bewegung waren zunächst hauptsächlich deutsche Kaufleute und Handwerker, und auch außerhalb der späteren deutschen Grenzen haben Deutsche unter den Bewohnern vieler Städte eine große Rolle gespielt. Erst seit dem 14. Jahrhundert wurden dann Städte zu deutschem Recht, aber ohne Beteiligung von deutschen Siedlern gegründet.

In der älteren Stadtgeschichtsforschung ist der Unterschied zwischen der Gründungsstadt und der gewachsenen Stadt stark betont worden, während durch neuere Untersuchungen diese beiden Begriffe stark relativiert worden sind. Der Begriff der Gründungsstadt impliziert, daß man eine Stadt schaffen wollte und bewußt und planmäßig ans Werk ging. Die Durchführung dieses Vorhabens nahm selbstverständlich längere Zeit in Anspruch. Dem Rechtsakt der Privilegierung durch den Stadtherrn ging eine Vorbereitungsphase voraus, die in den Quellen freilich kaum faßbar ist. Der künftige Stadtherr verhandelte mit Interessenten über die Bedingungen der Ansiedlung. Wahrscheinlich wurde das Stadtgebiet vermessen und abgegrenzt und wohl auch mit der Aufbauarbeit begonnen. Ein wichtiges Datum war der Tag, an dem der Stadtherr der Bürgerschaft in feierlicher Weise das Stadtrecht verlieh und darüber meist eine Urkunde ausstellen ließ. Es war ein Markstein im Prozeß der Stadtwerdung, denn nun verfügten die Bürger über eine gesicherte Rechtsgrundlage. Nur wenn wir in der Privilegierung den konstitutiven Akt der Stadtgründung sehen, können wir das Datum der Urkunde als den Geburtstag der Stadt betrachten, denn die Stadtwerdung war damit keineswegs abgeschlossen. In der folgenden

Ausbauphase verzichtete der Stadtherr in manchen Fällen für eine Reihe von Jahren auf seine Einkünfte, um den Aufbau der Stadt und die Heranziehung weiterer Bürger zu fördern. Der Ablauf dieser »Freijahre« markiert ungefähr die Vollendung der Stadtwerdung, verbunden mit der Schaffung der kommunalen Institutionen und der Übernahme der Selbstverwaltung durch den Rat.

Die Ausbreitung der mittelalterlichen Stadt und die Verdichtung des Städtenetzes im hohen und späten Mittelalter vollzogen sich nicht gleichmäßig in einem kontinuierlichen Prozeß, sondern in mehreren Phasen, die allerdings nicht leicht gegeneinander abzugrenzen sind. In der ersten Periode, die bis ins 12. Jahrhundert reicht, entwickelten sich in Altdeutschland die wichtigen Städte, die man als »Mutterstädte« bezeichnen kann (Heinz STOOB). Ihr Typus setzte Maßstäbe, an denen man sich orientierte. Von der ersten Hälfte des 12. bis zum Beginn des 13. Jahrhunderts reichte die Periode der frühen Gründungsstädte. In dieser Phase wurden auch die ersten Städte im Gebiet östlich von Elbe und Saale angelegt, etwa Lübeck, Leipzig, Schwerin, Brandenburg an der Havel und Dresden. Ihren absoluten Höhepunkt erreichte die »Stadtgründungswelle« etwa zwischen 1220 und 1320. In dieser Zeit entstanden bei weitem die meisten deutschen Städte. Mit der Spätphase zwischen 1320 und 1450 klingt die Zeit der mittelalterlichen Stadtgründungen aus. In den folgenden Jahrhunderten wurden nur noch wenige neue Städte gegründet (»Städtetal« Heinz STOOB).

Heinz Stoob, Kartographische Möglichkeiten zur Darstellung der Stadtentstehung in Mitteleuropa, besonders zwischen 1450 und 1800. In: Ders., Forschungen zum Städtewesen in Europa, Köln/Wien 1970, Bd. I, S. 15–42. – Stoob entwirft eine andere Periodisierung, die er mit entsprechenden Diagrammen untermauert.

Jede Periodisierung enthält subjektive Elemente, ist jedoch auch aus objektiven Gründen problematisch. Erstens müssen die oft beträchtlichen regionalen Unterschiede berücksichtigt werden. Generell ist eine zeitliche Verschiebung von West nach Ost festzustellen, die ohne Zweifel mit der deutschen Ostsiedlung zusammenhängt. Diese Beobachtung gilt aber nur tendenziell, denn es gibt durchaus auch »Sprünge«. Z. B. ist die bereits 1201 gegründete deutsche Stadt Riga an der Düna älter als die meisten anderen deutschen Städte. Zweitens sind bei einer Periodisierung nicht nur die Zahl der Städte, sondern auch ihre Größe und ihre Bedeutung zu berücksichtigen. Die großen Mutterstädte Altdeutschlands stammen aus der ersten Periode und reichen mit ihren Anfängen ins Frühmittelalter zurück (Köln, Mainz, Trier, Straßburg, Augsburg,

Regensburg, Hamburg, Bremen, Magdeburg, Erfurt). Auch von den frühen Gründungsstädten der zweiten Periode haben relativ viele einen Platz in der Spitzengruppe erlangen können, etwa Freiburg im Breisgau, Lübeck, München, Leipzig und Dresden. Einige wichtige Städte entstanden auch noch in der dritten Periode, besonders in den östlichen Gebieten (Berlin, Frankfurt an der Oder, Breslau, Danzig, Königsberg), doch wurden in dieser Zeit hauptsächlich mittlere und kleinere Städte gegründet. Nicht wenige Orte konnten sich nicht entfalten und blieben auf einer niedrigen Stufe der städtischen Entwicklung stehen (»Minderstädte«). Vor allem in der Spätphase wurden vielfach Klein- und Zwergstädte mit geringen städtischen Rechten geschaffen.

4. Stadtrecht und Stadtverfassung

a) Kaufmannsrecht, Marktrecht und Stadtrecht

Das Stadtrecht reicht mit seinen Wurzeln bis ins frühe Mittelalter zurück. Bereits in der Karolingerzeit gab es ein besonderes Kaufmannsrecht, denn die Stammesrechte waren auf rein agrarische Verhältnisse zugeschnitten und trugen den Erfordernissen des Marktverkehrs kaum Rechnung. Freizügigkeit und Handelsfreiheit, wichtige Voraussetzungen für einen Fernhandel, wurden den Kaufleuten durch den Königsschutz garantiert. Im Geschäftsverkehr der Händler untereinander und mit ihren Kunden hatte sich ein kaufmännisches Gewohnheitsrecht herausgebildet, das schon in karolingischer Zeit als *antiqua consuetudo negotiandi* betrachtet wurde (MGH Epp. IV, Nr. 100). Vereinfachend kann man sagen: Aus den vom König den Kaufleuten verliehenen Rechten und den Gepflogenheiten des Handelsverkehrs entwickelte sich allmählich im 10. und 11. Jahrhundert ein »Kaufmannsrecht« *(ius mercatorum)*: »Es gewährte den privilegierten Kaufleuten besonderen Königsschutz, Handelsfreiheit, Zollfreiheit, Sicherung der Münze, Sorge für gerechtes Maß und Gewicht, Befreiung von der Wehrpflicht, Bestätigung des Waffenrechtes sowie Gerichtsstand vor besonderen Kaufleuterichtern.«

Hans Planitz, Die deutsche Stadt im Mittelalter. Von der Römerzeit bis zu den Zunftkämpfen, 5. Aufl. Wien/Köln/Graz 1980, S. 333.

Bereits in der zweiten Hälfte des 10. Jahrhunderts begann der

Übergang vom allgemeinen Kaufmannsrecht zum Marktrecht *(ius fori)*. An wichtigeren Handelsplätzen reichte das Kaufmannsrecht allein offenbar nicht mehr aus und wurde durch besitz- und erbrechtliche Bestimmungen ergänzt. Hinzu kamen Bestimmungen über die Marktordnung, die Gerichtsbarkeit und die Verpflichtungen der Marktbewohner gegenüber dem Marktherrn und seinen Beamten. Wichtig war das günstige Besitzrecht an Grund und Boden, das den Bürgern eingeräumt wurde; ein Indiz für die wachsende Seßhaftigkeit des Kaufmanns. Im Unterschied zum personengebundenen Kaufmannsrecht war das Marktrecht ortsbezogen. Es war das Recht der Marktsiedlung.

Otto Feger, Auf dem Weg vom Markt zur Stadt. Untersuchungen zu den ältesten Marktrechten des Bodenseeraumes. In: ZGOberrhein 106, 1958, S. 1–33.

Im 12. Jahrhundert vollzog sich der Übergang vom Marktrecht zum Stadtrecht *(ius civitatis, ius civile, ius commune, ius burgense, purcrecht, statrecht)*. Das Marktrecht wurde immer reicher ausgestaltet und durch Sonderregelungen ergänzt. Die Zugeständnisse, die dem Stadtherrn abgerungen wurden, gingen ins Stadtrecht ein; Rechtsprechung und Gerichtsorganisation bedurften ebenso gültiger Regelungen wie die Kompetenzen der städtischen Selbstverwaltungsorgane. Das Stadtrecht hatte zunehmend die Tendenz, alle Bereiche des städtischen Lebens bis ins einzelne zu reglementieren. Ein Stadtrecht war nicht ein für allemal festgelegt, sondern konnte verändert und weiter ausgestaltet werden. Obsolet gewordene Rechtssätze wurden nicht mehr angewandt, neue Privilegien fanden Eingang, Eingriffe des Stadtherrn konnten zu gravierenden Novellierungen führen und die Stadtverfassung verändern. Die Stadt selbst hatte für ihre inneren Angelegenheiten das Gesetzgebungsrecht in der Form der »Willküren«, das im allgemeinen vom Rat wahrgenommen wurde. Dieses Satzungsrecht war weitgehend auf Bestimmungen zur Aufrechterhaltung der inneren Ordnung beschränkt. Als Strafen kamen nur Geldbußen, Verbannung und Entzug des Bürgerrechtes in Betracht, nicht aber Strafen »an Hals und Hand«. Die vom Rat gefundenen Willküren wurden oft in das Stadt- oder Gerichtsbuch eingetragen.

b) Systematik des Stadtrechts

Das Stadtrecht definieren wir als die Gesamtheit aller Rechtssätze, die die Verfassung, Verwaltung und Wirtschaft einer Stadt regeln oder als Privatrecht das Leben der Bewohner berühren. Ein Minimum an Gemeinsamkeiten ermöglicht die Verwendung des Begriffs »Stadtrecht«, doch hatte eigentlich jede Stadt ihr eigenes individuelles Stadtrecht. Selbst wenn eine Stadt einem bestimmten Stadtrechtskreis angehörte (vgl. S. 167ff.), konnte das adaptierte Recht der Rechtsmutterstadt ohne Schwierigkeiten modifiziert und den speziellen Bedürfnissen angepaßt werden.

Die Geltung eines Stadtrechts war nicht an die Kodifizierung gebunden, obgleich der Grad der Schriftlichkeit im städtischen Rechtsleben vor allem im späten Mittelalter sehr hoch war. Am Anfang standen meist einzelne Urkunden, oft als »Handfesten« bezeichnet, in denen der Stadtherr einige Privilegien erteilte und einzelne Rechtssätze beurkundete. Umfassendere Rechtsaufzeichnungen entstanden von Fall zu Fall, in der Regel aus einem aktuellen Anlaß heraus, etwa einem Wechsel des Stadtherrn. Im späten Mittelalter wurden oft umfangreiche Kodifikationen hergestellt, vielfach unter Heranziehung älterer Aufzeichnungen. Die Stadtrechtsaufzeichnungen enthalten niemals alle gültigen Rechtsnormen. Eine Systematisierung des Rechtsgutes wird oftmals angestrebt.

Der Inhalt des Stadtrechts läßt sich auf verschiedene Materien aufteilen, wobei die Übergänge fließend sind. Der Herkunft nach lassen sich *Privilegien*, die vom König oder dem Stadtherrn verliehen wurden, *Gewohnheitsrecht* und *Willküren* (= Satzungen) unterscheiden. Dem Gegenstand nach erscheint eine Einteilung in Verfassungs- und Verwaltungsrecht, Straf- und Prozeßrecht, Wirtschaftsrecht, Polizei- oder Ordnungsrecht und Privatrecht praktikabel:

Verfassungs- und Verwaltungsrecht: In allen Stadtrechten nehmen die Rechtssätze, die die Verfassung und Verwaltung der Stadt betreffen, einen wichtigen Platz ein. Ausgangspunkt des Verfassungsrechtes waren zumeist stadtherrliche Privilegien, auf denen die weitere Entwicklung der Stadtverfassung aufbauen konnte. Wurde einer Stadt das Recht einer anderen verliehen, so übernahm sie damit im Prinzip auch die Verfassung, doch waren kleinere Städte oft nicht in der Lage, die ganze Fülle der Institutionen einer großen Rechtsmutterstadt hervorzubringen. Zum Verfassungs- und Verwaltungsrecht gehörten Regelungen des Verhältnisses der Stadt zum Stadtherrn und seinen Beamten, Satzungen über die Organisation der kommunalen Selbstverwaltung und der städtischen Gerichtsbarkeit, sowie über die Rechte und Pflichten der Bürgerschaft. Im einzelnen betrafen die Rechtssätze die Kompetenzen von Rat, Schöffenkollegium und Schultheiß, die Modalitäten der Ratswahlen oder der Kooptationen in dieses Gremium, den Zusammentritt der allgemeinen Bürgerversammlung, die Wehrpflicht und die Steuerpflicht. Regelungen mehr verwaltungstechnischer Natur betrafen die Kompetenzen der Amtsträger innerhalb des Rates, Rechte und Pflichten der städtischen Bediensteten, die Aufnahme neuer Bürger und die Ableistung des Bürgereides, das Verfahren bei der Erhebung von Zöllen, Marktgebühren, Schoß und Bede. Zu Umgestaltungen des Verfassungsrechts kam es oft im Verlauf der sozialen Auseinandersetzungen, die in vielen Städten im 13. Jahrhundert begannen. Nicht nur diese »Bürger- oder Zunftkämpfe«, sondern auch stadtherrliche Maßnahmen führten zu gravierenden Wandlungen in der Stadtverfassung.

Straf- und Prozeßrecht: Ein sehr wesentlicher Bereich des Stadtrechts waren Straf- und Prozeßrecht. Dabei ging es um Art und Höhe der Strafen, um den formalen Ablauf des Gerichtsverfahrens und um die Erzwingung eines Urteils. Diese auf den ersten Blick bloß formalen Fragen waren aber für das städtische Leben von eminenter Bedeutung, denn zum Beispiel war die Frage, vor welchem Gericht ein Prozeß entschieden werden mußte, für Dauer und Ausgang des Verfahrens nicht unwichtig. Insgesamt strebte das Stadtrecht nach einer Rationalisierung durch Abschaffung archaischer Rechtsformen wie Eideshelfern, gerichtlichem Zweikampf und Prozeßverlust durch einen bloßen Formfehler (»Vare«). Im Interesse der Fremden (»Gäste«), die in der Stadt ihren Geschäften nachgingen, mußten die Verfahren beschleunigt werden. Durch das »Gästerecht« wurde den besonderen Beziehungen zwischen den Bürgern und den Fremden Rechnung getragen. Wichtig ist ferner der Anspruch der städtischen Gerichte, über Personen jeglichen Standes urteilen zu dürfen, ein Anspruch, der allerdings nicht generell durchgesetzt werden konnte. Wer vor einem Stadtgericht beklagt wurde, sollte nach Stadtrecht gerichtet werden.

Wirtschaftsrecht: Zahlreiche Bestimmungen, die sich in den Stadtrechten finden, lassen sich unter dem Begriff des Wirtschaftsrechtes zusammenfassen. Dazu gehören Bestimmungen über den Marktverkehr und das Münzwesen, das Handels- und Wechselrecht, das Kreditwesen, den Gästehandel, das Stapel- und Niederlagsrecht, über die Rechtsformen von Handelsgesellschaften und in Hafenstädten über das Seerecht. Wirtschaftsrechtliche Satzungen finden sich auch in den Statuten der Kaufmannsgilden und Gewandschneidergilden sowie der Handwerkerzünfte.

Polizei- und Ordnungsrecht: Breiten Raum nehmen die Bestimmungen ein, die der Aufrechterhaltung der inneren Ordnung dienen. In den Zuständigkeitsbereich des Polizei- oder Ordnungsrechts gehörten die Aufsicht über den Marktverkehr, die Bautätigkeit (»Baupolizei«), die Brandverhütung und Brandbekämpfung (»Feuerpolizei«), die Stadtreinigung und das Gesundheitswesen. Durch Hausordnungen für den Ratskeller, das Tanz- und Hochzeitshaus, die Badestuben und die Freudenhäuser sollten die guten alten Sitten bewahrt und Exzessen vorgebeugt werden. Kleider- und Festordnungen richteten sich gegen übertriebenen Luxus und Völlerei. Spezielle Ordnungen gab es vielerorts für gesellschaftliche Randgruppen wie Juden, Bettler, Hospitalinsassen, Leprakranke und fahrendes Volk.

Privatrecht: In den ältesten Stadtrechtsaufzeichnungen finden sich Bestimmungen privatrechtlicher Art ziemlich selten, da das Privatrecht zunächst auch in der Stadt nach den landrechtlichen Normen geregelt war. Allmählich wurde aber auch das Privatrecht in der Stadt den neuen wirtschaftlichen und sozialen Rahmenbedingungen angepaßt. Das städtische Erbrecht basierte auf der freien städtischen Erbzinsleihe und der persönlichen Freiheit des Bürgers. Es beinhaltete daher in der Regel die freie Erblichkeit an Grund und Boden innerhalb des Geltungsbereiches des Stadtrechts und die Freiheit von Erbschaftsabgaben leibherrlicher oder grundherrlicher Natur (vgl. Bd. I, S. 149f.). Abgeschafft wurden im allgemeinen auch gewisse archaische Gebräuche im Erbrecht wie die Aussonderung von »Heergewäte« und »Gerade«. An die Stelle des Feudalherrn, der ursprünglich Anspruch auf »erbenloses Gut« anmelden konnte, trat der Rat. Er bewahrte den Nachlaß »über Jahr und Tag« für etwaige Erben auf, bevor er ihn »zum gemeinen Besten« einzog.

Im Familienrecht wurde die Stellung der einzelnen Familienmitglieder geregelt. Die streng patriarchalische Struktur der Familie wurde zwar beibehalten, doch ist eine Tendenz zur Verbesserung der Stellung der Ehefrau zu erkennen (vgl. S. 160). Mit der Eheschließung gewinnt die Frau Rang und Stand des Mannes, der freilich die Vormundschaft über sie erlangt. Als Hausfrau übt sie die »Schlüsselgewalt« im Hause aus und ist innerhalb eines festgelegten Rahmens geschäftsfähig. Im einzelnen sind die Bestimmungen der Stadtrechte über die Rechtsstellung der Frau, besonders der selbständigen Geschäftsfrau (»Kauffrau«), der Witwe und anderer alleinstehender Frauen recht vielfältig. Natürlich ist das eheliche Güterrecht eng mit Familienrecht und Erbrecht verbunden. Auf diesem Gebiet traten vielfach Änderungen ein, die der Absicherung der Frau dienten. Im Laufe des Mittelalters bildeten sich viele verschiedene Güterrechtssysteme heraus.

Eine generelle Tendenz der Stadtrechtsentwicklung waren eine »Mobilisierung« und »Rationalisierung« des Rechts (Wilhelm

Ebel). Zwei weitere Momente können hervorgehoben werden. Erstens führte die Ausgestaltung des Stadtrechts zu einer besonderen Rechtssphäre, und zwar zur weitgehenden rechtlichen Gleichheit innerhalb der Bürgerschaft und der Einwohner, soweit sie nicht Sondergruppen mit einem exemten Rechtsstatus angehörten (vgl. S. 172 ff.).

Egalität bedeutete das nicht, denn die Unterschiede im wirtschaftlichen, politischen und sozialen Dasein wurden dadurch nicht aufgehoben. Weitgehende Gleichheit wurde auf dem Gebiet des Privatrechts erreicht.

Spürbar ist zweitens die Tendenz zur rechtlichen Gleichstellung von Mann und Frau. Freilich kann von einer wirklichen Emanzipation keine Rede sein, denn die Frauen blieben nicht nur von jeglicher Mitwirkung in der städtischen Selbstverwaltung ausgeschlossen, sondern in der Regel auch unter männlicher Vormundschaft. Sie erlangten Verbesserungen im Erbrecht und ehelichen Güterrecht und im Falle eigener Erwerbstätigkeit auch eine gewisse Geschäftsfähigkeit.

Wilhelm Ebel, Über die rechtsschöpferische Leistung des mittelalterlichen Bürgertums. In: Untersuchungen zur gesellschaftlichen Struktur der mittelalterlichen Städte in Europa, Stuttgart 1966 (= Vorträge und Forschungen XI), S. 241–258.

Karl Kroeschell, Stadtrecht und Stadtrechtsgeschichte. In: Die deutsche Stadt des Mittelalters, Bd. II, S. 281–299.

Eberhard Isenmann, Die deutsche Stadt im Spätmittelalter 1250–1500. Stadtgestalt, Recht, Stadtregiment, Kirche, Gesellschaft, Wirtschaft, Stuttgart 1988 (= UTB Große Reihe).

c) *Stadtverfassung und Stadtverwaltung*

Jede Stadt hatte einen Stadtherrn, der vor allem in der Entstehungszeit des mittelalterlichen Städtewesens großen Einfluß auf die Verfassung und die Verwaltung ausübte. Zunächst waren die stadtherrlichen Beamten für die Gerichtsbarkeit, die Verteidigung, die Erhebung der Abgaben und Zölle, die Aufsicht über den Marktverkehr, über die Münze, Maß und Gewicht und die Wahrung von Recht und Ordnung zuständig. Der Beauftragte des Stadtherrn (Vogt, Schultheiß, Richter) spielte besonders in der Zeit vor der Ausbildung der Ratsverfassung eine wichtige Rolle im städtischen Verfassungsleben.

Das Streben der Stadt, die die Selbstverwaltung immer weiter ausbaute, war darauf gerichtet, die stadtherrlichen Beamten in ihren

Kompetenzen zu beschneiden und sie möglichst ganz auszuschalten. Da diese Ämter erblich waren und von ihren Inhabern oft nur noch als nutzbare Rechte betrachtet wurden, gelang es vielen Städten, das Schultheißenamt zu erwerben, meist durch entsprechende Zahlungen.

Die Anfänge der kommunalen Selbstverwaltung reichen in die Periode zurück, in der die Verwaltung noch in erster Linie in den Händen stadtherrlicher Amtsträger lag. Im Verlauf des Emanzipationsprozesses werden die Stadtbewohner zu einem rechtsfähigen Verband, zur *universitas civium*. Die Stadt wird zur juristischen Person, deren Organe nicht nur die Funktionen der stadtherrlichen Beamten, sondern auch eine wachsende Zahl von neuen Aufgaben wahrzunehmen haben.

Das dominante Merkmal der mittelalterlichen Stadtverfassung war der *Rat*, der sich im 12. und beginnenden 13. Jahrhundert aus älteren Vorstufen herausbildete. Dabei hat ohne Zweifel auch die Verfassung der oberitalienischen Städte als Vorbild gedient. In den deutschen Städten treten zunächst im Zusammenhang mit der Verwaltung oder der Rechtspflege Personengruppen als *consiliarii, meliores civitatis, consules, cives de consilio* usw. in Erscheinung, und in manchen Städten nahmen die Schöffen nicht nur richterliche, sondern auch administrative Aufgaben wahr. Diese recht unterschiedlichen Formen und Vorstufen der städtischen Selbstverwaltung werden in der ersten Hälfte des 13. Jahrhunderts rasch durch die Ratsverfassung ersetzt. Dabei hat keineswegs jede Stadt die Ratsverfassung eigenständig aus älteren Gremien ausgebildet; es ist vielmehr in der Regel mit der Übernahme dieser damals modernen und leistungsfähigen Institution zu rechnen. Konsolidierung und Ausbreitung der Ratsverfassung sind auch eine Folge des gewaltigen Aufschwungs, den das deutsche Städtewesen im ausgehenden 12. und im 13. Jahrhundert erfahren hat.

Die Ratsverfassung war zwar charakteristisch für die deutsche Stadt des Mittelalters, aber es gab doch Varianten in der Ausgestaltung des Grundmusters. In vielen kleinen Städten konnte es nur sehr unvollkommen ausgeprägt werden. Generalisierende Feststellungen sind daher nur mit größten Vorbehalten möglich.

Der Rat war ein Kollegialorgan, d. h. er setzte sich aus mehreren gleichberechtigten Mitgliedern zusammen und faßte seine Beschlüsse durch Mehrheitsentscheidungen. Das Ratskollegium bestand meist aus zwölf Ratsherren, in großen Städten sogar aus vierundzwanzig und mehr, in kleineren begnügte man sich mit weniger als zwölf. In der Regel fand jährlich ein Wechsel des Ratskollegiums statt. Der »regierende Rat« trat ab und wurde zum »ruhenden

Rat«, um nach einem Jahr wieder die Amtsgeschäfte zu übernehmen. In manchen Städten gab es einen dreijährigen Turnus mit »regierendem Rat«, »altem Rat« und »oberaltem Rat«. Der scheidende Rat hatte stets Rechenschaft über seine Amtsführung abzulegen. Der Wechsel war auch deshalb erforderlich, weil die Ratsherren keine Besoldung erhielten und sich dann wieder eine Zeitlang um ihre Geschäfte kümmern mußten. Schon aus diesem Grunde war Vermögen eine Voraussetzung für die Ratsfähigkeit.

In den meisten Städten hatte sich ein kleiner Kreis von ratsfähigen Familien herausgebildet, die der städtischen Oberschicht angehörten. Im 13. Jahrhundert sind auch Angehörige der Ministerialität als Ratsherren nachzuweisen, die jedoch meist rasch im Bürgertum aufgingen. In einigen westdeutschen Städten, in denen der Adel eine stärkere Position besaß, setzte sich der Rat aus adligen und bürgerlichen Mitgliedern zusammen (Worms, Boppard, Oppenheim, Friedberg, Basel, Zürich). Die Ratsgeschlechter konnten sich nicht zuletzt deshalb meist lange an der Macht halten, weil die Ratsherren nur selten von der gesamten Bürgerschaft gewählt wurden. Oft entschied nur die Oberschicht über die Besetzung der Ratsstühle, falls sich der Rat nicht ohnehin durch Kooptation selbst ergänzte. Erst als breitere Schichten der Stadtbevölkerung politische Mitspracherechte forderten und ihren Anspruch in einer Reihe von Städten auch durchsetzen konnten, gelangten auch Zunftbürger in den Rat. Ein demokratisches Gremium wurde der Rat auch in diesen Städten nicht, denn die Sieger in den innerstädtischen Kämpfen schlossen nun ihrerseits nach Möglichkeit die alten Ratsgeschlechter aus und gewährten auch den städtischen Unterschichten keine oder nur geringe Mitspracherechte.

Eine allgemeine *Bürgerversammlung* hat es in vielen Städten gegeben, nachweisbar vereinzelt bereits im 11. und 12. Jahrhundert. In Nord- und Mitteldeutschland heißt sie »Burding« oder »Bursprake« *(conventus civium)*. Diese Zusammenkunft der *universitas civium*, an der alle Bürger, arm und reich, teilzunehmen hatten, war vermutlich ursprünglich sogar das ausschlaggebende Organ der werdenden Stadtgemeinde. Schon früh geriet die Bürgerversammlung aber unter den Einfluß der bürgerlichen Oberschicht, vor allem der Großkaufleute. In Magdeburg wurde zum Beispiel 1188 vom erzbischöflichen Stadtherrn bestimmt, daß auf dem Burding der Wille der Angehörigen des Meliorats, die *voluntas meliorum*, ausschlaggebend sein solle. Auch nach der Einführung der Ratsverfassung blieb die Bürgerversammlung bestehen, besaß jedoch im allgemeinen nur sehr geringe Bedeutung. Meist einmal pro Jahr wurde die Bürgerschaft durch das Läuten einer Glocke auf dem

Marktplatz zusammengerufen, wo Mandate des Stadtherrn, Ratsbeschlüsse, Willküren und die Statuten der Stadt kundgemacht wurden. In Krisenzeiten konnte die Bürgerversammlung auch wieder zum Ort der politischen Willensbildung oder zum Forum für revolutionäre Propaganda gemacht werden.

Die Ausbildung der Ratsverfassung im Zuge der Auseinandersetzungen mit dem Stadtherrn und seinen Beamten konnte sich wahrscheinlich deshalb so rasch vollziehen, weil der Rat zunächst im großen und ganzen die allgemeinen Interessen der verschiedenen städtischen Schichten vertrat. Zwar repräsentierte der Rat auch später die Stadt in ihrer Gesamtheit, doch vereinigte er in vielen Fällen eine solche Fülle von Befugnissen, daß er zur städtischen Obrigkeit wurde.

In der Ratsstube liefen die Fäden der gesamten Stadtverwaltung zusammen, denn das Ratskollegium war im Prinzip für alle städtischen Angelegenheiten zuständig. Der Umfang seiner Aufgaben und Kompetenzen war freilich von der Größe des Gemeinwesens und dem Grad der städtischen Autonomie abhängig. Der Rat verwaltete die Stadt im allgemeinen selbständig. Er rief die Bürgerversammlung zusammen, stellte die städtischen Bediensteten ein, nahm neue Bürger in die Gemeinschaft auf, beaufsichtigte Zünfte und Gilden, verlieh Zunftprivilegien und Statuten. In vielen Städten konnte der Rat auf dem Wege über die Willküren Verordnungen erlassen und das Stadtrecht ergänzen und weiterentwickeln. Er war für die innere Ordnung der Stadt verantwortlich und besaß entsprechende Befugnisse (Polizeigewalt im spätmittelalterlichfrühneuzeitlichen Sinne).

Der Rat vertrat die Stadt nach innen und nach außen, schloß Verträge im Namen der Stadt mit dem Stadtherrn, mit kirchlichen Institutionen, adligen Herren, Einzelpersonen verschiedenen Standes und nicht zuletzt mit anderen Städten. Im Rat wurden alle »außenpolitischen« Entscheidungen gefällt. Ausdruck dieses allgemeinen Vertretungsrechtes war die Führung des Stadtsiegels durch den Rat. Außenpolitische Aktivitäten haben in vielen großen Städten das Leben oft in gravierender Weise beeinflußt, namentlich in den Reichsstädten und Hansestädten.

Die Stadt des Mittelalters konnte deshalb zu einem wichtigen Faktor des politischen Lebens werden, weil sie durch ihre Mauern zu einer fast uneinnehmbaren Festung wurde. Der Rat beanspruchte die Wehrhoheit, die im allgemeinen nur durch gewisse Verpflichtungen gegenüber dem Stadtherrn eingeschränkt war. Er hatte das Recht, die waffenfähigen Bürger zur Verteidigung der Stadt und zur Heerfahrt außerhalb der Mauern aufzubieten. Er war für den

Bau und die Instandhaltung der Mauern und aller sonstigen Befestigungsanlagen zuständig und konnte Soldverträge abschließen, um durch kriegstüchtige Söldner die militärische Kraft der Stadt zu erhöhen. Dem Stadt- oder Landesherrn gegenüber haftete er für die Kontingente, die die Stadt diesem zu stellen hatte.

In den Händen des Rates lag auch die Finanzverwaltung der Stadt. Er besaß eine Art »Finanzhoheit«, denn er konnte im allgemeinen direkte und indirekte Steuern erheben. Eine direkte Steuer war die »Bede« (Schoß, Schatzung), die ursprünglich dem Stadtherrn zu leisten war. Die Städte haben in der Regel erreicht, daß sie nicht mehr vom einzelnen Bürger direkt an den Landesherrn gezahlt wurde, sondern vom Rat erhoben und als feste Summe (»Urbede«) abgeführt werden konnte. Die Bede war eine Vermögenssteuer. Verbrauchssteuern vor allem von Korn, Wein und Salz wurden in Deutschland erst seit dem 13. Jahrhundert erhoben (»Ungeld«, »Akzise«). Weitere Geldeinnahmen erhielt der Rat von Neubürgern (»Bürgergeld«), als Marktgebühren, Brückengeld, Zölle und manchmal auch aus der Münze und von den Juden. Er verwaltete das gesamte städtische Vermögen, namentlich den Grundbesitz und kommunale Einrichtungen wie Ratswaage, Ratskeller, Brauhaus und Badestube. Oft betrieb der Rat eine extensive Finanzpolitik, nahm Anleihen auf, legte städtisches Kapital gewinnbringend an und suchte das Vermögen der Kommune zu vermehren. Schlechte Finanzpolitik, die letztlich die gesamte Bevölkerung traf, war nicht selten die Ursache für innerstädtische Konflikte.

Hans Planitz, Die deutsche Stadt im Mittelalter (wie S .127), S. 310–324, bietet noch immer den besten Überblick über die Stadtverfassung und Stadtverwaltung.

An die Spitze des Ratskollegiums trat in den meisten Städten bald ein Bürgermeister *(magister civium, magister consulum, borgermester)*, der die Ratssitzungen leitete, das Stadtsiegel führte und nach außen hin als Sprecher des Ratskollegiums auftrat. In manchen Städten erlangte der Bürgermeister größere Autorität und umfangreichere Funktionen, in den meisten war er primus inter pares. Eine allzu starke Stellung wurde schon dadurch unmöglich gemacht, daß es in größeren Städten zwei Bürgermeister gab, in einigen sogar drei oder vier.

Der Rat war seinem Wesen nach ein Kollegialorgan, doch konnte er die Effektivität seiner Arbeit durch eine Spezialisierung einzelner Ratsherren auf bestimmte Bereiche der Verwaltung erhöhen. Die größte Bedeutung kam dabei der Funktion des Stadtkämmerers, des städtischen »Finanz- und Wirtschaftsministers«, zu. Die Ämterverteilung innerhalb des Rates wies eine große Vielfalt auf. Im allgemeinen erhielten die Ratsherren keine feste Besoldung, sondern nur Aufwandsentschädigungen und Erstattung der Kosten, die ihnen im Dienste der Stadt erwachsen waren. Besoldet wurden hingegen die Ratsbediensteten, die haupt- oder nebenamtlich tätig sein konnten.

Die Zahl der Ratsbediensteten und die Verteilung ihrer Aufgaben waren selbstverständlich von der Größe und den besonderen Verhältnissen einer jeden Stadt abhängig. In kleineren Orten kam man mit wenigen Personen aus, große Städte hatten eine Vielzahl von Leuten in ihren Diensten. Die bekannteste Figur ist sicher der Stadtschreiber, der oft dem geistlichen Stand angehörte und neben seinem städtischen Amt noch eine geistliche Pfründe besaß. Seit dem 14. Jahrhundert finden sich Rechtsgelehrte in städtischen Diensten. Der »Stadtjurist« (procurator, syndicus) vertrat die Stadt bei Prozessen und wurde auch für diplomatische Missionen eingesetzt. Städtische Bedienstete einfacherer Art waren die Stadtknechte, Torwächter, Türmer und Stadtpfeifer. In manchen Städten standen auch Apotheker, Ärzte, Bader, Hebammen und Lehrer direkt in den Diensten des Rates. Eine Sonderstellung nahmen der Scharfrichter und seine Gesellen ein.

Mit den Fortschritten der Kriegstechnik konnte die allgemeine Bürgerwehr bald nicht mehr Schritt halten, und so gingen die finanzkräftigeren Städte dazu über, Söldner in ihren Dienst zu stellen. Die Führung der städtischen Truppen wurde oft einem »Stadthauptmann« übertragen, meist einem kriegstüchtigen Adligen aus der Umgebung der Stadt.
Charakteristisch für die städtische Verwaltung war neben dem kollegialen Prinzip die starke Tendenz zur Schriftlichkeit. Die Bürgerschaft als eine aufstrebende und in ihrer Rechtsstellung noch lange gefährdete neue Klasse hatte schon früh danach gestrebt, Rechte und Privilegien nicht nur in der traditionellen Symbolik »mit Hand und Mund«, sondern auch in schriftlicher Form verliehen zu bekommen. Nachdem die universitas civium zum rechtsfähigen Verband geworden war, begann sie selbst Urkunden auszustellen und zu besiegeln. Mit der Entstehung der Ratsverfassung und der Ausgestaltung des kommunalen Ämterwesens wurde die Schrift mehr und mehr in den Dienst der Verwaltung und Rechtspflege gestellt. Rechts- und Verwaltungsakte der verschiedensten Art wurden schriftlich festgehalten, vielfach durch Eintragung in das »Rats- oder Stadtbuch«. In manchen Städten führten die Intensivierung und Spezialisierung der Verwaltungsaufgaben zur Anlage von Büchern und Registern verschiedener Art; es entstanden »Gerichts- oder Schöffenbücher« für die Rechtspflege, »Bürgerbücher« für die

Aufnahme von Neubürgern und die Ableistung des Bürgereides, »Rechnungsbücher« für die Einnahmen und Ausgaben der Stadt, »Auflassungs- und Grundbücher« für den Immobilienverkehr, sowie Bücher für Eintragungen von Testamenten, Schuldverschreibungen usw. Das Bestreben, Rechtstiteln Dauerhaftigkeit zu verleihen, veranlaßte die Bürger auch dazu, ein Ratsarchiv anzulegen.

Karl Kroeschell, Deutsche Rechtsgeschichte (WV studium 8/9), 4./5. Aufl. Opladen 1981/82), Bd. 2, S. 60 ff.

d) Gerichsverfassung und Rechtspflege

Jede Stadt bildete einen besonderen Gerichtsbezirk, in dem das jeweilige Stadtrecht galt. Die Herauslösung der Stadt aus dem Landgericht war ein integraler Bestandteil des Stadtwerdungsprozesses. Stadtgründung und Stadtrechtsverleihung waren in der Regel mit sofortiger gerichtlicher Exemtion verbunden.

Der Gerichtsherr war zunächst der Stadtherr, der die Gerichtsbarkeit durch seine Beamten ausüben ließ. Die Wahrnehmung gerichtlicher Funktionen gehörte zu den Aufgaben des Schultheißen, Stadtvogts oder des Burggrafen. Sie übten die Jurisdiktion im Namen des Stadtherrn aus, der ihnen in der Regel ein Drittel der Gerichtsgebühren überließ (»Richterdrittel«). Dem Richter standen die Schöffen zur Seite, die das Urteil fanden, während der Richter nur den Vorsitz führte, die Verhandlungen leitete, das Urteil verkündete und über seine Vollstreckung wachte. Die Schöffen *(scabini, iudices)* wurden zunächst vom Stadtherrn berufen; sie waren ihrer Herkunft nach Bürger, meist Großkaufleute, manchmal auch stadtgesessene Angehörige des niederen Adels. Auf jeden Fall zählten sie zur Spitzengruppe der Stadtbevölkerung.

Den Schöffen kamen im 11. und frühen 12. Jahrhundert auch Aufgaben zu, die nicht mit der Rechtspflege verbunden waren. In manchen Städten wurde das Schöffenkollegium offenbar zur Keimzelle der kommunalen Selbstverwaltung, zu einem Vorläufer des Rates. Daher blieb das Schöffenkollegium manchmal auch nach der Einführung der Ratsverfassung maßgeblich am Stadtregiment beteiligt. Es stand in Konkurrenz zum Rat, der bemüht war, die Schöffen aus der Verwaltung zu verdrängen und auf ihre jurisdiktionellen Aufgaben zu beschränken. Eine bedeutende Rolle spielten die Schöffenkollegien in den »Rechtsmutterstädten« der großen Stadtrechts-familien (vgl. S. 167ff.).

Der Ansatzpunkt für die Übernahme der Gerichtsbarkeit durch die Stadt selbst war offenbar die Marktgerichtsbarkeit. Die Aufsicht über den Marktverkehr, über Maß und Gewicht und die Belegung aller aus dem Marktverkehr erwachsenden Streitigkeiten lag im besonderen Interesse der Bürger, die deshalb danach strebten, die Marktgerichtsbarkeit selbst ausüben zu können. Der nächste Schritt war die Erwerbung der niederen und möglichst auch der hohen Gerichtsbarkeit durch den Rat, vielfach durch Kauf oder Pfandschaft.

Die Kompetenz des Stadtgerichts, in dem nach dem jeweiligen Stadtrecht verfahren wurde, erstreckte sich räumlich über das gesamte Stadtgebiet. Allerdings gab es in vielen Städten Bezirke, die nicht der städtischen Gerichtsbarkeit unterworfen waren, im allgemeinen kirchliche Immunitätsbereiche, die Besitzungen des Stadtherrn und adlige »Freihäuser«. Auch bestimmte Personengruppen konnten ganz oder teilweise eximiert sein. Die Klagen gegen einen Bürger und der Bürger untereinander mußten prinzipiell vor dem Stadtgericht anhängig gemacht werden, falls der Prozeß wegen des Gegenstandes nicht vor ein geistliches Gericht oder ein Lehnsgericht gehörte. Im späteren Mittelalter gelang es manchen Städten, die Kompetenz ihres Gerichts räumlich und personal auszuweiten. In dem von der Landesherrschaft im Bund mit dem Bürgertum geführten Vernichtungskampf gegen das Raubrittertum erhielten einzelne Städte sogar das Recht, auch adlige Landfriedensbrecher abzuurteilen. Die eigene Gerichtsbarkeit, besonders die Blutgerichtsbarkeit, war ein wichtiges Privileg vieler mittelalterlicher Städte. Sie betrachteten sie als Symbol ihrer Autonomie und Unabhängigkeit von anderen herrschaftlichen Gewalten.

Die städtische Gerichtsbarkeit hatte es natürlich in erster Linie mit Liegenschaftsprozessen, Erbstreitigkeiten und anderen privaten Konflikten zu tun. Neben diesen Zivilprozessen spielten Strafprozesse eine wichtige Rolle, in denen die Stadtgerichte harte Strafen zu verhängen pflegten. Die Todesstrafe stand auf Mord, Brandstiftung und Notzucht, auch auf Ketzerei, Zauberei, Sodomie und Münzfälschung. Auf Diebstahl standen schwere Strafen, bis hin zur Todesstrafe durch Erhängen. Ein zum Tode Verurteilter kam noch glimpflich davon, wenn er nur gehenkt oder enthauptet wurde, nicht aber ertränkt, verbrannt, gerädert, aufs Rad geflochten oder gar lebendig begraben wurde. Für kleinere Vergehen waren meist entehrende Strafen vorgesehen, Stäupen, Scheren, Brandmarken, an den Pranger stellen oder am Schwippgalgen aufhängen. Höhe und

Art der Strafen konnten von Stadtrecht zu Stadtrecht sehr unterschiedlich ausfallen, und oft kam ein Angeklagter mit einer Geldstrafe, einer Sühneleistung oder einer zeitlich befristeten Verbannung aus der Stadt davon.

e) Die Stadtrechtskreise

Bereits in der Entstehungsperiode der deutschen Stadt wurde das Recht älterer Marktsiedlungen zum Vorbild für das Recht jüngerer Orte. Nachdem sich das Kaufmanns- und Marktrecht zum Stadtrecht entwickelt hatte, wurde das Recht einer älteren Stadt sehr oft auf eine neugegründete Stadt übertragen. Dadurch entstanden Stadtrechtskreise oder Stadtrechtsfamilien. Die Stadt, an der sich das Stadtrecht entwickelte, das dann an andere Städte verliehen wurde, wird in der Forschung als »Rechtsmutterstadt« bezeichnet. Sie spielte für ihre »Tochterstädte« eine wichtige Rolle als »Oberhof«, denn wenn das Gericht der Tochterstadt nicht in der Lage war, ein Urteil zu fällen, wandte es sich an das Gericht in der Rechtsmutterstadt und bat um eine Rechtsbelehrung. Diese Rechtsbelehrung, die in den meisten Rechtskreisen als »Schöffenspruch« bezeichnet wird, war kein Urteil, wurde aber in der Regel als verbindlich angesehen und von dem anfragenden Gericht übernommen und als Urteil verkündet. Da man an das Gericht des Oberhofes »zog«, heißt das Verfahren »Rechtszug«. Anfrage und Rechtsbelehrung wurden wohl meist in schriftlicher Form vollzogen. Der Oberhof war keine Apellationsinstanz.

Diese Rechtsbelehrungen waren erforderlich, da man sich bei der Verleihung eines bestimmten Rechtes sicher nur über die wesentlichsten Rechtssätze informierte. Das lassen die erhaltenen Rechtsweisungen klar erkennen. In der Rechtsmutterstadt wurde das Stadtrecht mündlich gehandhabt, mündlich an die nächste Generation tradiert und dabei ständig weiterentwickelt. Umfangreichere Kodifikationen entstanden erst im späten Mittelalter. In nicht wenigen Fällen stammen die ältesten und die ausführlichsten Rechtsaufzeichnungen nicht aus dem Archiv des Oberhofes, sondern aus den Archiven der Tochterstädte. Da die Stadtrechte manche Dinge nicht regelten, wurden im späteren Mittelalter die großen Rechtsbücher, vor allem der Sachsenspiegel und seine verschiedenen Überarbeitungen, als subsidiäres Recht benutzt.

Die Intensität der Rechtsbeziehungen zwischen der Rechtsmutterstadt und ihren Töchtern war unterschiedlich. Es gab Städte, die nominell ein bestimmtes Recht besaßen, de facto aber eine ganz eigenständige Rechtsentwicklung durchlaufen hatten. Aus der bloßen urkundlichen Erwähnung eines bestimmten Rechtes darf nicht ohne weiteres auf die Zugehörigkeit zu der betreffenden Stadtrechtsfamilie geschlossen werden.

Die Bewidmung mit einem bestimmten Stadtrecht bedeutete zwar die Zuordnung zu einem Stadtrechtskreis, schloß aber eine eigene Weiterentwicklung des verliehenen Rechts nicht aus. So konnte es zur Ausbildung von Varianten, von Tochterrechten, kommen. Eine Tochterstadt konnte ihrerseits zum Oberhof für andere Städte werden.

Die Bildung dieser Stadtrechtslandschaften war ein Fortschritt, da für größere oder kleinere Bereiche eine gewisse Einheitlichkeit des Rechts hergestellt wurde. Das war vor allem für das Handels- und Verkehrsrecht, aber auch für das Privatrecht von Nutzen, da wirtschaftliche und persönliche Verbindungen zwischen den Städten bestanden. Das System des Rechtszuges bot die Möglichkeit, das Recht relativ einheitlich weiterzuentwickeln. Die Chance, in Zweifelsfällen eine Rechtsbelehrung am Oberhof einzuholen, erhöhte die Rechtssicherheit.

Die Entscheidung für den Anschluß an einen bestimmten Stadtrechtskreis konnte von verschiedenen Faktoren abhängen. Neben der Herkunft der maßgeblichen Bürger einer neuen Stadt spielte das Ansehen eine große Rolle, das ein bestimmtes Stadtrecht genoß. Es kam daher vor, daß sich eine Stadt noch nachträglich einem renommierten Oberhof unterwarf. Vielfach standen hinter der Wahl territorialpolitische Motive. Manche Stadtherren verliehen prinzipiell ein einziges Stadtrecht, um auf diese Weise eine gewisse Rechtsgleichheit zu erreichen und den Rechtszug »außer Landes« zu verhindern. Dieser Gesichtspunkt gewinnt im Spätmittelalter im Zusammenhang mit der Konsolidierung der Landeshoheit an Gewicht.

Heinz Reincke, Kölner, Soester, Lübecker und Hamburger Recht in ihren gegenseitigen Beziehungen. In: Die Stadt des Mittelalters, Bd. II, S. 135–181.

Hermann Aubin, Die deutschen Stadtrechtslandschaften des Ostens. In: Die Stadt des Mittelalters, Bd. II, S. 226–254.

Die bedeutendsten Stadtrechtskreise entstanden im Osten. Das Lübische Recht verbreitete sich im Ostseeraum. Etwa 100 Städte besaßen Lübisches Recht und »gingen in Lübeck zu Haupte«. Der Lübecker Rat fungierte seit dem 13. Jahrhundert sogar als Appellationsinstanz bei »Urteilschelte«. An den Lübischen Rechtskreis schloß sich im Süden der Magdeburger an. Das Magdeburger Recht dominierte im mitteldeutschen Osten und in ganz Ostmitteleuropa bis weit nach Rußland hinein. Der Magdeburger Schöffenstuhl genoß im Mittelalter großes Ansehen. Tochterrechte waren u. a. das

Stendaler, Brandenburger, Neumarkter und Kulmer Recht. In Böhmen und Mähren und im südöstlichen Europa verbreiteten sich das Nürnberger und das Wiener Recht und ihre verschiedenen Tochterrechte, sowie die Bergrechte von Iglau und Kuttenberg. Weitaus vielfältiger waren die Stadtrechtslandschaften in Altdeutschland. Wichtige Stadtrechtskreise gruppierten sich hier um Frankfurt am Main, Freiburg im Breisgau, Ulm, Köln, Dortmund, Hagenau, Goslar und Lüneburg.

5. Die gesellschaftliche Ordnung der Stadt

a) Demographische Grundlagen

Die gesellschaftliche Ordnung einer mittelalterlichen Stadt war untrennbar mit anderen Bereichen des städtischen Lebens verbunden. Die Hauptrolle spielte natürlich das Wirtschaftsleben, aber auch andere Faktoren wie Verkehrsverhältnisse, Rohstoff- und Energieversorgung, Vorhandensein eines reichen Hinterlandes oder die politische, kirchliche und kulturelle Bedeutung wirkten nachdrücklich auf das soziale Gefüge ein. Ein eminent wichtiger Faktor war die Größe einer Stadt, denn je volkreicher eine Stadt war, desto vielfältiger waren in der Regel die gesellschaftliche Schichtung und desto stärker das wirtschaftlich-soziale Gefälle. Demographische Veränderungen wie Bevölkerungsvermehrung, Stagnation und Bevölkerungsverluste, Zuwanderung und Abwanderung von Bürgern hatten Auswirkungen auf das gesamte innere Gefüge einer Stadt. Die Erforschung der Bevölkerungsgeschichte der mittelalterlichen Stadt gehört daher zu den Hauptarbeitsgebieten der neueren Stadtgeschichtsschreibung. Dabei geht es nicht nur um die Ermittlung der absoluten Einwohnerzahlen, sondern auch die Erkenntnis des zahlenmäßigen Anteils der verschiedenen Schichten. Bevölkerungsgeschichte ist zugleich Sozial- und Verfassungsgeschichte.

Erich Keyser, Die Bevölkerung der deutschen Städte. In: Altständisches Bürgertum, hrsg. von Heinz Stoob, Darmstadt 1978 (= Wege der Forschung, Bd. 317), II, S. 249−268.

Hektor Ammann, Wie groß war die mittelalterliche Stadt? In: Die Stadt des Mittelalters I (wie S. 127), S. 503−506.

Heinrich Reincke, Bevölkerungsprobleme der Hansestädte. In: Die Stadt des Mittelalters III, S. 256−302.

Für bevölkerungsgeschichtliche Untersuchungen steht aber vor dem 15.

Jahrhundert kaum zuverlässiges Quellenmaterial zur Verfügung. Selbst für das 15. Jahrhundert reichen die Quellen nur selten für exakte statistische Analysen aus. Da nur ausnahmsweise komplette Einwohnerlisten angelegt wurden, muß mit Quellen gearbeitet werden, in denen jeweils nur bestimmte Teile der Stadtbevölkerung verzeichnet sind (Neubürgerbücher, Steuerverzeichnisse, Zunftrollen, Verzeichnisse der Wehrpflichtigen, der Feuerstellen, der Häuser usw.). Pro Haushalt wird im allgemeinen mit 4−5 Personen gerechnet.

Die demographische Entwicklung innerhalb des deutschen Städtewesens ist selbstverständlich in die allgemeine Bevölkerungsgeschichte des Mittelalters eingebettet. Seit der Karolingerzeit ist eine allmähliche Zunahme der Bevölkerung zu beobachten. Ein sehr rasches Bevölkerungswachstum brachte dann die Periode zwischen dem 12. und dem frühen 14. Jahrhundert. Man schätzt, daß die Bevölkerung in Deutschland von etwa 8 Millionen auf ca. 14 Millionen Menschen anstieg. Die Entfaltung des Städtewesens basierte auf dieser Bevölkerungsvermehrung und wirkte ihrerseits stimulierend, da die Stadt auf permanenten Zuzug vom Land angewiesen war. Der Anteil der Stadtbewohner an der Gesamtbevölkerung ist schwer festzustellen. In der Blütezeit des deutschen Städtewesens mag er 25% betragen haben, wobei regionale Unterschiede zu berücksichtigen sind.

Da die Bevölkerungsentwicklung jeder einzelnen Stadt von mancherlei anderen Faktoren beeinflußt wurde, lassen sich nur schwer allgemeine Trends feststellen. Bis in die erste Hälfte des 14. Jahrhunderts ist ein allgemeines Wachstum der Städte zu beobachten, das seinen Höhepunkt im 13. Jahrhundert hatte. Bei einigen älteren Städten wie Köln, Mainz und Trier stieg die Bevölkerung schon vor 1200 stark an. Die Pest 1348−1351 brachte einen gewaltigen Einbruch, da die Städte besonders stark betroffen waren. Da weitere Pestwellen folgten, waren die Verluste kaum auszugleichen. In vielen Städten ist Stagnation oder sogar ein Bevölkerungsrückgang festzustellen, besonders dann, wenn wirtschaftliche oder politische Rückschläge hinzukamen.

Einige Städte erlebten erst im 15. und 16. Jahrhundert ihre höchste Blüte. Köln behauptete mit 40000−50000 Einwohnern weiterhin die Spitze. Erfurt hatte im 15. Jahrhundert zwischen 30000 und 40000 Einwohner, Lübeck etwa 30000, Frankfurt 20000. Den größten Aufschwung erfuhren Wien, Nürnberg und Augsburg. In Wien stieg die Einwohnerzahl von 24000 um 1400 auf 45000 um 1500, in Nürnberg im gleichen Zeitraum von 18000 auf 52000. Augsburg, das um 1400 auf 14000 Einwohner geschätzt wird, erlebte seine Blütezeit im 16. Jahrhundert mit etwa 50000 Einwohnern. Auch in vielen anderen Städten läßt die Bautätigkeit des 15. Jahrhunderts darauf schließen, daß der Bevölkerungsschwund nicht gravierend war.

Die Städte waren nicht nur in der Zeit ihrer Entstehung auf den Zuzug neuer Bürger und Einwohner angewiesen, sondern auch in späteren Perioden. Zwar war die Geburtenrate in der Stadt sehr hoch, aber auch die Säuglings- und Kindersterblichkeit. Epidemische Krankheiten wüteten in den engen Städten mit ihren meist mangelhaften hygienischen Verhältnissen besonders heftig. Hinzu kam, daß soziale Faktoren einer natürlichen Zunahme der Stadtbevölkerung hinderlich waren, etwa der hohe Anteil von Geistlichen, spätes Heiratsalter in manchen Schichten, Frauenüberschuß und erzwungene Ehelosigkeit bei vielen Gesellen und häuslichen Dienstboten.

Die Städte waren also nicht imstande, die Zahl ihrer Bewohner aus eigener Kraft konstant zu halten, geschweige denn weiter zu erhöhen. Sie waren auf einen kontinuierlichen Zuzug von außen angewiesen und nahmen einen beträchtlichen Teil des ländlichen Geburtenüberschusses auf. Die meisten neuen Stadtbewohner kamen aus den Dörfern der nächsten Umgebung, vor allem diejenigen, die als Dienstboten, Tagelöhner oder einfache Handwerker ihr Brot verdienen wollten oder als Lehrjungen zur Ausbildung in die Stadt geschickt wurden. Es waren also hauptsächlich die unteren Schichten, die durch den Zuzug aus der näheren Umgebung gespeist wurden. Neubürger aus größerer Entfernung waren häufig Kaufleute oder Angehörige angesehener Berufe. Sie kamen auch nicht vom Lande, sondern bereits aus der Stadt. Es gab also eine Wanderungsbewegung der Bürger von Stadt zu Stadt, die offensichtlich große Bedeutung besaß, nicht nur zahlenmäßig, sondern auch in ihren Folgen für die wirtschaftlichen, politischen und kulturellen Verbindungen zwischen den Städten.

b) Bürger und Einwohner

Im allgemeinen Sprachgebrauch werden zwar alle Bewohner einer mittelalterlichen Stadt als Bürger bezeichnet, aber das ist eine Vereinfachung, denn Bürger im Rechtssinne waren nur diejenigen, die das »Bürgerrecht« besaßen. Der Bürger im Rechtssinne gehörte zur Stadtgemeinde, zur *universitas civium*. Er hatte seinen Gerichtsstand vor dem Stadtgericht und war steuer- und wehrpflichtig. Durch den »Bürgereid« gelobte er die Erfüllung aller Bürgerpflichten und Treue und Gehorsam gegenüber der Stadt und dem Rat. Dafür genoß er alle Rechte und Freiheiten seiner Stadt, nahm an den Bürgerversammlungen teil, durfte Handel und Wandel treiben, die Mitgliedschaft in einer Gilde oder einer Zunft gewinnen und in einer seinem gesellschaftlichen Ansehen und Rang entsprechenden Form an der Stadtverwaltung und am politischen Geschehen teilnehmen. Die Stadt gewährte ihm umfassenden Schutz in Krieg und Frieden. In das Bürgerrecht waren in der Regel die Ehefrau und die unmündigen Kinder eines Bürgers eingeschlossen. Mindestens in manchen Städten konnten Frauen selbst das Bürgerrecht erwerben, doch war damit kein Anspruch auf politische Rechte verbunden.

Gerhard Dilcher, Zum Bürgerbegriff im späteren Mittelalter. Versuch einer Typologie am Beispiel von Frankfurt am Main. In: Über Bürger, Stadt und städtische Literatur im Spätmittelalter, hrsg. von Josef Fleckenstein und Karl Stackmann, Göttingen 1980 (= Abhh. d. Akad. d. Wiss. in Göttingen, Phil.-Hist. Kl., 3. Folge, Nr. 121), S. 59–105; ders., Bürgerrecht und Stadtverfassung im europäischen Mittelalter, Köln/Weimar/Wien 1996.

Das Bürgerrecht war zwar nicht im strengen Sinne erblich, doch besaßen die Kinder eines Bürgers eine Anwartschaft, die bei der Gründung eines eigenen Hausstandes geltend gemacht werden konnte. Für Fremde war es schwieriger, das Bürgerrecht zu erwerben, denn in den meisten Städten mußte ein Anwärter auf das Bürgerrecht entweder ein städtisches Grundstück erwerben oder ein Mindestvermögen nachweisen. Dazu kam eine meist beträchtliche Summe als Aufnahmegebühr (»Bürgergeld«). Natürlich konnte die Zulassung zum Bürgerrecht auch erleichtert werden, wenn dies im Interesse der Stadt lag. In manchen Fällen erhielten diejenigen, die die Tochter oder Witwe eines Bürgers heirateten, günstigere Bedingungen. Manche Städte verlangten vor der Aufnahme die Vorlage eines »Abschiedsbriefes«, ausgestellt von der bisherigen Herrschaft oder dem Rat der Heimatstadt; später forderte man einen »Geburtsbrief«, in dem die eheliche Geburt und die Abstammung von deutschen Eltern bescheinigt wurden. Vielfach war es auch erforderlich, einen oder zwei Bürgen zu stellen.

Nach der Leistung des »Bürgereides« und der Huldigung wurde der Name des neuen Mitbürgers in das Bürgerbuch eingetragen, oftmals unter Angabe der Herkunft. Bürgerbücher sind seit dem 13. Jahrhundert überliefert und bilden eine der wichtigsten Quellen für die städtische Bevölkerungsgeschichte. Leider enthalten die Bürgerbücher kaum Angaben über die Berufszugehörigkeit und die Familienverhältnisse der Neubürger.

Dem förmlichen Rechtsakt der Erwerbung des Bürgerrechtes entsprach die Möglichkeit, das Bürgerrecht wieder zu verlieren. Wer die Stadt verlassen wollte, konnte das Bürgerrecht »aufsagen«, meist gegen die Zahlung eines Abzugsgeldes. Bei Verstößen gegen die Bürgerpflichten konnte der Rat seinerseits dem Schuldigen das Bürgerrecht entziehen.

Wilhelm Ebel, Der Bürgereid als Geltungsgrund und Gestaltungsprinzip des deutschen mittelalterlichen Stadtrechts, Weimar 1958.

Ein beachtlicher Teil der Stadtbevölkerung bestand aus Nichtbürgern. Die Hauptgruppe waren im allgemeinen die »Beisassen« (*bisassen, middewoner, ynwoner, cohabitatores, incolae*), die sich aus Personen verschiedener Art zusammensetzten. Sie waren im allgemeinen wohl nicht vermögend genug, um das Bürgerrecht erwerben zu können. Erst sozialer und wirtschaftlicher Aufstieg ermöglichte ihnen die Gewinnung des Bürgerrechts, so daß der Zuzug in eine Stadt und die Eintragung ins Bürgerbuch nicht selten zeitlich weit auseinander lagen. Die Beisassen wurden zu den kommunalen Lasten herangezogen, waren steuer-, wehr- und gerichtspflichtig. In manchen Städten wurden sie durch einen besonderen Beisasseneid zum Gehorsam gegen den Rat verpflichtet. Politische Rechte erlangten sie nicht, und beim Erwerb städtischen Grundbesitzes und der Aufnahme in Gilden und Zünfte waren sie gegenüber den Vollbürgern stark benachteiligt. Bloße Einwohner ohne Bürgerrecht waren meist auch die zahlreichen Dienstboten.

Einen rechtlich privilegierten Status besaß die Geistlichkeit, die Dom- und Stiftsherren, Pfarrer, Meßpriester, Mönche und Nonnen, die in der Stadt lebten. Das Bürgerrecht erwarben sie im allgemeinen nicht, doch gab es Städte, in denen geistliche Institutionen wie Klöster und Orden korporativ das Bürgerrecht erlangten. Sie gewannen dadurch den Schutz der Stadt und den freien Zugang zum Handels- und Marktverkehr, während die Stadt sie zu den kommunalen Lasten heranziehen konnte. Eine Sonderstellung hatten vielfach auch die Juden, die in manchen Städten zunächst sogar das volle Bürgerrecht erwerben konnten, freilich ohne Zulassung zur Bürgerversammlung und zu den kommunalen Ämtern. In anderen Städten war ihnen der Zugang zum Bürgerrecht prinzipiell verwehrt.

Der zahlenmäßige Anteil der einzelnen Gruppen an der Gesamtbevölkerung ist schwer abzuschätzen und dürfte von der Größe und der wirtschaftlichen Struktur der einzelnen Stadt abhängig gewesen sein. Nur selten liegen einmal zuverlässige Daten vor, wie für Nürnberg 1449:

14 309 Bürger mit ihren Familienangehörigen
 3 274 Knechte und Mägde
 1 976 Nichtbürger
  446 Geistliche mit ihrem Personal
  120 Juden

Eine Sondergruppe waren auch die Personen, die zwar das Bürgerrecht einer Stadt erworben hatten, aber nicht in der Stadt, sondern auf dem Lande lebten. Diese »Pfahlbürger« oder »Ausbürger« waren nicht an einer bürgerlichen Erwerbstätigkeit oder der städtischen Lebensform interessiert, sondern wollten den Schutz der Stadt gewinnen und an den Privilegien teilhaben, die das Bürgerrecht bot. Neben den Pfahlbürgern einfacheren Standes gab es auch Adlige, die durch »Ausbürgerverträge« das Bürgerrecht gewannen und als »Edelbürger« die militärische Kraft der Stadt erhöhten. Sie blieben in der Regel auf ihren Burgen oder Herrensitzen wohnen. Manche Städte forderten von ihren Ausbürgern den Erwerb eines Grundstückes in der Stadt, das wenigstens in den Wintermonaten einige Wochen bewohnt werden mußte.

Personen, die in der Stadt nur vorübergehend ihren Geschäften nachgingen, galten als »Gäste«. Ihr besonderer Rechtsstatus war durch das »Gästerecht« geregelt. Sie durften keinen städtischen Grundbesitz erwerben und waren als Kaufleute oder Gewerbetreibende gegenüber den Bürgern meist benachteiligt. Oft war der Handel der Gäste untereinander verboten, so daß sie sich eines Einheimischen als Zwischenhändler bedienen mußten. Auf Messen und Jahrmärkten galten großzügigere Bestimmungen. In einigen Städten gab es besondere Gerichte für die Gäste, sonst war das Stadtgericht zuständig, vor dem jedoch einige besondere Verfahrensregelungen für die Fremden galten. Wenn ein Gast in der Stadt starb, nahm der Rat seinen Besitz in Verwahrung. Falls sich über Jahr und Tag keine Erben meldeten, fielen die Güter der Stadt heim (»Heimfallsrecht«).

c) Das soziale Gefüge

Die Unterscheidung zwischen den Bürgern im Rechtssinne und den anderen ohne Bürgerrecht in der Stadt lebenden Bevölkerungsgruppen ist zwar von prinzipieller Bedeutung, reicht aber nicht aus, um die komplizierte soziale Struktur der städtischen Gesellschaft zu erfassen. Während in der älteren stadtgeschichtlichen Forschung sozialgeschichtliche Analysen in der Regel auf dem Gegensatz zwischen Patriziat und Zunfthandwerk aufbauten, sucht die moderne Forschung unter dem Einfluß der Soziologie andere Schichtungsmodelle zu entwickeln. Häufig verwendet wird das »Dreischichtenmodell«, das auf der Auswertung von Steuerverzeichnissen beruht. Die unterschiedlichen Vermögensverhältnisse werden dabei zur Grundlage für eine hierarchische Gliederung der Stadtbevölkerung in Ober-, Mittel- und Unterschicht. Zur Unterschicht gehörten nach diesem rein quantitativen Ansatz diejenigen, die keinen oder nur sehr geringen Besitz zu versteuern hatten. Selbstverständlich waren Besitz und Einkommen in der auf ökonomische Leistung hin orientierten städtischen Gesellschaft wichtige Faktoren, doch ist nur dann ein lebendiges Bild des sozialen Gefüges zu gewinnen, wenn die rein quantitative Analyse der Vermögensverhältnisse und Vermögensunterschiede durch die Einbeziehung anderer Kriterien ergänzt und konkretisiert wird. So ist es von eminenter Bedeutung, ob eine Person zu den ratsfähigen Familien der Stadt gehörte oder nur zu den »gemeinen Bürgern«. Ein weiteres wichtiges Kriterium ist die Berufszugehörigkeit, wobei selbstverständlich die Position in der beruflichen Hierarchie als Meister, Geselle (»Knecht«), Lehrjunge oder Gehilfe zu beachten ist. Die privilegierten Gruppen wie stadtgesessene Adlige, Geistliche, Mönche und Nonnen oder auch Professoren und Studenten lassen sich nicht ohne weiteres in das auf Vermögen und Steuerleistung basierende Modell von Ober-, Mittel- und Unterschicht einfügen. Noch schwerer ist das für Randgruppen wie Juden, Hospitalinsassen, Beginen oder Angehörige »unehrlicher« Berufe, denn Lebensführung und Sozialprestige spielten für die Einordnung in die mittelalterliche Stadtgesellschaft eine hervorragende Rolle.

Michael Mitterauer, Probleme der Stratifikation in mittelalterlichen Gesellschaftssystemen. In: Theorien in der Praxis des Historikers, hrsg. von J. Kocka, Göttingen 1977 (= Geschichte und Gesellschaft, Sonderheft 3), S. 13–44.

Heide Wunder, Probleme der Stratifikation in mittelalterlichen Gesellschaftssystemen: Ein Diskussionsbeitrag zu Thesen von M. Mitterauer. In: Geschichte und Gesellschaft 4, 1978, S. 542–550.

Jürgen Ellermeyer, »Schichtung« und »Sozialstruktur« in spätmittelalterlichen Städten. Zur Verwendbarkeit sozialwissenschaftlicher Kategorien in historischer Forschung. In: Geschichte und Gesellschaft 6, 1980, S. 125–149.

Da gewisse Übereinstimmungen zwischen Besitz, wirtschaftlichem Erfolg und Steueraufkommen einerseits und beruflicher Stellung, Ratsfähigkeit und sozialer Geltung andererseits nicht zu leugnen sind, dürfte das Dreischichtenmodell noch immer der geeignetste Rahmen für die Analyse der städtischen Sozialstruktur sein. Es bietet ein grobes Raster, in das sich die verschiedenen sozialen Gruppen mehr oder weniger gut einordnen lassen.

Oberschicht: Die Bezeichnung »Oberschicht« ist ein rechtlich und verfassungsmäßig unverbindlicher Allgemeinbegriff, der von der Forschung geprägt wurde, um denjenigen Teil der Stadtbevölkerung zu kennzeichnen, der sich durch den Besitz eines großen Vermögens, ein hohes Einkommen, die Ausübung bestimmter Berufe, die Verwaltung wichtiger Ämter, politischen Einfluß oder eine mit hohem Sozialprestige verbundenen Position aus der Masse der Bürger und Einwohner heraushob. Zumindest in allen mittleren und größeren Städten gab es einige Familien, die wirtschaftlich, politisch und sozial die führende Rolle in der Stadt spielten. Sie waren untereinander versippt und verschwägert, stellten immer wieder die

Bürgermeister und Ratsherren und beherrschten die Stadtverwaltung und die Stadtpolitik. In vielen Städten waren überhaupt nur die Angehörigen bestimmter Familien ratsfähig; nur ihnen stand der Zugang zum Rat offen, nur sie besaßen die Voraussetzungen zur Bekleidung städtischer Ämter und zur Besetzung der Schöffenbank. In manchen Fällen läßt sich verfolgen, wie die Mitglieder dieser herausragenden Familien über Jahrzehnte oder sogar über Jahrhunderte die Bürgermeister stellen und im Rat sitzen. Die politische Vorrangstellung dieser Gruppe basierte natürlich auf ihrem Reichtum, war aber auch traditionell und bisweilen sogar verfassungsrechtlich abgesichert. Im allgemeinen war der Kreis der ratsfähigen Geschlechter nach unten nicht fest abgeschlossen, so daß ein Aufstieg durchaus möglich war. Bloßer Reichtum genügte wohl in der Regel nicht; man mußte sich erst im Lebensstil anpassen und durch Konnubium mit den alten Geschlechtern den Rang der eigenen Familie erhöhen.

Dieser Kreis der wirtschaftlich mächtigen und politisch führenden Familien wird in der älteren stadtgeschichtlichen Literatur meist als »Patriziat« bezeichnet. Der Terminus entstammt der altrömischen Verfassung und wurde erst in der frühen Neuzeit als Frucht humanistischer Gelehrsamkeit auf die Geschlechter der städtischen Spitzenschicht übertragen. Das Wort »Patriziat« erweckt die Vorstellung von Reichtum und Macht, luxuriöser Lebenshaltung, Ahnenstolz und geburtsständischer Abschließung, die freilich nur in den großen und reichen Städten gegeben waren. Es ist daher bedenklich, diesen Begriff auch für die Oberschicht kleiner und kleinster Städte zu verwenden, wie dies nicht selten geschieht. In der neueren deutschen Forschung wird daher die Bezeichnung »Meliorat« bevorzugt, der auch besser der Terminologie der mittelalterlichen Quellen entspricht, in denen nicht selten von *meliores* oder den *besten der burger* die Rede ist. Die Bezeichnung »Patriziat« soll demnach für diejenigen Städte reserviert werden, in denen sich die Führungsschicht blutsmäßig deutlich nach unten hin abgeschlossen hat und zu einem Stand mit politischen Vorrechten und gewissen Statussymbolen geworden ist. Dazu gehörte die Zulassung zu den »Patriziergesellschaften«, die es in zahlreichen Städten gab (vgl. S. 190 f.). Diese Unterscheidung zwischen Patriziat und Meliorat wird keineswegs von allen Forschern vorgenommen, so daß Patriziat auch weiterhin als umfassende Bezeichnung für die Gesamtheit der führenden Familien einer Stadt verwendet wird.

Heinz Lieberich, Artikel »Patrizier«. In: HwbDt. RG III, Sp. 1551–1558 (mit umfassender Bibliographie).

Zur Oberschicht im Sinne des Dreischichtenmodells gehörten aber nicht nur die ratsfähigen Geschlechter, sondern auch die Angehörigen anderer Gruppen, die sich durch Reichtum und Sozialprestige auszeichneten. Man wird im allgemeinen die Groß- und Fernhandelskaufleute, die Gewandschneider (Tuchhändler en gros und en détail), stadtgesessene Adlige und reiche Grundbesitzer, aber auch die Spitzengruppe der Handwerksmeister und der Gewerbetreibenden zur Oberschicht rechnen können. Besitz und wirtschaftlicher Erfolg waren die entscheidenden Kriterien.

Die wirtschaftlichen Aktivitäten der Angehörigen der Oberschicht waren vielfältig. Die ökonomisch aktivste Gruppe waren die Kaufleute, die in den mittleren und größeren Städten den Kern der Oberschicht bildeten. Die Grundlage ihres Reichtums war in der älteren Zeit der direkte Warenhandel. Der Kaufmann begleitete seine Waren selbst auf der Handelsfahrt. Erst allmählich änderte sich das Geschäftsgebaren. Der Kaufmann wurde seßhaft; nur noch ausnahmsweise ging er selbst auf eine Handelsreise. Er schickte seine Gehilfen, wohl nicht selten Familienangehörige, oder beauftragte an den Orten, zu denen er regelmäßige Geschäftsverbindungen unterhielt, bestimmte Personen mit der Wahrnehmung seiner Interessen. Zum Warenhandel traten Darlehensgeschäfte; manche Kaufleute wurden zu Bankiers. Enge Verbindungen ergaben sich in manchen Städten auch zum Münzgeschäft. Eine Quelle großen Reichtums wurde für eine Reihe von Kaufmannsfamilien der Einstieg in den Abbau von Edelmetallen und Eisenerzen und in die Gewinnung von Salz. Der ursprünglich eher genossenschaftlich organisierte Bergbau wurde auf diese Weise vom Handelskapital umgestaltet. Das im Handel und in Geldgeschäften erworbene Vermögen wurde gern in Grundbesitz angelegt, entweder in der Stadt selbst oder auf dem Lande. Die Anlage in Grund und Boden war zwar weniger rentabel als in Handels- und Geldgeschäften, dafür aber sicherer. Der Besitz von Grund und Boden hob das soziale Ansehen, zumal dann, wenn der Erwerb größerer, grundherrschaftlich organisierter Güter gelang. Der Bürger als Grundrentner oder als Gutsherr trat so in Beziehung zum feudal beherrschten Dorf und erlangte als »Lehnbürger« sogar die eigentlich dem Adel vorbehaltene Lehnsfähigkeit (vgl. Band 1, S. 84 ff.). Beträchtlicher Reichtum war auch in den Händen des stadtgesessenen Adels, der Münzer und derjenigen Handwerker und Gewerbetreibenden, die sich auch im Handel betätigten. Es gab offenbar nicht wenige Personen, die vielseitige geschäftliche Aktivitäten entfalteten und auf diese Weise zu beträchtlichem Vermögen gelangen konnten.

Ein vieldiskutiertes Problem ist das Verhältnis von Adel und Bürgern innerhalb der städtischen Oberschicht. Vor allem in den alten Bischofsstädten haben Angehörige der stadtherrlichen Dienstmannschaft bei der Bildung der Stadtgemeinde eine Rolle gespielt. Sie sind meist im Bürgertum aufgegangen, so daß manche patrizische Geschlechter ursprünglich ministerialischer Herkunft sind. Ähnliche Verhältnisse herrschten auch in den königlichen Städten, in denen Reichsministeriale ansässig wurden. Nicht immer kam es zu einer Verschmelzung von Ministerialität und Bürgertum. In manchen Städten bildete der stadtgesessene Adel eine besondere

Schicht mit beträchtlichem Einfluß auf das Stadtregiment. Interessengegensätze zwischen Stadtadel und Bürgern traten schon früh zutage, wie antiministerialische Bestimmungen in einigen Stadtrechten erkennen lassen. Es gab allerdings auch Landschaften, in deren Städten der Adel rasch verbürgerlichte (Nordwestdeutschland) oder nie eine besondere Rolle spielte (Ostmittel- und Ostdeutschland).

Die Spitzengruppe der reichen Bürger orientierte sich in ihrem Lebensstil gern an der Welt des Adels. Repräsentative Häuser wurden errichtet, in manchen Fällen direkt als Kopien der Wohntürme des Adels. Die Turmhäuser patrizischer Familien, wie man sie in Regensburg, Basel, Frankfurt am Main, Mainz oder Trier findet, erinnern an die italienischen Geschlechtertürme. Die reichen Bürger leisteten sich eine aufwendige Rüstung und dienten im städtischen Aufgebot als Reiterkrieger; sie legten sich Wappen zu und nahmen an ritterlichen Turnieren teil. Die Lehnsfähigkeit und die nicht seltenen Heiratsverbindungen mit adligen Geschlechtern förderten das Sozialprestige und in Einzelfällen auch den Aufstieg in den Adel. Obgleich das Patriziat mancher Städte Adelsrang für sich in Anspruch nahm, wurde es vom Adel nie als ebenbürtig betrachtet. Erst in der frühen Neuzeit wurde die Adelsqualität durch Adels- und Wappenbriefe abgesichert.

Hans Planitz, Zur Geschichte des städtischen Meliorats. In: Altständisches Bürgertum, hrsg. von Heinz Stoob, Darmstadt 1978 (= Wege der Forschung, Bd. 317), Bd. II, S. 120–153.

Philippe Dollinger, Das Patriziat der oberrheinischen Städte und seine inneren Kämpfe in der ersten Hälfte des 14. Jahrhunderts. Ebda. S. 194–209.

Knut Schulz, Die Ministerialität als Problem der Stadtgeschichte. Einige allgemeine Bemerkungen, erläutert am Beispiel der Stadt Worms. In: RhVjbll. 32, 1968, S. 184–219.

Erich Maschke, Bürgerliche und adlige Welt in den deutschen Städten der Stauferzeit. In: Südwestdeutsche Städte im Zeitalter der Staufer, hrsg. von Erich Maschke und Jürgen Sydow, Sigmaringen 1980 (= Stadt in der Geschichte, Bd. 6), S. 9–27.

Mittelschicht: Neben dem Handel war das Handwerk die wichtigste Sparte des Wirtschaftslebens der mittelalterlichen Stadt. Während die Groß- und Fernhändler meist eine zahlenmäßig schwache Bevölkerungsschicht darstellten, die in den zahlreichen kleinen und kleinsten Städten sogar ganz fehlen konnte, gehörte zumeist ein großer Prozentsatz der Stadtbewohner dem Handwerkerstande an. Untersuchungen haben ergeben, daß in Groß- und Mittelstädten bis zu 50% der Bürgerschaft aus Handwerkern bestanden. Handwerker fehlten im allgemeinen auch in den Ackerbürgerstädten nicht. Allerdings muß man sich von der Vorstellung frei machen, in der mittelalterlichen Stadt habe das Prinzip der »gerechten Nahrung« geherrscht, das allen Zunftgenossen das gleiche Einkommen gesichert habe. Dies wurde zwar durch die Zunftstatuten manchmal angestrebt, aber kaum verwirklicht. Es gab vielmehr nicht selten beträchtliche Vermögensunterschiede zwischen den Zunftgenossen. Reiche und wohlhabende Handwerksmeister können daher unter Umständen zur städtischen Oberschicht gerechnet werden, während die ärmeren Handwerker, deren Zahl seit dem 14. Jahrhundert größer wurde, eher zur Unterschicht gehörten. Generalisierend ist aber doch wohl festzuhalten, daß die Handwerksmeister zum größten Teil zur städtischen Mittelschicht gehört haben.

Die Handwerksbetriebe waren in der Regel ziemlich klein. Ein Teil der Meister arbeitete allein, die meisten hatten einen oder zwei Gesellen; größere Betriebe waren selten. Bei der geringen Arbeitsproduktivität war es schwer, allein durch eine Betätigung im Handwerk zu Wohlstand zu gelangen.

Zur Mittelschicht zählten auch Teile der Kaufmannschaft, wohlhabende Kleinhändler (»Krämer«), Brauer, Fuhrunternehmer, Schiffer, Teile der städtischen Angestellten wie Stadtschreiber oder Syndikus, Angehörige »freier« Berufe wie Ärzte, Apotheker, Baumeister, Maler, Bildschnitzer und die wohlhabenderen Ackerbürger.

Unterschicht: Die Erforschung der städtischen Unterschicht ist aus Gründen der Überlieferung sehr schwierig, vor allem auch hinsichtlich ihres zahlenmäßigen Anteils an der Gesamtbevölkerung. Er ist in manchen Städten ziemlich hoch gewesen und dürfte in einzelnen Großstädten mehr als 40% der Einwohnerschaft ausgemacht haben. Zur Unterschicht werden alle Personen gezählt, die kein oder nur ein geringes Vermögen besaßen und deren Einkommen nicht oder nur wenig über dem Existenzminimum lag. Es handelt sich dabei um eine außerordentlich heterogene Bevölkerungsschicht, die vom armen, aber ehrsamen Handwerksmeister bis zum Kriminellen und zum vagabundierenden Bettler reichte. Zur städtischen Unterschicht gehörten also große Teile der arbeitenden Bevölkerung, aber auch »Randgruppen« der verschiedensten Art.

Zur Unterschicht zählten arme und oftmals in ökonomische Abhängigkeit geratene Handwerksmeister und auch die Lehrjungen und Gesellen, die zum großen Teil im Hause ihres Meisters lebten, Unterkunft und Verpflegung erhielten und zur Familie im weiteren Sinne gehörten. Im Prinzip konnten Lehrjungen und Gesellen ihren Status nur als Durchgangsstadium betrachten, doch änderte sich das im späteren Mittelalter durch die Erstarrung des Zunftwesens und die Verstärkung der zünftlerischen Exklusivität. Während die Söhne von Zunftgenossen stark bevorzugt wurden, wurden Hindernisse aufgebaut, um den übrigen Gesellen den Zugang zur Meisterwürde zu erschweren. Damit wurde das Gesellendasein für viele aus einer Durchgangsstufe zur Dauerexistenz. Manche Gesellen heirateten und schufen sich einen eigenen bescheidenen Haushalt, zumeist wohl unter Mitarbeit der Frau. Besonders im Bauhandwerk bei Maurern, Steinmetzen und Zimmerleuten scheinen die Gesellen eine ziemlich selbständige Stellung besessen zu haben. Wohl in den meisten Städten gab es freie Arbeitskräfte, die sich als Tagelöhner und Hilfsarbeiter ihren Lebensunterhalt verdienten. In kleineren Städten arbeiteten sie oft in der Landwirtschaft, im Garten- und Weinbau, in größeren auch als Transportarbeiter, Fuhrknechte, Salz- und Brauknechte, Hilfsarbeiter im Baugewerbe und in den Seestädten als Hafenarbeiter und Seeleute. Sie hatten im allgemeinen einen eigenen Haushalt, lebten freilich zumeist in primitiven Behausungen und waren ständig von Armut bedroht, besonders im Falle von Invalidität, Krankheit und Alter.

Zur Unterschicht gehörten auch Dienerschaft und Hausgesinde des stadtgesessenen Adels, der hohen Geistlichkeit und der wohlhabenderen Bürger, sowie die einfacheren städtischen Bediensteten wie Türmer, Torwächter, Nachtwächter, reisige Knechte, Rats- und Gerichtsdiener, Bader und Stadtpfeifer. Eine Sonderstellung nahmen der Henker und seine Knechte ein, die gefürchtet und verachtet wurden.

Randgruppen: Während auch die armen Handwerker und Gewerbetreibenden, die Gesellen und Tagelöhner, das Gesinde und die verschiedenen Bediensteten wichtige Funktionen im städtischen Wirtschaftsleben zu erfüllen hatten, gab es einige Gruppen, die gleichsam an den Rand der städtischen Gesellschaft gedrängt worden waren. Die zahlenmäßig stärkste von diesen Randgruppen war in vielen Städten die Stadtarmut. Oftmals waren viele Menschen auf milde Gaben angewiesen, die ihnen von kirchlichen Institutionen oder den Bürgern gereicht wurden. Manche Bürger hatten »Hausarme«, die sie kostenlos im Keller ihres Hauses wohnen ließen. Für kleine Gruppen von Bedürftigen wurden »Seel- und Bruderhäuser« gestiftet, andere fanden Aufnahme in Hospitälern und Armenhäusern. In manchen Städten sorgte ein städtischer Bediensteter, der Bettelvogt, für die Beaufsichtigung der Armen und gegebenenfalls auch für die Vertreibung fremder Bettler und Vagabunden.

In vielen Städten gab es Frauenhäuser, die sich eines regen Zuspruchs erfreuten. Den meisten der »gemeinen Frauen« ging es ziemlich schlecht. Sie gehörten zu den verachtetsten Bewohnern der Stadt, waren oft beim Hurenwirt verschuldet und hatten kaum die Möglichkeit, sich aus dieser Abhängigkeit zu lösen. Der Rat suchte zwar meist durch besondere Ordnungen die schlimmsten Mißstände zu beseitigen, aber selten mit Erfolg.

František Graus, Randgruppen der städtischen Gesellschaft im Spätmittelalter. In: Zs. f. Historische Forschung 8, 1981, S. 385–437.
Randgruppen der spätmittelalterlichen Gesellschaft. Ein Hand- und Studienbuch, hrsg. von Bernd-Ulrich Hergemöller, Warendorf 1990.

Zu den Randgruppen sind auch die Insassen der Siechenhäuser und Leprosenspitäler zu rechnen, denn diese Personengruppen waren zu einem von der übrigen Bevölkerung abgesonderten Dasein verurteilt. Das galt natürlich vor allem für die Leprakranken, die nach der Feststellung ihrer Erkrankung regelrecht aus der Gesellschaft ausgeschlossen wurden und künftig in den außerhalb der Städte gelegenen Leprosorien zu leben hatten.

Geistlichkeit: Eine ausgeprägte Sonderstellung innerhalb der Stadt besaßen Geistlichkeit, Mönche und Nonnen. Als Pfarrer, Vikare und Meßpriester, als Beichtväter und Prediger, als Seelsorger und Lehrer beherrschten sie das religiöse Leben und hatten großen Einfluß auf das Denken und Handeln der Stadtbevölkerung. Sie waren auch in wirtschaftlicher, sozialer und geistig-kultureller Hinsicht eng mit ihrer städtischen Umwelt verbunden, aber gleichzeitig Glieder der universalen Kirche und als Mitglieder eines Domkapitels oder Angehörige eines Ordens in Zusammenhänge eingeordnet, die weit über die einzelne Stadt hinausreichten. Zudem besaßen sie eine rechtliche Sonderstellung, die ihnen in aller Regel Freiheit von allen städtischen Abgaben und Diensten sowie den ausschließlichen Gerichtsstand vor dem geistlichen Gericht sicherte. Der Dombereich, Klöster und Stifter waren Immunitätsbezirke, die nicht der Kompetenz der städtischen Behörden unterlagen. Der zahlenmäßige Anteil der Geistlichen und Ordensangehörigen an der Gesamtbevölkerung war sehr unterschiedlich.

Einen besonders hohen Anteil hatten die Bischofsstädte, in denen im allgemeinen nicht nur der Bischof, die Domherren und die zahlreichen Priester der Kathedralkirche lebten, sondern sehr oft mehrere große Klöster und Stifter lagen. Eine besondere Rolle spielten seit den ersten Jahrzehnten des 13. Jahrhunderts die Bettelorden (Mendikanten), die wie die Franziskaner, Dominikaner und Augustinereremiten ausgesprochen städtische Orden waren. Auch die Augustinerchorherren und die Prämonstratenser bevorzugten die Städte. Die städtischen Nonnenklöster gehörten überwiegend den Zisterzienserinnen, Franziskanerinnen, Dominikanerinnen oder Magdaleniterinnen. In den meist kleinen Konventen dominierten die Nonnen bürgerlicher Herkunft.

Enger als Domherren und Kanoniker, Mönche und Nonnen war der Pfarrklerus mit der Bürgerschaft verbunden. An den Stadtpfarrkirchen, Kapellen und Hospitalkirchen wirkten meist mehrere Geistliche, Pfarrer, Vikare und Kapläne, Meßpriester und Altaristen. Die wirtschaftliche und soziale Lage der Geistlichen war sehr unterschiedlich. Sie hing von der Ausstattung ihrer Pfründe ab. Es gab sehr einträgliche Stadtpfarreien, aber auch viele dürftig ausgestattete Meß- und Altarpfründe. Da manche Kleriker aus wohlhabenden bürgerlichen Familien stammten, sicherte ihnen nicht selten ihr Privatvermögen ein gutes Auskommen. Viele fromme Stiftungen wurden von reichen Geistlichen getätigt. Andererseits beteiligten sich Angehörige des niederen Klerus auch an den sozialreligiösen Auseinandersetzungen des späteren Mittelalters.

In enger Verbindung zur Kirche und zu den religiösen Strömungen des 13. und 14. Jahrhunderts standen die Beginen, Frauen, die in religiös geprägten Gemeinschaften zusammenlebten, aber keine bindenden Gelübde abgelegt hatten. Beginenkonvente und Beginenhöfe waren vor allem in Frankreich, den Niederlanden und Nordwestdeutschland verbreitet.

Juden: Eine Gruppe besonderer Art bildeten die Juden, die sich durch ihr religiöses Bekenntnis und ihre eigenständigen Lebensformen bewußt von der übrigen Gesellschaft unterschieden. Juden haben im frühen Mittelalter als Fernhändler eine wichtige Rolle gespielt. Schon im 10. und 11. Jahrhundert wurden sie in den Städten seßhaft, namentlich in den Bischofsstädten. Bedeutende Judengemeinden entstanden u. a. in Mainz, Trier, Köln, Worms, Speyer, Metz, Bamberg, Magdeburg, Merseburg und Regensburg. Später wanderten Juden auch in andere Städte ein. Sie wurden zwar gern herangezogen, um die städtischen Lasten mitzutragen, erhielten aber nie das volle, die politische Mitbestimmung einschließende Bürgerrecht (vgl. S. 172f.). Sie bildeten oft eine autonome Judengemeinde unter eigenen Vorstehern. Das Zusammenleben in besonderen Gassen oder Vierteln, das schon am Ende des 11. Jahrhunderts vereinzelt bezeugt ist, führte allmählich zur Gettoisierung. Judengasse oder Judenviertel, in denen auch die Synagogen, das Gemeindehaus und das Frauenbad (»Judenbad«) für die rituellen Waschungen lagen, wurden mit einer Mauer umgeben, deren Tore des Nachts verschlossen waren. Diese Maßnahmen dienten dem Schutz der Juden, zugleich aber auch ihrer Trennung von der christlichen Bevölkerung. Die Ausgliederung der Juden aus der mittelalterlichen Gesellschaft verstärkte sich im 13. Jahrhundert. Den Christen wurde der vertrautere Umgang mit Juden untersagt, die Juden selbst durften keine christlichen Dienstboten mehr beschäftigen und mußten den gelben spitzen »Judenhut« tragen.

In ottonisch-salischer Zeit war die Stellung der Juden, die unter Königsschutz standen, nicht ungünstig. Doch versagte dieser Schutz in den im Zusammenhang mit dem Ersten Kreuzzug 1096 einsetzenden großen Judenverfolgungen. Weder der König und die Landesherren, deren »Kammerknechte« die Juden geworden waren, noch die städtischen Obrigkeiten konnten die jüdischen Gemeinden vor Pogromen wirkungsvoll schützen. Die blutigen Verfolgungen in der Mitte des 14. Jahrhunderts während der Pestzüge vernichteten viele deutsche Judengemeinden. Erst allmählich siedelten sich in den deutschen Städten wieder Juden an, doch kam es am Ausgang des Mittelalters wiederum zu Verfolgungen und Ausweisungen.

Vom 12. Jahrhundert an wurde der jüdische Kaufmann mehr und mehr aus dem Fern- und Großhandel verdrängt und auf den Kleinhandel, Kreditgeschäfte und Pfandleihe beschränkt. Die wirtschaftliche Lage vieler Juden verschlechterte sich gewaltig, da ihnen auch der Zugang zum Handwerk und zu den meisten Gewerben verwehrt war. Innerhalb des Judentums gab es gewaltige wirtschaftliche Unterschiede, da es mancher Familie gelang, trotz aller Einschränkungen durch Pfandleihe und Kreditgeschäfte mit weltlichen und geistlichen Herren zu beträchtlichen Reichtümern zu gelangen.

Alfred Haverkamp, Die Judenverfolgungen zur Zeit des Schwarzen Todes im Gesellschaftsgefüge deutscher Städte. In: Zur Geschichte der Juden im Deutschland des späten Mittelalters und der frühen Neuzeit, hrsg. von Alfred Haverkamp, Stuttgart 1981 (= Monographien zur Geschichte des Mittelalters, Bd. 24), S. 27–93.

d) Genossenschaftliche Organisationsformen

Die Sozialstruktur der mittelalterlichen Stadt wird durch eine hierarchische Rangordnung gekennzeichnet, beruhend auf der Zugehörigkeit zu den bevorrechteten Geschlechtern, dem Umfang des Vermögens, der Ausübung eines angesehenen oder weniger angesehenen Berufes und dem damit verbundenen gesellschaftlichen Ansehen. Dem Prinzip der Hierarchie stand jedoch ein anderes gegenüber, das die Gesamtstruktur der mittelalterlichen Stadtgesellschaft ganz entscheidend prägte, das der Genossenschaft. Genossenschaftliche Prinzipien dominierten in weiten und wichtigen Bereichen des städtischen Lebens. Die Stadt selbst verstand sich als *universitas* oder *communitas civium,* als Genossenschaft der Bürger; die Verwaltung erfolgte in der im Prinzip genossenschaftlichen Form des Ratskollegiums; genossenschaftliche Verbände spielten im wirtschaftlichen, gesellschaftlichen und religiösen Leben eine wichtige Rolle und übernahmen wesentliche Aufgaben im Bereich der sozialen Fürsorge. Selbst die städtische Verteidigung basierte wenigstens zum Teil auf dem genossenschaftlichen Prinzip. Gilden und Zünfte, Gesellenverbindungen, Patriziergesellschaften, Trinkstuben und Bruderschaften waren mehr als Vereine oder Verbände im modernen Sinne. Sie hatten komplexere Aufgaben und erfaßten weit mehr den ganzen Menschen und seine Tätigkeit.

Die Genossenschaften waren rechtsfähige Verbände, die über Besitz und Vermögen verfügen konnten. Sie bedurften in der Regel der Anerkennung durch die Obrigkeit, den Stadtherren oder den Rat, von denen sie Privilegien erhielten und die regulierend, reglementierend und kontrollierend eingriffen. Sie hatten das Recht, ihre Vorsteher und Funktionäre zu wählen, über die Aufnahme neuer Mitglieder zu entscheiden, ihre innere Ordnung durch Statuten zu regeln und in einem gewissen Umfang eine genossenschaftliche Gerichtsbarkeit auszuüben. Die ursprüngliche Freiwilligkeit des Eintritts wurde bei den am Beruf orientierten Organisationsformen vielfach dadurch außer Kraft gesetzt, daß die Mitgliedschaft zur Voraussetzung für die Ausübung eines bestimmten Gewerbes gemacht wurde (»Zunftzwang«).

Im Umgang miteinander galten bestimmte Regeln, Normen, Sitten und Gebräuche. Sie hielten das Gefühl der Zusammengehörigkeit ständig wach. Eine gemeinschaftsstiftende Funktion besaßen der festliche Schmaus und das Trinkgelage, deren Ablauf in der Regel streng ritualisiert war. Die Verpflichtung zur Beachtung der Normen entsprach der allgemeinen Forderung nach einer untadeligen, dem jeweiligen Stand angemessenen Lebensführung, nach Ehrbarkeit und Frömmigkeit. Mittelalterliche Gemeinschaftsformen hatten in der Regel auch einen religiösen Aspekt. Es gab in den Städten genossenschaftliche Verbände, deren Anliegen ausschließlich oder überwiegend religiöser Natur war, doch war der religiöse Aspekt auch in den kaufmännischen, handwerklichen und geselligen Vereinigungen stark ausgeprägt. Der Multifunktionalität der städtischen Genossenschaften entsprach es, daß sie in politisch bewegten Zeiten zum Ort politischer Willensbildung wurden und der Machterhaltung oder Machterlangung gesellschaftlicher Gruppen dienen konnten.

Gilden und Zünfte. Kaufmännische und gewerbliche Genossenschaften im frühen und hohen Mittelalter, hrsg. von Berent Schwineköper, Sigmaringen 1985 (= Vorträge und Forschungen XXIX).
Einungen und Bruderschaften in der spätmittelalterlichen Stadt, hrsg. von Peter Johanek, Köln/Weimar/Wien 1993 (= Städteforschung, Reihe A, Bd. 32.

Terminologie: Ein einheitliches und allgemein anerkanntes Begriffssystem, mit dessen Hilfe die verschiedenen Formen der genossenschaftlichen Zusammenschlüsse voneinander unterschieden werden könnten, ist von der Forschung noch nicht erarbeitet worden. In der Literatur trifft man daher auf Bezeichnungen wie Gilde, Hanse, Zunft, Amt, Innung oder Einung, Zeche, Handwerk, Gaffel oder Bruderschaft, meist in Anlehnung an den in den landschaftlich gebundenen Quellen vorherrschenden Sprachgebrauch. Eher noch vielfältiger ist die Terminologie in den mittelalterlichen und frühneuzeitlichen lateinischen oder volkssprachlichen Quellen. Aus klassifikatorischen Gründen soll künftig mit den Begriffen »Gilde«, »Zunft« und »Bruderschaft« gearbeitet werden, die als Forschungsbegriffe definiert werden sollen und daher nicht immer dem Sprachgebrauch der regionalen Quellen entsprechen müssen.

Unter einer *Gilde* soll eine Vereinigung verstanden werden, deren Mitglieder in der Mehrzahl dem Kaufmannsstande angehörten. Da die von den Kaufleuten getragenen genossenschaftlichen Verbände nicht nur einen Typus repräsentierten, werden gegebenenfalls speziellere Begriffe wie »Schutzgilde«, »Fahrmännergilde« oder »Gewandschneidergilde« verwendet. Die *Zunft* ist hingegen der genossenschaftliche Verband im Bereich des Handwerks und des Gewerbes einer Stadt. In einer Zunft können die Angehörigen eines oder mehrerer Berufszweige zusammengeschlossen sein. Unter einer *Bruderschaft* soll ein Verband mit überwiegend religiös-karitativen Zielen verstanden werden, dessen personelle Zusammensetzung berufsunspezifisch und schichtenübergreifend war. Keine einheitliche Bezeichnung gibt es in der Literatur für die Vereinigungen der Handwerksgesellen. Da sie sich hinsichtlich ihrer Organisationsformen, dem Brauchtum und der Ideologie an der Zunft orientierten, kann man von *Gesellenzunft* oder *Gesellengilde* sprechen, bei stärkerer Betonung des religiös-bruderschaftlichen Gedankens von *Gesellenbruderschaft*. Durch die in der älteren Forschung gebräuchliche Bezeichnung *Gesellenverband* werden die sozialpolitisch-gewerkschaftlichen Funktionen der Gesellenvereinigungen in den Vordergrund gerückt. Für die exklusiven Vereinigungen innerhalb der städtischen Oberschicht, die sich im späteren Mittelalter herausbildeten und die in der Regel individuelle Namen trugen, soll der Begriff *Patriziergesellschaft* gebraucht werden. Spezielle Genossenschaften waren die *Münzerhausgenossenschaften* und die *Elendengilden*, die typologisch den Patriziergesellschaften bzw. den Bruderschaften nahestehen.

Franz Irsigler, Zur Problematik der Gilde- und Zunftterminologie. In: Gilden und Zünfte (wie S. 185), S. 53-70.
Ruth Schmidt-Wiegand, Die Bezeichnungen Zunft und Gilde in ihrem

historischen und wortgeographischen Zusammenhang. In: Gilden und Zünfte, S. 31–52.

Gilden und Hansen: Der geringe Grad herrscherlichen Schutzes, der den Kaufleuten auf ihren Handelsfahrten im frühen Mittelalter zuteil wurde, förderte die Entstehung von genossenschaftlichen Verbänden. Die Kaufleute schlossen sich auf ihren Handelsreisen zu Fahrtgenossenschaften (»Gilden« oder »Hansen«) zusammen. Ein Zug fränkischer Händler unter Führung des Kaufmanns Samo nach Osten zu den Slawen ist bereits für das 7. Jahrhundert bezeugt. Mit der Entstehung von Wiksiedlungen und Marktorten schließen sich die Kaufleute enger zusammen, und aus den Fahrtgenossenschaften erwachsen dauerhaftere Verbände, die Gilden und Hansen.

Die Anfänge des Gildewesens reichen weit zurück, sind aber quellenmäßig schwer zu erfassen. Gilden und Hansen treten besonders im nordfranzösisch-niederländischen Raum, in England, Dänemark, Norwegen und Schweden in Erscheinung, weisen aber hinsichtlich ihrer Organisation, ihrer personellen Zusammensetzung und ihrer Aufgaben beträchtliche Unterschiede auf. In Nordwest-, Nordost- und Mitteldeutschland sind Gilden und Hansen mit Sicherheit erst im 13. Jahrhundert in größerer Zahl nachweisbar, dürften in einigen Fällen aber an ältere Vorläufer angeknüpft haben. Die Blütezeit des älteren Gildewesens, dessen Hauptfunktion die Verringerung des mit dem Fernhandel verbundenen hohen Berufsrisikos gewesen sein dürfte, lag zwischen dem 11. und 13. Jahrhundert. Seither wurden die Gilden mehr und mehr zu Monopolverbänden, mit deren Hilfe die Kaufleute und andere Angehörige der städtischen Oberschicht den wirtschaftlichen und gesellschaftspolitischen Emanzipationsbestrebungen der Handwerker entgegenzuwirken suchten. Das gilt besonders für die in Mittel- und Norddeutschland weit verbreitete »Gewandschneidergilde« (*gulda pannicidarum, fraternitas pannicidarum,* oft auch *gulda* oder *fraternitas mercatorum*), die für ihre Mitglieder das ausschließliche Recht auf Tuchhandel und Gewandschnitt in Anspruch nahm.

Zum Zwecke einer wissenschaftlichen Begriffsbildung ist es möglich, zwischen Gilde und Hanse zu unterscheiden. In der Gilde sind die Kaufleute eines Ortes und andere Angehörige der städtischen Führungsschicht vereinigt. In der Regel gab es in einer Stadt nur eine derartige Gilde; Ausnahmen wie Köln, wo es drei Gilden gab (Bruderschaft der Gewandschneider, St. Jakobs-Bruderschaft der Waidhändler, Weinbruderschaft), waren selten. Unter einer Hanse soll der Zusammenschluß von Fernhändlern verstanden werden, die auf ihren Handelsfahrten immer wieder ein bestimmtes Ziel ansteuerten (Englandfahrer, Gotlandfahrer, Flandernfahrer usw.). In bedeutenderen Handelsstädten gab es nicht selten mehrere derartige »Fahrmännergilden«, z.B. in Lübeck Aalborg-, Stockholm-, Bergen-, Schonen-, Malmö-, Riga-, Nowgorod-, Ystad-, Flandern- und Spanienfahrer, in Rostock Bergen-, Schonen-, Riga, Wyk-, Flandern- und Spanienfahrer. In den Ostseestädten waren die Kompagnien der Schonenfahrer verbreitet, die sich auf den Heringshandel spezialisiert hatten. Andererseits haben sich Kaufleute aus verschiedenen Städten zu Hansen zusammengeschlossen, um ihre handelspolitischen Interessen in einem bestimmten Handelsraum zu sichern. Dieser »interurbane Typus« der Hanse ist in Flandern bereits im 13. Jahrhundert anzutreffen. Dort gab es die »Flämische Hanse von London« und die »Hanse der siebzehn Städte«, in der nordfranzösische, flämische und niederlothringische Städte vereinigt waren, deren Kaufleute die Messen der Champagne aufsuchten. Von diesen Zusammenschlüssen aus führt wohl der Weg zu dem großen Städtebund der »Deutschen Hanse« *(stede van der dudeschen hense 1358)*. Das Wort »Hanse« wird von dieser umfassenden Gemeinschaft okkupiert, während für die »Fahrmännergilden« andere Bezeichnungen wie Kompagnie, Gilde, Bruderschaft oder Gelag üblich werden.

Wilhelm Stieda, Das Schonenfahrergelag in Rostock. In Hans. Geschbll. 1890/91, S. 113–150.

Detlef Kattinger, Die Gotländische Genossenschaft, Köln/Weimar/Wien 1999 (= Quellen und Darstellungen zur hansischen Geschichte, NF Bd. 47).

Charakteristisch für Gilde und Hanse war die Dominanz des genossenschaftlichen Prinzips in der inneren Organisation. Der Eintritt erfolgte durch Eidesleistung, die die Mitglieder zu einer verschworenen Gemeinschaft (coniuratio) machte. Die Gildebrüder traten zur Gildeversammlung *(colloquium, conventus, morghensprake)* zusammen, auf der die Vorsteher (»Gildemeister«) gewählt, neue Mitglieder aufgenommen, die Statuten verlesen und durch neue Satzungen ergänzt wurden. Ein Beschluß der Gildeversammlung war für alle Gildegenossen bindend; in manchen Statuten war Beschlußfassung mit Zweidrittelmehrheit vorgeschrieben. Im Mittelpunkt der Gildeversammlung stand das »Gildegelage«. Seine gemeinschaftsstiftende und gemeinschaftsbewahrende Bedeutung ist daran zu erkennen, daß das Ritual des Festes in den überlieferten Gildestatuten fast stets im Vordergrund steht. Mit ritueller Feierlichkeit kamen die Gildebrüder zusammen *(celebrata fuit gulda)* und »tranken die Gilde« *(biberunt guldam)*. Die Gildemeister *(magistri guldarum,* Aldermannen) vertraten die Gilde nach außen, führten die Geschäfte und hatten den Vorsitz in der Gildeversammlung und im Gildegericht. Die Kompetenzen des Gildegerichts waren auf die Beilegung von Streitigkeiten unter den Gildebrüdern beschränkt. Für kleinere Verstöße gegen die innere Ordnung wurden Geldbußen verhängt, ein schwereres Vergehen konnte zum Ausschluß führen.

Der ursprüngliche Charakter der Gilden und Hansen als Schutz- und Hilfsorganisationen für den Kaufmann trat im Laufe der Jahrhunderte in den Hintergrund, abgesehen von den »Fahrmännergilden«, die notwendigerweise daran festhielten. Die alten Funktionen sind aus den älteren Gildeordnungen zu erkennen, etwa die Verpflichtung zum gegenseitigen Beistand auf der Handelsfahrt, Eideshilfe vor Gericht und Auslösung eines gefangenen Gildebruders.

Die heidnisch-kultischen Elemente des älteren Gildewesens sind schon bald in christliche Bahnen gelenkt worden. Die Gilden unterstellten sich dem Schutz eines Heiligen, und nicht wenige wurden auch nach ihrem Schutzpatron benannt (St. Jakobs-Bruderschaft in Köln, Reinoldsgilde in Dortmund, Knudsgilden in Dänemark usw.). Viele Gilden stifteten Kapellen und Altäre und richteten für verstorbene Gildebrüder eine würdige Totenfeier aus. Bei Prozessionen, Kirchenfesten und Wallfahrten traten sie als Kollektive öffentlich in Erscheinung.

Gilden und Hansen waren rechtsfähige Korporationen und konnten daher Privilegien empfangen, Verträge abschließen, Siegel führen, Stiftungen ins Leben rufen und Vermögen, Besitz und Nutzungsrechte erwerben. Gildehäuser und Tuchhallen (»Gewandhäuser«) gehörten meist zu den repräsentativsten Bauwerken einer Handelsstadt. Die Fahrmännergilden erwarben wohl meist Grundbesitz am Zielort ihrer Handelsfahrt, um geeignete Quartiere für einen längeren Aufenthalt zu errichten. Im Ostseeraum spielten an manchem Handelsplatz die von den fremden Kaufleuten erbauten Kirchen eine wichtige Rolle, da sie nicht nur für den Gottesdienst gebraucht wurden, sondern auch als Versammlungsraum, Warenlager und Archiv dienten.

Paul Johansen, Die Kaufmannskirche im Ostseegebiet. In Studien zu den Anfängen des europäischen Städtewesens, Sigmaringen 1958 (= Vorträge und Forschungen IV S. 499–525).

Die Deutsche Hanse besaß ihre wichtigsten Außenposten im St. Petershof zu Nowgorod, dem Stalhof in London, der Niederlassung in Brügge und in der Deutschen Brücke in Bergen.

Um in eine Gilde aufgenommen zu werden, mußte man stets bestimmte Voraussetzungen erfüllen. Vermögen und die Zugehörigkeit zu einer gehobenen Gesellschaftsschicht gehörten neben einem ehrbaren Lebenswandel zu den unabdingbaren Bedingungen für eine Aufnahme. Die Höhe der Aufnahmegebühren und das Zeremoniell waren in der Regel genau festgelegt. Die Söhne der Gildebrüder wurden dabei stark bevorzugt, Fremden der Eintritt erschwert und die Angehörigen der Mittel- und Unterschichten möglichst prinzipiell ausgeschlossen. In vielen Fällen wurde von einem Handwerksmeister, der in die Gilde aufgenommen werden wollte, der Verzicht auf die Ausübung des Handwerks gefordert. Er mußte »seinem Handwerk abschwören«. Das Streben nach der Erschwerung des Zuganges für alle, die nicht »in die Gilde geboren waren«, verstärkte sich im Laufe der Entwicklung, so daß die Gilden zu gesellschaftlich exklusiven Organisationen wurden.

In vielen Städten Nord-, Mittel- und Ostdeutschlands wurde die Gewandschneidergilde zur gesellschaftlich-politischen Vereinigung der bürgerlichen Führungsschicht und übte dadurch wenigstens indirekt Einfluß auf das Stadtregiment aus. Die Bürgermeister und Ratsherren waren fast stets auch Mitglieder der Gewandschneidergilde, denn die ratsfähigen Familien waren auch »gildefähig«. Dagegen hatten keineswegs alle Familien, deren Mitglieder gildefähig waren, zugleich auch Zugang zum Rat.

Patriziergesellschaften: In einer Reihe von bedeutenderen deutschen Städten haben Angehörige der politisch und sozial führenden Familien exklusive, klubartige Vereinigungen ins Leben gerufen, die nach außen hin in der Regel nur der Pflege der Geselligkeit zu dienen schienen, jedoch ohne Zweifel auch Gelegenheit zu kommunalpolitischer Willensbildung boten und dadurch Relevanz für das städtische Leben erhielten. Die hochgradige Exklusivität, die von diesen Patriziergesellschaften praktiziert wurde, war hervorragend geeignet, um den Kreis der patrizischen Geschlechter nach unten abzugrenzen. Kennzeichnend für die Patriziergesellschaften ist, daß sie nicht aus Berufsverbänden erwachsen, sondern zur Pflege des geselligen Lebens im ständisch elitären Rahmen gegründet worden sind. Innerstädtische gesellschaftliche Nivellierungstendenzen und Umschichtungen werden ihre Gründung ebenso angeregt haben wie der von den nach kommunalpolitischer Mitsprache strebenden Zünften ausgehende Druck auf die alten Führungsschichten. In den hochangesehenen Patriziergesellschaften, die ihre strenge gesellschaftliche Exklusivität zu wahren wußten, fanden die Angehörigen der alten Geschlechter gerade in den Perioden politischer Bedrohung einen starken moralischen Rückhalt.

Knut Schulz, Patriziergesellschaften und Zünfte in den mittel- und oberrheinischen Bischofsstädten. In Gilden und Zünfte (wie S. 185), S. 311–355.

Wilhelm Störmer, Vergesellschaftungsformen des Meliorats und des Handwerks in den Städten des bayerisch-österreichischen Raumes. Ebda. S. 337–375.

Andreas Ranft, Adelsgesellschaften. Gruppenbildung und Genossenschaft im spätmittelalterlichen Reich, Sigmaringen 1994 (= Kieler Hist. Stud. Bd. 38).

Die älteste Patriziergesellschaft war die » Kölner Richerzeche« (= Zeche der Reichen), die bereits im 12. Jahrhundert entstanden war und bis zum Ausgang des 14. Jahrhunderts in Köln eine überragende Machtstellung besaß. Bürgermeister, Ratsherren und Schöffen gehörten ihr an, so daß sie Rats- und Schöffenkollegium beherrschte und über die Besetzung der städtischen Ämter entschied. Durch ihren starken Einfluß auf die Stadtverwaltung nahm die Kölner Richerzeche unter den Patriziergesellschaften eine exzeptionelle Stellung ein. Bei den übrigen, überwiegend erst im Spätmittelalter gegründeten Gesellschaften dominierte der gesellig-elitäre Charakter gegenüber dem politischen Einfluß.

Unter den Patriziergesellschaften Nord- und Ostdeutschlands ragt die 1379 gegründete »Lübecker Zirkelgesellschaft« (Societas Circuliferorum, Cirkelselschop) heraus, deren etwa 50 Mitglieder aus den führenden Familien der Stadt kamen. Sehr angesehen waren die in den Hansestädten des Ostseeraumes verbreiteten »Artusbruderschaften« (Danzig, Riga, Thorn, Stralsund, Elbing, Braunsberg, Marienburg und Königsberg), in denen die Fernkaufleute dominierten.

In West- und Süddeutschland waren die Patriziergesellschaften meist in Form einer »Trinkstubengesellschaft« organisiert, manchmal als »Herrenstube« von gleichartigen Gesellschaftsvereinigungen weniger vornehmer Art abgehoben. Sie standen unter der Leitung der »Stubenmeister«, die über die Einhaltung der »Stubenordnung« zu wachen hatten. Die Zahl der Mitglieder, der »ehrbaren Gesellen«, lag in der Regel zwischen 30 und 60. Bekannte Vereinigungen dieses Typs waren die »Gesellschaft der Sünfzen« in Lindau, »Zum Esel« in Ravensburg und »Zum Löwen« in Überlingen am Bodensee. In großen Städten, zum Beispiel in Straßburg, Basel und Frankfurt am Main, gab es jeweils mehrere Stubengesellschaften. In Frankfurt war die vornehmste patrizisch-aristokratische Gesellschaft die »Zum Alten Limpurg«.

Münzerhausgenossenschaften: Großbürgerliche Genossenschaften besonderer Art waren die »Münzerhausgenossenschaften«, die es nur in einem guten Dutzend deutscher Städte gab (Worms, Mainz, Köln, Speyer, Straßburg, Trier, Weißenburg, Basel, Regensburg, Augsburg, Passau, Wien, Bamberg, Erfurt und Goslar). Im 12. und 13. Jahrhundert sind die Verbindungen der Münzerhausgenossen, die wenigstens zum Teil offenbar aus der Ministerialität des jeweiligen Stadt- und Münzherrn hervorgegangen sind, zum Münzwesen noch recht eng. Sie standen unter der Leitung des Münzmeisters (*monetarius, magister monetae*), der auch eine besondere Gerichtsbarkeit ausübte. Wahrscheinlich versorgten sie ursprünglich die Münzstätte mit Edelmetall und kontrollierten die Münzprägung. Als privilegierte, in der Zahl der Genossen meist beschränkte Gruppe monopolisierten die Münzerhausgenossen in ihrer Stadt sowohl den Handel mit Edelmetallen als auch das sehr einträgliche Geschäft des Geldwechsels. Es ist in der Forschung umstritten, ob der Name dieser Genossenschaften von der Prägestätte (Münzerhaus) abzuleiten ist oder auf die Zugehörigkeit zur Dienstmannschaft (*familia*) des Stadt- und Münzherrn hinweist.

Zünfte: Die verbreitetste genossenschaftliche Organisationsform war im Mittelalter die Zunft. Die Zunft (Amt, Innung, Gewerk, Zeche, Gilde, Gaffel, Bruderschaft) war ein von der Obrigkeit anerkannter genossenschaftlicher Zusammenschluß von Handwerkern oder Gewerbetreibenden zur Durchsetzung und Wahrung wirtschaftlicher und kommunalpolitischer Standesinteressen, zur Erfüllung karitativer und religiöser Verpflichtungen und zur Pflege eines geselligen Gemeinschaftslebens. Entstehung und Ausbreitung des Zunftwesens trugen offensichtlich vielfältigen Bedürfnissen des spätmittelalterlich-frühneuzeitlichen städtischen Wirtschaftslebens Rechnung. Daher entstanden zünftlerische Organisationen nicht nur bei den Handwerkern, sondern auch in anderen Erwerbszweigen, zum Beispiel bei den Krämern (Kleinhändlern), Brauern, Fischhändlern, Fischern, Schiffern und Ackerbürgern. In der Ausgestaltung des Zunftwesens gab es beträchtliche Unterschiede zwischen den verschiedenen Stadtlandschaften. Viele kleine Städte hatten keine Zünfte oder ein nur gering entwickeltes Zunftwesen. In manchen Fällen umfaßte eine Zunft die Angehörigen mehrerer, meist verwandter Berufe. Hinsichtlich der inneren Ordnung, der äußeren Repräsentanz, des Brauchtums und des Selbstverständnisses orientierten sich die Zünfte stark am Vorbild der Kaufmannsgilden.

Die Anfänge des Zunftwesens werden im 12. Jahrhundert faßbar (Fischhändler in Worms 1106, Schuhmacher in Würzburg 1128, Bettziechenweber in Köln 1149, Weber in Mainz 1175), und im 13. Jahrhundert gibt es wohl in fast allen größeren Städten bereits mehrere Zünfte. Ihre Zahl vergrößerte sich im späten Mittelalter, der Blütezeit des Zunftwesens in Deutschland. Einige obrigkeitliche Versuche, die Zünfte generell oder in einzelnen Städten zu verbieten (Zunftverbote Friedrichs II. 1219 und 1231), blieben Episode.

Die »Zunfthoheit«, das heißt das Recht, die Gründung von Zünften zu gestatten oder anzuordnen, die Statuten (Zunftordnungen) zu genehmigen und Kontrollfunktionen gegenüber der Zunft auszuüben, stand dem Stadtherrn zu. In vielen Städten gingen diese Befugnisse im Laufe der Zeit an den Rat über, der die Zünfte zu reglementieren und seiner Aufsicht zu unterwerfen suchte.

Nach außen hin trat die Zunft zunächst als ein Zwangsverband mit Kartellfunktion in Erscheinung. Wer in einer Stadt, die über ein voll entwickeltes Zunftsystem verfügte, ein Handwerk oder ein Gewerbe betreiben wollte, mußte sich um die Aufnahme in die zuständige Zunft bemühen, denn nur den Zunftgenossen war die Ausübung zünftiger Berufe gestattet. Der »Zunftzwang« verlieh den Zunftmeistern eine monopolistische Stellung und bot die Möglichkeit, gegen nichtzünftige Handwerker in Stadt und Land (»Pfuscher«, »Bönhasen«, »Störer«) vorzugehen. Mit Hilfe des Bannmeilenrechtes versuchten die Zünfte die Konkurrenz der auf den Dörfern ansässigen Handwerker auszuschalten.

Zu den Aufgaben der Zunft gehörte die Qualitätskontrolle, die den Käufer vor minderwertigen Waren schützen sollte. Um den Absatz auf Dauer zu sichern und den guten Ruf der Produkte zu wahren, war eine gleichbleibende gute Qualität der Erzeugnisse zu gewährleisten. Für diese Qualitätskontrolle (»Beschau«) war der »Beschaumeister« zuständig, dem in manchen Städten auch importierte Handwerksprodukte vorgeführt werden mußten, bevor sie zum Verkauf freigegeben wurden. Der einzelne Zunftmeister mußte deshalb ständig bemüht sein, seine Erzeugnisse auf dem geforderten Niveau zu halten.

Die Zunft griff auch dadurch in den Handwerksbetrieb und seine Produktion ein, daß sie Dauer und Qualität festlegte und überwachte, die Einhaltung der Arbeitszeit kontrollierte, Höchstgrenzen für die Löhne der Gesellen und Hilfsarbeiter vorschrieb und Regelungen für den Einkauf und die Preisgestaltung von unentbehrlichen Rohstoffen traf. Um jedem Meister seine »gerechte Nahrung« zu sichern, wurde unter Umständen die Zahl der Gesellen und Lehrjungen, die der einzelne Meister beschäftigen durfte, beschränkt. Durch diese Steuerungsmechanismen konnte freilich nicht verhindert werden, daß sich in vielen Zünften gravierende wirtschaftlich-soziale Unterschiede herausbildeten. Das Prinzip der gerechten Nahrung hatte im allgemeinen nur für die Mittelschicht der Zunftmeister Geltung, nicht aber für die reichen Meister, die oft auch in Handel und Gewerbe tätig waren, und für die verarmten Zunftgenossen. Mit der Entwicklung des Verlagssystems gerieten manche Meister zwar nicht in rechtliche, wohl aber ökonomische Abhängigkeit von ihren eigenen Zunftge-

nossen. Trotz der ständigen Betonung des bruderschaftlichen Gedankens innerhalb der Zünfte besteht zu einer Idealisierung kein
Anlaß; gerade die zahlreichen Bestimmungen der Zunftordnungen,
die die Chancengleichheit gewährleisten sollten, lassen den permanenten Konkurrenzkampf deutlich werden.

Die Zunft besaß ein gewisses Maß an Autonomie hinsichtlich der
Regelung ihrer inneren Angelegenheiten. Ihr Satzungsrecht wurde
allerdings vielfach dadurch eingeschränkt, daß die Zunftordnungen
von der Obrigkeit bestätigt werden mußten. Die Statuten wurden
auf der Zusammenkunft der Zunftmeister, der »Morgensprache«,
verlesen und gegebenenfalls durch neue Willküren ergänzt. Auf der
Morgensprache wurden auch die Vorsteher gewählt und Beschlüsse
gefaßt. Dabei galt in der Regel das Majoritätsprinzip. Für Verstöße
gegen die Zunftordnung und die Ehre und das Ansehen des Standes
besaß die Zunft eine begrenzte Gerichtsbarkeit. Die Strafgelder
flossen mindestens zum Teil in die Zunftkasse.

Unterstützung bedürftiger Zunftgenossen in Notfällen, Sorge für
ein standesgemäßes Begräbnis und Pflege des gesellig-gesellschaft-
lichen Lebens waren weitere Aufgaben der Zunft. Wohlhabende
Zünfte besaßen eigene Zunfthäuser oder wenigstens Zunftstuben,
in denen die Morgensprache stattfand, Feste gefeiert und in der
Zunfttruhe (»Lade«) die Urkunden, das Siegel, die Pokale und anderes mehr aufbewahrt wurden. Eine wichtige Rolle spielten die
Zünfte im religiösen Leben der Stadt durch Teilnahme an Kirchenfesten und Prozessionen, Stiftung von Kapellen, Altären und Ker-
zen, Ausrichtung von Totenfeiern und Beteiligung am Totengedenken. Zur Sorge um das Seelenheil eines verstorbenen Mitbruders
kam eine gewisse Fürsorge für die Hinterbliebenen. Die Rechte der
Witwe und minderjähriger Kinder wurden in den Statuten geregelt.

Die Zahl der Mitglieder einer Zunft war von verschiedenen Faktoren abhängig, zum Beispiel von der Größe der Stadt, der Bedeutung der einzelnen Berufe im wirtschaftlichen Gefüge, dem Grad
der beruflichen Spezialisierung und dem jeweiligen Zunftsystem.
Große Zünfte waren vielfach die Wollenweber, Bäcker, Metzger,
Schmiede, Schuhmacher und Schneider, die hundert und mehr Mitglieder haben konnten. Trug man in einer Stadt der zunehmenden
fachlichen Spezialisierung im Handwerk durch eine entsprechende
Zunftorganisation Rechnung, so entstanden zahlreiche kleinere
Zünfte, während »Sammelzünfte«, in denen mehrere Berufszweige
zusammengefaßt waren, eine größere Zahl von Mitgliedern aufzuweisen hatten. In manchen Städten gab es keine oder nur wenige
Zünfte, in anderen war die erwerbstätige Bevölkerung mehr oder
weniger in die Zunftorganisation eingeordnet.

Streng geregelt wurden bald die Zulassungsbedingungen und das Zeremoniell der Aufnahme in die Zunft. Die volle Mitgliedschaft mit allen Rechten war im allgemeinen den Meistern vorbehalten. Durch Meisterprüfung und Meisterstück kontrollierte die Zunft später auch den Zugang zur Meisterwürde. Gefordert wurden ein guter Leumund, ehrsamer Lebenswandel, freier Stand und eheliche Geburt, seit dem späten Mittelalter in Nord- und Ostdeutschland auch die Abstammung von deutschen Eltern.

Hingegen wurden ganze Bevölkerungsgruppen einschließlich ihrer Nachkommen generell am Eintritt in angesehenere Handwerker-zünfte gehindert. Hinderungsgründe waren uneheliche Abkunft oder die Ausübung eines »unehrlichen« Gewerbes als Scharfrich-ter, Schinder, Totengräber, Büttel oder Stadtpfeifer; auch Müller, Schäfer, Bader, Barbiere und Leineweber galten nicht als zunft-fähig, bildeten manchmal aber eigene Zünfte. Ausgeschlossen wa-ren »fahrende Leute« und Juden, in einigen Landschaften auch die Wenden.

Die Zünfte waren in der Regel von Männern getragene und be-herrschte Institutionen. Ehefrauen und Töchter waren durch ihre Ehemänner und Väter mit der Zunft verbunden und nahmen vor allem an ihrem religiösen, karitativen und geselligen Leben teil. Die Ehefrauen wurden als »Schwestern« in die bruderschaftliche Ge-dankenwelt einbezogen. In manchen Berufszweigen wurden auch Mädchen als Lehrlinge (»Lehrmägde«) angenommen und Frauen als selbständige Zunftmitglieder zugelassen. In Köln gab es sogar einige reine Frauenzünfte im Textilgewerbe (Garnmacherinnen, Seidweberinnen, Seidspinnerinnen, Goldwirkerinnen). Wichtiger ware die Rechte, die man den Meisterswitwen und -töchtern ge-währte. Vielfach durfte die Witwe das Geschäft mit Hilfe eines Ge-sellen für ein Jahr oder auf Dauer weiterführen, und demjenigen, der eine Meisterswitwe oder -tochter heiratete, konnte der Zugang zum Handwerk nicht verwehrt werden. Mit der Schließung der Zünfte seit dem ausgehenden Mittelalter verschlechterte sich auch die Position der Frau in Zunft und Arbeitsleben.

Margret Wensky, Die Stellung der Frau in der stadtkölnischen Wirtschaft im Spätmittelalter, Köln/Wien 1980 (= QDHansG NF Bd. 26).

In der zweiten Hälfte des 13. Jahrhunderts begann in vielen Städten die Politisierung der Zünfte. Die Handwerksmeister forderten kommunalpolitische Mitspracherechte und machten die Zünfte zum Sammelbecken der oppositionellen Kräfte gegen das allein von Angehörigen des Patriziats oder Meliorats getragene Ratsregiment. In einer Reihe von Städten gelang es den Zünften, durch Entsendung von Zunftmeistern in den Rat eine Beteiligung am Stadtregiment zu erlangen, in anderen wurden die patrizischen Geschlechter vorübergehend oder sogar auf Dauer aus ihrer alles beherrschenden Stellung verdrängt. Die Aufstände und Revolten, an denen sich auch Angehörige der städtischen Unterschichten beteiligten, wurden fast stets von den Handwerksmeistern geführt. Die in dieser Periode der »Zunftkämpfe« errungenen Erfolge kamen immer nur denjenigen Zünften zugute, die als politische Korporationen in die Stadtverfassung eingebaut wurden, indem bestimmte Zünfte das Recht erhielten, ein oder mehrere Mitglieder in den Rat oder andere städtische Gremien zu entsenden.

Gesellenbruderschaften: Die Handwerksgesellen und Lehrlinge lebten vielfach im Hause ihres Meisters. Dieses patriarchalische Verhältnis ließ ihnen wenig persönliche Freiheit, bot aber auch Schutz und Hilfe in den Wechselfällen des Lebens, vor allem im Falle einer Erkrankung. An Konflikten hat es sicher nie gefehlt, aber solange Lehrjungen und Gesellen diese Zeit nur als Durchgangsstufe zur Meisterwürde und Selbständigkeit betrachten konnten, gab es keine antagonistischen Interessengegensätze zwischen ihnen und dem Meister. Erst im Gefolge der wirtschaftlichen und sozialen Wandlungen im späteren Mittelalter ändert sich dies. In der zweiten Hälfte des 14. Jahrhunderts mehren sich die Nachrichten über Auseinandersetzungen zwischen Meistern und Gesellen, denn die Krise des Spätmittelalters führt zur Schließung der Zünfte. Während die Meistersöhne stark bevorzugt werden, hat die Mehrzahl der Gesellen nur noch geringe Chancen, die Meisterwürde zu erlangen. Der Geselle ist nun nicht mehr der angehende Meister, sondern wird zum Angehörigen einer besonderen sozialen Schicht, der in der Regel auf Lebenszeit »Arbeitnehmer« bleibt. Um ihre Interessen gegenüber den in der Zunft vereinigten »Arbeitgebern« wahren zu können, schlossen sich auch die Gesellen in entsprechenden Organisationen zusammen. Allerdings darf man in den Gesellenbruderschaften keine Gewerkschaften sehen, denn neben der Verfolgung wirtschafts- und sozialpolitischer Ziele standen die Wahrnehmung religiöser und karitativer Aufgaben und die Pflege des geselligen Lebens.

Hatten sich die Zünfte offenkundig die Kaufmannsgilden als Vorbilder gewählt, so orientierten sich die Gesellenbruderschaften am Modell der Zunft. Die Gesellen gaben sich »Gesellenordnungen« (»Stubenordnungen«), die offenbar der Bestätigung durch den Rat bedurften, in manchen Fällen aber auch im Einvernehmen mit den Zunftmeistern erlassen wurden. Der feste Bezugspunkt war in der Regel die »Herberge« oder die »Trinkstube«, die als Versammlungslokal diente. Die Gesellen wählten die Vorsteher, die die

Bruderschaft leiteten und die Kasse (»Büchse«) verwalteten (»Stubenmeister«, »Alderleute«, »Büchsenmeister«, »Kerzenmeister«). Die Gesellen zählten zwar zu den unteren Schichten der städtischen Gesellschaft, hatten aber als eine fachlich qualifizierte Gruppe einen festen Platz in der sozialen Hierarchie, den sie nach unten hin verteidigten. Auch der Geselle hatte eine seinem beruflichen und gesellschaftlichen Status entsprechende Ehre, über deren Wahrung die Bruderschaft eifersüchtig wachte. Standesgemäße Kleidung und ein ehrsamer Lebenswandel wurden von den Mitgliedern gefordert.

Nachdem der Gesellenstatus für viele nicht mehr ein Durchgangsstadium, sondern ein Dauerzustand geworden war, gewannen Fragen der Lohn- und Arbeitsbedingungen zunehmend an Gewicht. Die Gesellenbruderschaften nahmen gewerkschaftliche Funktionen wahr und verhandelten mit der Zunft über Lohnerhöhungen, Verkürzung der wöchentlichen Arbeitszeit, Verbesserung der Arbeitsbedingungen, Festsetzung der Bußen bei Vertragsbruch und andere arbeitsrechtliche Probleme. Vielfach konnten sie die Schaffung von paritätisch besetzten Schiedsgerichten erwirken, die Streitigkeiten zwischen einem Meister und seinen Gesellen und Lehrjungen beilegen sollten. Dennoch konnte es zu Arbeitskämpfen kommen, die sich bis zu Streik, Boykott (»Verruf«) und Aussperrung steigerten. Gefährlich für die Meister waren die überregionalen Verbindungen zwischen den Gesellenverbänden. Durch die Wanderschaft und die relativ hohe Mobilität der Gesellen war ein überlokaler Zug in die Gesellenbewegung gekommen. Fremde Gesellen sprachen zunächst in der Herberge der für ihr Gewerbe zuständigen Bruderschaft vor, wo sie Aufnahme und Unterstützung erhielten. Man half ihnen bei der Arbeitssuche, und in manchen Städten gelang es den Gesellenverbänden, die Arbeitsvermittlung ganz in die Hand zu bekommen. Bei Arbeitskämpfen trafen die Gesellenverbände unter Umständen Absprachen mit den Bruderschaften in anderen Städten, um erfolgreich gegen ihre Meister agieren zu können. Im Gegenzug schlossen die Zunftmeister entsprechende Bündnisse mit ihren Berufskollegen, nicht selten unter Einschaltung der städtischen Obrigkeit, die sich meist auf die Seite der Zünfte stellte.
Im Laufe des Spätmittelalters wurden die patriarchalischen Bindungen zwischen den Meistern, Gesellen und Lehrlingen gelockert. Es gab verheiratete Gesellen, die einen eigenen Hausstand besaßen, aber auch diejenigen, die im Hause des Meisters wohnten, genossen größere persönliche Freiheiten. Sie waren nicht mehr einfach Mitglieder der Haus- und Familiengemeinschaft, sondern ihre Stellung wurde mehr oder weniger vertraglich geregelt. Aufgaben der sozialen Fürsorge, die zuvor durch die Zugehörigkeit zum Hause abge-

deckt waren, mußten nun von der Gesellenbruderschaft wahrgenommen werden. Als Kollektiv übernahm sie die soziale Absicherung ihrer Mitglieder und gegebenenfalls auch fremder zuwandernder Berufskollegen. Erkrankte Gesellen fanden Aufnahme in der Herberge oder wurden auf Kosten der Bruderschaft in einem Hospital untergebracht. Alle Genossen waren verpflichtet, einen Kranken zu pflegen und Nachtwachen zu übernehmen. Da eine längere Erkrankung zugleich den Verlust des Einkommens bedeutete, diente die Gesellenkasse auch der finanziellen Unterstützung im Krankheitsfalle. Reichte ihr Inhalt nicht aus, konnten alle Gesellen zur Zahlung einer Beihilfe herangezogen werden. Vor Armut und Not im Falle der Invalidität und des einsamen Alters konnte die Bruderschaft den Gesellen freilich nicht bewahren. Die aus moderner Sicht minimale soziale Sicherung bedeutete im Mittelalter schon viel.

Wilfried Reininghaus, Die Entstehung der Gesellengilden im Spätmittelalter, Wiesbaden 1981 (= VSWG, Beiheft 71). Mit ausführlichem Literaturverzeichnis.

Geistliche Bruderschaften: Kaufmannsgilden, Patriziergesellschaften, Münzerhausgenossenschaften, Zünfte und Gesellenbruderschaften haben sich zwar in vielfältiger Weise am religiösen Leben der mittelalterlichen Stadt beteiligt, aber sie waren letztlich doch Organisationen, die primär berufs- und schichtenspezifische Interessen vertraten. Daher führte der Aufschwung der Laienfrömmigkeit im späteren Mittelalter gerade in den Städten zur Gründung von geistlichen Bruderschaften, in denen sich Männer und Frauen zur Verwirklichung rein religiöser oder religiös-karitativer Ziele zusammenschlossen. Die »Elendenbruderschaften« (»Elendengilden«) kümmerten sich um erkrankte und hilfsbedürftige Fremde (mhd. *elend* = fremd), nahmen sie in ihr Hospital (»Elendenhaus«) auf und sorgten gegebenenfalls für ein angemessenes christliches Begräbnis. Ähnliche Ziele verfolgten auch zahlreiche andere »Spitalbruderschaften«.

Siegfried Reicke, Das deutsche Spital und sein Recht im Mittelalter, 2 Teile, Stuttgart 1932 (= Kirchenrechtliche Abhh., Heft 111/112).

Besonders beliebt waren im Spätmittelalter religiöse Vereinigungen zur Verehrung volkstümlicher Heiliger oder zur Teilnahme an Prozessionen, zum Beispiel Fronleichnams-, Rosenkranz-, Marien-, Annen- und Wolfgangsbruderschaften. Die Mitglieder der Bruderschaften waren zur Teilnahme am Gottesdienst, an Prozessionen und am Begräbnis von Brüdern und Schwestern verpflichtet. Die

Leitung der Bruderschaften lag in den Händen von gewählten Vorstehern (»Ältesten«), durch Eintrittsgebühren, jährliche Beiträge, Strafgelder, Stiftungen und Legate kamen die Gelder zusammen, die zur Errichtung von Hospitälern, Kapellen und Altären, zur Stiftung von Messen und zur Besoldung von Priestern erforderlich waren. In größeren Städten gab es im 14./15. Jahrhundert meist zahlreiche geistliche Bruderschaften nebeneinander, die zu einer engen Verbindung zwischen Bürgerschaft und Kirche führten und den genossenschaftlichen Gedanken auch im religiösen Leben der Stadt zur Geltung brachten.

6. Städtewesen und mittelalterliche Gesellschaftsordnung

a) Stadt und Stadtherrschaft

Das Streben vieler Städte nach einem Höchstmaß an äußerer und innerer Selbständigkeit hatte niemals die vollständige Lösung aus der von Königtum, Adel und Kirche beherrschten mittelalterlichen Grundordnung zum Ziel. Freiheits- und Autonomiebestrebungen waren nur die eine Seite der Medaille, die andere waren Anlehnung an die Träger der politischen Macht und Anpassung an bestehende Strukturen.

Der Kaufmann des frühen Mittelalters suchte herrschaftlichen Schutz beim Königtum. Als Königsmuntling genoß er einen speziellen Königsschutz, den der Herrscher überall durch seine Amtsträger wahrnehmen ließ. Der König verfügte zunächst auch über das Markt-, Münz- und Zollregal, doch überließ er später diese Rechte mehr und mehr weltlichen und geistlichen Feudalgewalten. Vor allem den Bischöfen gelang es im 10. und 11. Jahrhundert, stadtherrliche Positionen im Bereich ihrer Bischofssitze aufzubauen. Mit ihnen hatte sich das werdende Städtebürgertum daher vielfach auseinanderzusetzen (vgl. S. 147f.). Der Bischof als Stadtherr war eine für die deutsche Stadtgeschichte sehr bedeutungsvolle Gestalt, denn von den mächtigen Bischofsstädten gingen vor allem im 11. und 12. Jahrhundert kräftige Impulse für die Entfaltung des Städtewesens aus. Hatten in den ersten Phasen der Entwicklung des deutschen Städtewesens Königtum und Bischöfe als Inhaber der stadtherrlichen Befugnisse die wichtigste Rolle gespielt, so traten seit dem ausgehenden 12. Jahrhundert die Landesherren an ihre Stelle.

Die königliche Stadtherrschaft, die unter den Staufern noch einmal einen Höhepunkt erlebte, blieb letztlich auf die Kategorie der »Reichsstädte« beschränkt. Soweit die Bischöfe zu eigener Landeshoheit aufgestiegen sind, konnten sie ebenfalls eine landesfürstliche Stadtherrschaft aufrichten, doch gelang es einigen alten Bischofsstädten, den Status einer freien Reichsstadt zu erkämpfen. In der Periode der Stadtgründungen (vgl. S. 150 f., 153) lag die Führung eindeutig bei den Territorialfürsten, die aus politischen und wirtschaftlichen Gründen eine Stadtgründungspolitik betrieben. Auch militärische Gesichtspunkte haben offensichtlich eine Rolle gespielt, da man die befestigte Stadt als »Großburg« in territorialpolitische Konzeptionen einfügen konnte. Stadtgründungspolitik und Städtepolitik waren daher wesentliche Aspekte beim Aufbau und der Konsolidierung der landesherrlichen Machtpositionen. Der Landesherr war im Prinzip an einer gedeihlichen Entwicklung der Städte innerhalb seines Machtbereiches interessiert und förderte sie, suchte sie aber gleichzeitig so weit wie möglich in den Territorialstaat zu integrieren. Umgekehrt war der Anschluß an die jeweilige Landesherrschaft als derjenigen politischen Kraft, der die Zukunft gehören sollte, für das Städtebürgertum eine zwingende Notwendigkeit.

Der Rang des Stadtherrn innerhalb der feudalen Hierarchie bestimmte weitgehend die verfassungsrechtliche Position der jeweiligen Stadt. Dem Rang ihres Stadtherrn entsprechend standen die *Reichsstädte* an der Spitze der verfassungsrechtlichen Rangordnung, obwohl nicht wenige von ihnen nur Mittel- und Kleinstädte gewesen sind. Sie genossen Reichsunmittelbarkeit und waren seit dem Interregnum (1254 bis 1273) häufig, seit 1489 ständig auf dem Reichstag vertreten. Die königlichen Rechte wurden zunächst durch königliche Beauftragte (Burggraf, Vogt, Reichsschultheiß) wahrgenommen, gingen aber allmählich großenteils auf den Rat über. Es gab etwa 80 Reichsstädte verschiedener Größe und Bedeutung vor allem in Südwest- und Westdeutschland, wo sie ihre Position durch Lavieren zwischen dem Königtum und den nicht sehr mächtigen Landesherren behaupten konnten, während nördlich der Mainlinie nur ein Dutzend Städte die Reichsunmittelbarkeit erlangen und behaupten konnten (Lübeck, Hamburg, Bremen, Goslar, Mühlhausen, Nordhausen, Dortmund, Aachen, Köln, Frankfurt am Main, Wetzlar und Gelnhausen). Alle übrigen Städte waren als *Immediat-* oder *Mediatstädte* einer landesherrlichen, adligen oder auch geistlichen Herrschaft unterworfen und in territorialstaatliche Komplexe eingegliedert. Die Immediatstädte waren unmittelbar dem Landesherrn unterstellt und konnten mit ihm ohne

Zwischeninstanzen in Verbindung treten. Sie erlangten seit dem späten Mittelalter in der Regel aufgrund ihrer finanziellen Möglichkeiten Einfluß auf die Regierung des Landes und erhielten das politische Mitspracherecht als »Landstand«. Hingegen blieben die meist kleinen und unbedeutenden Mediatstädte in einer sehr gedrückten Position. Sie unterstanden einem selbst landsässigen geistlichen oder adligen Stadtherrn und erhielten keinerlei politische Rechte.

Jede deutsche Stadt hatte also einen Stadtherrn, dessen Suprematie von ihr anerkannt und respektiert wurde. Das darf keineswegs als ein Negativum aufgefaßt werden, denn die große Masse der mittleren, kleinen und kleinsten Städte brauchte dringend den Schutz einer übergeordneten Gewalt und wäre ohne die Einordnung in umfassendere territorial-herrschaftliche Verbände kaum lebensfähig gewesen.

b) Stadt und Umland

Auf den ersten Blick erscheint die Stadt des Mittelalters als ein in sich geschlossener Lebensbereich, ausgerichtet allein auf die Bedürfnisse der Bürger. Sie war aus ihrer ländlichen Umgebung ausgegliedert, abgegrenzt durch Wälle, Gräben, Mauern oder wenigstens Palisaden. Vor allem die größeren Städte hoben sich eindrucksvoll vom »flachen Land« ab, die Mauerringe bekrönt von Wehrgängen, Zinnen und Mauertürmen, die gewaltigen Torbauten stolz und drohend, eher abweisend als einladend, bewachte Zugänge zur Welt des Bürgers. Kein Wunder, daß Mauer und Tor zum Symbol der mittelalterlichen Stadt geworden sind, abgebildet auf vielen Siegeln und Wappen.

Karl Gruber, Die Gestalt der deutschen Stadt. Ihr Wandel aus der geistigen Ordnung der Zeiten, 3. Aufl. München 1977.

Und doch war die Stadt auch ein Raum der Symbiose und der Begegnung, in vielfältiger Weise mit anderen Sphären der mittelalterlichen Gesellschaft verbunden. Dies ist vielfach auch am baulichtopographischen Erscheinungsbild erkennbar, denn gerade in den wichtigeren Städten war nicht selten der Adel präsent, auf jeden Fall aber die Kirche. Der verfassungstopographische Dualismus zwischen den herrschaftlichen Bereichen wie Burgen, Pfalzen, Burgmannensitzen, Adelshöfen oder Amtshäusern und der Bürgersiedlung war zwar kein notwendiges Element der mittelalterlichen

Stadt, zeigt aber deutlich die Verflechtungen zwischen Bürgertum und feudaler Herrschaft.

Das Bild einer mittelalterlichen Stadt wurde nicht zuletzt durch ihre Kirchen geprägt. Die Kirche wirkte als religiöse, nicht selten zugleich aber als weltliche Macht auf das städtische Leben ein. Alle Bischöfe hatten ursprünglich ihren Sitz in der Stadt, in ihren Mauern erhoben sich die Kathedralkirchen, Klöster und Stifter. Franziskaner, Dominikaner, Augustinereremiten und andere kleinere Orden siedelten sich fast ausschließlich in den Städten an. Die Gründung dieser Kongregationen war nicht nur die Antwort der universalen Kirche auf neue religiöse Strömungen, sondern auch die Anpassung an die Bedürfnisse breiterer Schichten der städtischen Bevölkerung.

Waren die beiden beherrschenden Mächte der mittelalterlichen Gesellschaft, Adel und Kirche, in der Stadt selbst präsent, so drang das Bürgertum auch seinerseits in die ländliche Sphäre ein. In der modernen Stadtgeschichtsforschung steht daher nicht mehr die einzelne Stadt als ein in sich ruhendes Gemeinwesen im Vordergrund, sondern die Verflechtung der Stadt mit ihrer engeren und weiteren Umgebung, mit ihrem Umland. Seit den siebziger Jahren unseres Jahrhunderts aber sind die vielfältigen Stadt-Land-Beziehungen explizit thematisiert und zum Gegenstand eindringlicher Untersuchungen gemacht worden. Die Historiker haben dabei Anregungen aufgegriffen, die von den Geographen ausgingen und die sich unter dem Schlagwort »Zentralitätsforschung« zusammenfassen lassen. Im Vordergrund des Interesses stehen nicht mehr allein die wirtschaftlichen Stadt-Land-Beziehungen, sondern es geht darum, die Verklammerung der Stadt mit ihrer Umgebung auch unter politischen, rechtlichen, verfassungsgeschichtlichen, sozialen, besitzgeschichtlichen, militärischen, kulturellen und kirchlich-religiösen Aspekten zu analysieren.

Erich Maschke und Jürgen Sydow, Stadt und Umland, Stuttgart 1974 (= Veröff. d. Kommission für Geschichtl. Landeskunde in Baden-Württemberg, Reihe B, Bd. 82).

Konrad Fritze, Bürger und Bauern zur Hansezeit. Studien zu den Stadt-Land-Beziehungen an der südwestlichen Ostseeküste vom 13. bis zum 16. Jahrhundert, Weimar 1976 (= Abhh. zur Handels- und Sozialgeschichte, Bd. XVI).

Emil Meynen, Zentralität als Problem der mittelalterlichen Stadtgeschichtsforschung, Köln/Wien 1979 (= Städteforschung, Reihe A, Bd. 8).

Städtisches Um- und Hinterland in vorindustrieller Zeit, hrsg. von Hans K. Schulze, Köln/Wien 1986 (= Städteforschung, Reihe A, Bd. 22).

Rolf Kießling, Die Stadt und ihr Land. Umlandpolitik, Bürgerbesitz und

Wirtschaftsgefüge in Ostschwaben vom 14. bis ins 16. Jahrhundert, Köln/Wien 1989 (= Städteforschung, Reihe A, Bd. 29).

Die Verbindungen zwischen der Stadt und ihrer Umgebung sind natürlich auch von der älteren Stadtgeschichtsforschung gesehen und berücksichtigt worden, vor allem die Wirtschaftsbeziehungen, die ihren sinnfälligsten Ausdruck im Warenaustausch zwischen Stadt und Land fanden. Die Landbevölkerung trat auf dem städtischen Markt nicht nur als Verkäufer von Agrarprodukten in Erscheinung, sondern auch als Käufer von städtischen Erzeugnissen und Waren des Fernhandels. Die durch das städtische Zentrum gegebenen Absatzmöglichkeiten stimulierten die landwirtschaftliche Produktion, förderten die Verbreitung der Geldwirtschaft und wirkten auf die Veränderung der sozialen Verhältnisse auf dem Lande in vielfältiger Art und Weise ein.

Wichtig war auch der direkte Ausgriff auf das agrarische Umland, der durch die Schaffung von Bannmeilen zur Ausschaltung ländlicher Konkurrenz im Handwerk und Braugewerbe und dadurch zu einer städtischen Monopolstellung führen konnte.

Ihren schärfsten Ausdruck fanden die städtischen Expansionsbestrebungen in der Erwerbung von ländlichem Grundbesitz durch einzelne Bürger oder durch die Städte als Korporationen. Kapitalanlage, Sicherung der Versorgung der Stadt mit Lebensmitteln und Rohstoffen und soziales Prestigedenken spielten dabei ebenso eine Rolle wie der Wunsch, den Adel aus dem Umfeld der Stadt zu verdrängen. Am besten gelang das denjenigen Städten, die selbst ein städtisches Territorium errichten konnten, in dem der Rat selbst alle Herrschafts- und Hoheitsrechte ausübte.

Peter Blickle, Zur Territorialpolitik der oberschwäbischen Reichsstädte. In: Stadt und Umland (wie S. 202), S. 54–71.
Gerd Wunder, Reichsstädte als Landesherrn. In: Zentralität als Problem der mittelalterlichen Geschichte (wie S. 202), S. 79–91.

Der Ausgriff der Stadt sowohl als Korporation als auch durch Bürger als Einzelpersonen auf die ländliche Umgebung durch den Erwerb von Grundbesitz ist ein Indikator für die wirtschaftliche Kraft, aber auch für die politischen Ambitionen der Stadt und ihrer Führungsschicht. Der städtisch-korporative und der bürgerlich-private Grundbesitz auf dem Lande ist in den Quellen nicht selten relativ gut zu erkennen.

c) Bürgerliche Freiheit und feudale Herrschaft

Städtewesen und Bürgertum hatten sich in einem komplizierten Prozeß im Schoß der agrarisch-feudalen Gesellschaft entwickelt und ihre für viele Jahrhunderte gültigen Grundformen gefunden. Die mittelalterliche Stadt beruhte auf neuen Formen der Produktion und Distribution, sie befriedigte und weckte neue menschliche Bedürfnisse in Lebenshaltung und Lebensgestaltung, und sie bot als ein neuer Sozialkörper vielen Menschen die Chance zu wirtschaftlicher Betätigung und gesellschaftlichem Aufstieg. Ohne Zweifel kam ein freiheitlicherer Zug in die archaische Sozialordnung des früheren Mittelalters, denn mit der Entstehung des in sich sehr differenzierten Bürgertums wurden leib- und grundherrliche Abhängigkeiten für eine ganze Gesellschaftsschicht zunächst gelockert und schließlich gänzlich beseitigt. Genossenschaftliche Prinzipien gelangten in wichtigen Bereichen des städtischen Lebens zum Durchbruch. Die meisten Städte erlangen eine ihrer wirtschaftlichen Stärke entsprechende politische Autonomie. Sie übernahmen militärisch und rechtlich selbst den Schutz ihrer Bewohner und wurden als politische Korporationen zu Machtfaktoren, mit denen der König, die geistlichen und weltlichen Fürsten und der Adel zu rechnen hatten. Durch den Abschluß von regionalen und überregionalen Städtebünden suchten die Städte ihre wirtschaftlichen und politischen Interessen zu wahren. Die Städtebünde, die es seit der zweiten Hälfte des 12. Jahrhunderts in Italien, seit dem 13. Jahrhundert auch nördlich der Alpen gab, waren oft, allerdings nicht immer, gegen die geistlichen oder weltlichen Stadt- und Landesherren gerichtet.

H.-J. Becker, Artikel Städtebund. In: HwbDt, RG IV, Sp. 1851–1857 mit weiterer Literatur.

Es stellt sich die Frage, welche Rolle Städtewesen und Bürgertum im Mittelalter gespielt und welchen Platz sie im gesamtgesellschaftlichen Gefüge eingenommen haben. Überspitzt formuliert: Waren sie gleichsam revolutionäre, antifeudale Elemente oder integrale Bestandteile der vielschichtigen mittelalterlichen Gesellschaftsordnung?

Otto Brunner, »Bürgertum« und »Feudalwelt« in der europäischen Sozialgeschichte. In: GWU 7, 1956, S. 599–614. Wiederabdruck: Die Stadt des Mittelalters, Bd. III (wie S. 127), S. 480–501.

Brigitte Berthold, Evamaria Engel und Adolf Laube, Die Stellung des Bürgertums in der deutschen Feudalgesellschaft bis zur Mitte des 16. Jahrhunderts. In: ZfG XXI, 1973, S. 196–217.

Eckhard Müller-Mertens, Bürgerlich-städtische Autonomie in der Feudalgesellschaft. Begriff und geschichtliche Bedeutung. In: ZfG XXIX, 1981,
S. 205–225.

Auf diese Fragen hat die Stadtgeschichtsforschung keine überein-
stimmenden Antworten gegeben. Die Faszination, die das Werden
der Stadt des Mittelalters lange Zeit auf die Wissenschaft ausübte,
beruhte nicht zuletzt darauf, daß man im Aufstieg des Bürgertums
einen Sieg des freiheitlich-genossenschaftlichen Gedankens in einer
herrschaftlich strukturierten Welt erblickte. FRITZ RÖRIG feierte
»die Männer des wagenden Fernhandels« als »die wirtschaftlich
schöpferischen Menschen«. FRANZ STEINBACH begrüßte »die Geburt
des freien Bürgerstandes« als »ein freudiges Ereignis«. Ein russi-
scher Historiker sah in der mittelalterlichen Stadt »eine Zitadelle
der Freiheit und der freien Arbeit«. Demgegenüber wurde in den
letzten Jahrzehnten in der Stadtgeschichtsforschung mit Recht die
Rolle der Monarchie und der geistlichen und weltlichen Stadtherren stärker in den Vordergrund gerückt. So betont zum Beispiel
KARL BOSL, ». . . daß die alte These von der Entstehung der Bürger-
freiheit und des städtischen Fortschritts aus eigener Kraft und Initiative heute von keinem ernsthaften Forscher mehr vertreten werden kann«. (Karl Bosl, Typen der Stadt in Bayern. In: ZBayerLG 32,
1969, S. 5).

Entfaltung, Ausbreitung und Konsolidierung des mittelalterlichen
Städtewesens sind durch Königtum, Adel und Kirche keineswegs
generell oder auch nur überwiegend gehemmt worden. Die Einwir-
kungen der Stadtherrschaft konnten durchaus positiv für die Entwicklung der Städte sein. Daher blieb das mittelalterliche deutsche
Städtewesen stets innerhalb des politisch-organisatorischen Rahmens, den ihm die feudalen staatlichen Strukturen zu bieten hatten.
Mehr noch, es fügte sich ihnen so weit ein, daß wenigstens die größeren Städte vielfach eine abgestufte Teilhabe an der Ausübung der
politischen Herrschaft erlangen konnten.
Die Teilhabe einer der Idee nach genossenschaftlichen Korporation
an der Ausübung der politischen Macht war zwar etwas Neues in
der mittelalterlichen Gesellschaftsordnung, letztlich aber nichts
Revolutionäres. Trotz des Vorhandenseins eines latenten Konflikt-
potentials zwischen der Stadt und ihrem Stadt- und Landesherrn
fiel dem Bürgertum diese Anpassung nicht so schwer, da es ihm
niemals um allgemeine Freiheit, um Mit- und Selbstbestimmung im
Sinne menschlicher Grundrechte ging, sondern nur um die Beseitigung der Beschränkungen, die es an der vollen Entfaltung der bürgerlichen Wirtschafts- und Sozialordnung hinderten.

Abkürzungs- und Siglenverzeichnis

Abhh.	Abhandlungen
AfK	Archiv für Kulturgeschichte
ahd.	althochdeutsch
anord.	altnordisch
Bll. f. dt. LG	Blätter für deutsche Landesgeschichte
DA	Deutsches Archiv für Erforschung des Mittelalters
got.	gotisch
GWU	Geschichte in Wissenschaft und Unterricht
Hans. Geschbll.	Hansische Geschichtsblätter
HistJb.	Historisches Jahrbuch
HwbDt.RG	Handwörterbuch zur deutschen Rechtsgeschichte
HZ	Historische Zeitschrift
JbbNat.-Ök.	Jahrbücher für Nationalökonomie und Statistik
Jb./Jbb.	Jahrbuch/Jahrbücher
JbMOD	Jahrbuch für Geschichte Mittel- und Ostdeutschlands
Kl.	Klasse
MGH Capit.	Monumenta Germaniae Historica Capitularia
MGH Const.	Monumenta Germaniae Historica Constitutiones
MGH DD	Monumenta Germaniae Historica Diplomata
MGH Form.	Monumenta Germaniae Historica Formulae Merowingici et Karolini aevi
MGH SS	Monumenta Germaniae Historica Scriptores
mhd.	mittelhochdeutsch
MIÖG	Mitteilungen des Instituts für Österreichische Geschichtsforschung
mlat.	mittellateinisch
NF	Neue Folge
RhVjbll.	Rheinische Vierteljahrsblätter
SB	Sitzungsberichte
Ssp.Ldr.	Sachsenspiegel Landrecht
Ssp.Lnr.	Sachsenspiegel Lehnrecht
Veröff.	Veröffentlichungen
VSWG	Vierteljahrsschrift für Sozial- und Wirtschaftsgeschichte
Westfäl. Forsch.	Westfälische Forschungen
ZAA	Zeitschrift für Agrargeschichte und Agrarsoziologie
ZArchMA	Zeitschrift für Archäologie des Mittelalters
ZfG	Zeitschrift für Geschichtswissenschaft
ZfO	Zeitschrift für Ostforschung
ZGOberrhein	Zeitschrift für die Geschichte des Oberrheins
Zs.	Zeitschrift
ZSRG GA	Zeitschrift der Savigny-Stiftung für Rechtsgeschichte, Germanistische Abteilung
ZSRG KA	Zeitschrift der Savigny-Stiftung für Rechtsgeschichte, Kanonistische Abteilung

Sachregister

213